· 教育家成长丛书 ·

贾桂清
与觉醒教育

JIAGUIQING YU JUEXING JIAOYU

中国教育报刊社·人民教育家研究院 组编
贾桂清 著

北京师范大学出版集团
BEIJING NORMAL UNIVERSITY PUBLISHING GROUP
北京师范大学出版社

图书在版编目（CIP）数据

贾桂清与觉醒教育/贾桂清著；中国教育报刊社人民教育家研究
院组编 . —北京：北京师范大学出版社，2015.10
（教育家成长丛书）
ISBN 978-7-303-19266-3

Ⅰ.①贾… Ⅱ.①贾… ②中… Ⅲ.①中小学－教学研究
Ⅳ.①G632.0

中国版本图书馆 CIP 数据核字（2015）第 172856 号

营 销 中 心 电 话　010-58802181 58802123
北师大出版社高等教育教材网　http://gaojiao.bnup.com
电 子 信 箱　gaojiao@bnupg.com

出版发行：北京师范大学出版社　www.bnup.com
　　　　　北京市海淀区新街口外大街 19 号
　　　　　邮政编码：100875
印　　刷：三河市兴达印务有限公司
经　　销：全国新华书店
开　　本：787 mm×1092 mm　1/16
印　　张：17.75
字　　数：300 千字
版　　次：2015 年 10 月第 1 版
印　　次：2015 年 10 月第 1 次印刷
定　　价：38.00 元

策划编辑：倪　花　　　　责任编辑：周　鹏
美术编辑：焦　丽　　　　装帧设计：焦　丽
责任校对：陈　民　　　　责任印制：陈　涛

教育家成长丛书

编 委 会

总　序

　　教育是国家发展的基石，教师是基石的奠基者。古人云："国将兴，必贵师重傅。"兴国必先强教，强教必先重师。党中央、国务院高度重视教师队伍建设。2013 年教师节，习近平总书记在给全国广大教师的慰问信中指出："百年大计，教育为本。教师是立教之本、兴教之源，承担着让每个孩子健康成长、办好人民满意教育的重任。"2014 年，在第 30 个教师节前夕，习总书记到北京师范大学视察并发表重要讲话，指出："一个人遇到好老师是人生的幸运，一个学校拥有好老师是学校的光荣，一个民族源源不断涌现出一批又一批好老师则是民族的希望。"《国家中长期教育改革和发展规划纲要（2010－2020 年）》也明确提出，"有好的教师，才有好的教育"，要"努力造就一支师德高尚、业务精湛、结构合理、充满活力的高素质专业化教师队伍"。"倡导教育家办学"，要创造有利条件，鼓励教师和校长在实践中大胆探索，创新教育思想、教育模式和教育方法，形成教学特色和办学风格，造就一批教育家。"两个一百年"奋斗目标的实现、中华民族伟大复兴中国梦的实现，归根到底靠人才、靠教育，而支撑起教育光荣梦想的，是千百万的教师。

　　时代呼唤好老师。有一流的教师，才有一流的教育；有一流的教育，才有一流的国家。出名师、育英才、成伟业，是时代赋予我们教育战线的神圣使命。"大学者，非有大楼之谓也，有大师之谓也。"好学校、好教育的最重要标准，就是要有好老师。一所学校、一个地区乃至一个国家，如果教师有理想、有爱心、有学识、有高超的教育艺术，那么硬件设施即使有些简陋，家长、学生也会心向往之。教师是中国梦的奠基者。教师的重要使命，就是为每个孩子播种梦想、点燃梦想，并帮助他们实现梦想。每一间平凡的教室，每一节朴实的课堂，都不仅是知识的传递，更是人类文明精神的接续、人生梦想的起航。正是有亿万个孩子梦想的放飞、绽放，中国梦才更加光彩夺目。如果说中国梦最坚实的土壤是在学校，那么教师就是最伟大的"筑梦师"，他们用默默无闻、孜孜不倦的智慧劳动，让每一颗年轻的心灵都与中国梦激情相拥。

倡导教育家办学，造就一批好老师，首先要尊重、珍惜我们的本土智慧、本土创造。教育家不是凭空产生的，而是扎根于自己的民族文化土壤，同时吸收一切人类文明成果，从而创造出独特而生动的教育实践、教育智慧和教育文明。五千年源远流长的中华文明，不但形成了有我们民族特色的教育理论话语体系，而且涌现出了千千万万优秀的教育家，有被推崇为"大成至圣先师""万世师表"的孔子，有"匹夫而为百世师，一言而为天下法"的韩愈，有"捧着一颗心来，不带半根草去"的人民教育家陶行知，等等。改革开放30多年来，随着教育改革的不断深入，教育战线涌现出了一大批杰出教师。他们痴情教育事业，坚守理想信念和教育良知，在三尺讲台上默默耕耘、刻苦钻研，同时以敢为天下先的精神大胆创新，不断进取、不断超越，形成了各具特色的教育思想和教学风格。正是他们的成功探索和实践，创造了具有中国风格的教育经验，丰富了具有中国特色的教育理论宝库。原由教育部师范教育司组织编写，现由中国教育报刊社人民教育家研究院具体组织编写的《教育家成长丛书》，就是要向这些可贵的本土创造性的教育经验致敬。

当前，教育领域综合改革正在深入推进，考试招生制度改革的大幕已经拉开，立德树人、培育和践行社会主义核心价值观成为大中小学教育的头等任务。可以预见，中国教育将发生深刻的变革，将从"中国制造"向"中国创造"转变。"没有革命的理论，就没有革命的运动。"没有适合中国土壤、具有中国智慧的教育理论，就不可能为未来的中国教育改革提供有效的指导。我们的教育要向"中国创造"飞跃，必然要首先创造属于我们自己的教育理论，而不是"言必称希腊"或者老是贩卖欧美的教育理论。170 多年前，美国思想家、诗人爱默生发表了著名演说《美国学者》，号召美国知识界："我们依赖旁人的日子，我们师从他国的长期学徒期时代即将结束。在我们周围，有成百上千万的青年正在走向生活，他们不能老是依赖外国学识的残余来获得营养。"由此，美国迈入精神立国阶段。

如今，我们也面临与爱默生同样的情形。随着我国 GDP 已从世界第二向第一迈进，我们的经济崛起已成为事实，但在道德文明、文化精神等方面，我们还需急起直追。没有文明的崛起，经济崛起就难以持续。当务之急，是我们需要化解内心深处的文化自卑情结、摆脱对他国文明的精神依附，自觉养成强烈的"中国意识"、独立的中国文化品格，并由此去俯视世界，去改造本土实践，去创造属于我们自己的精神养料——这在教育界显得尤为紧迫。《教育家成长丛书》，就旨在把我们本土教育实践中蕴含的中国智慧提炼出来，从而形成具有时代意义的中国特色的教育话语体系，再以此去关照、引领、改造中国的教育实践，为伟大的教育改革提供经验、理论支持，也为未来的教育家提供丰富、可资借鉴的精神养料。

让我们为中国教育的伟大未来一起努力吧！

2015 年 3 月 9 日

前　言

　　见证着中国基础教育半个世纪的春华秋实，代表着中国基础教育教学成果最高成就的"首届基础教育国家级教学成果奖"中，闪耀着李吉林、窦桂梅、吴正宪、张思明、洪宗礼、唐江澎、邱学华、于永正、孙双金、薄俊生、龚春燕等一大批优秀教师的名字，而上述这些中小学教师的杰出代表恰恰都是《人民教育》"名师人生"栏目中最受读者喜爱的名师，都是《教育家成长丛书》的作者。

　　《教育家成长丛书》（以下简称《丛书》），是在第20个教师节前夕，"为了研究、总结、宣传和推广我国众多优秀中小学教师的先进教育思想和鲜活的宝贵的教育教学经验，培养造就一大批德才兼备的优秀教师和杰出的教育家，促进教师队伍整体素质的提高，根据教育部党组安排，由师范教育司组织编写"的一套凝聚着一大批教育家成长智慧的大型教育丛书。

　　《丛书》自2006年问世以来，不但得到国务院和教育部领导同志的高度重视，而且先后印刷多次尚不能满足广大读者的需求。这其中的奥秘何在？

　　当你翻开《丛书》，每一部著作都讲述着一位教育家成长的故事。这些著作主要从"成长历程""思想概述""课堂实录"和"社会反响"等方面全景式反映其教育思想、教育智慧、专业精神和专业人格的形成过程和教学实践过程，这是教育家成长的基本素质所在。

　　当你沿着教育家成长的足迹走近他们的时候，你会融进这些带有"草根色彩",扎根中华教育实践大地,充满田野芳香的真实感人的教育故事中。

当你从《丛书》中,这些当年和自己一样的普通教师,成长为今天受人尊敬的教育家的成长过程中受到启迪,当你触摸着自己的爱心,把学生的成长和祖国的未来紧紧连在一起的时候,你会真切地感受到教育家离我们并不遥远。

当你用整个身心蘸着自己的生活积累去品味《丛书》中的每一部著作的"成长历程"时,在其浓缩着一位位名师在不断学习、不断超越自我、不断超越学科教学的求索足迹中,你会读懂"教育是事业,其意义在于奉献"的丰富内涵。

当你研读《丛书》中的每一部著作的"思想概述",和每一位名师展开心灵对话的时候,都会深深地感受到,一个教师对教育独立的理解与执著的追求有多么重要。从思想成就一位普通的教师成长为受人尊敬的教育家的过程中,你会读懂"教育是科学,其价值在于求真"的深刻含义。透过《丛书》,你会看到一代代教师用爱与智慧塑造民族未来的教育理想。

随着我们从"知识核心时代"走向"核心素养时代",教师教育教学活动的视野已拓展到人的生存与发展的方方面面。作为一名教师,要结合自己的教学实践去感悟"教育理念是指导教育行为的思想观念和精神追求",应该把爱化为自己的教育行为,让爱充盈课堂、触摸到一个个灵动的生命,让爱产生智慧,让爱与智慧在学生心中留下岁月抹不去的美好回忆,让教育者和受教育者都感受到教育的幸福,这是《丛书》给我们的启示,也应是每位教师应有的胸怀和视野。

时代呼唤教育家。为了进一步把我们本土教育实践中蕴含的中国智慧提炼出来,从而形成具有时代意义的中国特色的教育话语体系,以此去关照、引领、创新中国的教育实践并在更大范围加以推广,《教育家成长丛书》将由中国教育报刊社人民教育家研究院继续组织编写,希望能够在更广大教师的心田中播种教育家成长的智慧,从而出更多的名师、育更多的英才、成就中华民族复兴的伟业,这是时代赋予广大教育工作者的神圣使命。如果广大教师能在每位教育家成长、探索教育智慧的过程中受到启迪,形成自己的教育智慧,则是我们编辑这套丛书的初衷。

《教育家成长丛书》
编委会
2015 年 3 月

目录
CONTENTS
贾桂清与觉醒教育

走进课堂

社会反响

我的成长之路

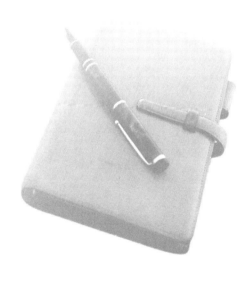

第一章　一个对自己的承诺

此刻，在我目送黄昏落日那最后一抹余晖时，我如何能回望红日重升的第一道彩霞？是的，没有可能。但是，"不可能之可能"却是我们的激情！我们得在非逻辑问题面前探索新的逻辑。荷尔德林说："你如何开端，你就将如何保持。""返回"乃思想的特性。人总是向着一种可能性存在，时间性作为此在的本源和结构为"曾在"提供可能性条件。因此，过去只是曾在的此在。

回首曾在，过去向我们展开。那一天，我也是在写前言，我站立窗前，眼望窗外倾盆大雨直落如注，倏忽间一股酸楚。人，生命到了顶端，在向后回忆和向前凝视的那一刻，会感到生命是那么的短促。想不到昨天的思考成了今天思考的对象本身。但是，这次思想的"重返"活动，却是向着本源的"复归"。

那是一个普通的夜晚，我伫立在长满蔬菜（校内蔬菜园子）的地堰上，仰望北斗星，对自己的心灵发出一条"道德命令"——一定要把存瑞中学办成第一流学校！那是我被任命为校长的第一个晚上，那是一个农家子弟最朴拙的感恩方式——一个无条件的承诺。然而，除了心惊胆战之外，能有什么喜出望外之感？毫无疑问，人内心存在着深刻的欲望——得到普遍承认。

诺言是什么？康士坦丁将回忆比喻成一个智慧的老夫人（她的生活已经被耗尽），面向未来的她铭记那个誓言，在她有生之年每一天都忠实于它。但是德里达认为，回忆是向后的再现和向前的追溯。在这里，回忆被比作一位充实的妻子，为每日生计劳作，她一天天地坚守着那个站在圣坛前的庄严承诺："我愿意！""是的！"这是持续一生的忠诚。回忆是为了向前，这是回忆承诺的意义，是那个承诺如何实现的方式。自那一天，从这个承诺开始，忠诚持续了一生。

伟大人物都为种种使命而活着。欧内斯特·勒南说："一切事物都偏爱有着特殊命运的人，他们在一种不可抗拒的冲动和命运的规定中走向光荣。这个崇高的人迄今每日主宰着世界的命运。我们能称其为神圣，不是因为他容纳了所有神圣，或者足以被尊为神圣，而是因为他促使人类向着神圣迈出伟大的一步。"

"他凝聚着人类天性中所有善良和高贵的成分""他征服了我们也在克制的情欲""他的许多缺点也许都藏隐了起来"，他指示着人类的来源和归宿，他只为"神圣使命而活着"，勒南如是说。

当然，耶稣的后继者们把他的道德规范作为生活的尺度，把完全纯洁的爱的意义当作上帝的意志。"这使我们被迫得出这样的认识，甚至在最好的情况下，我们也只能体验到道德上的缺陷。"雅斯贝尔斯如是说。

一个诺言意味着什么？必须为把学校建立在更高的起点上而奠基，必须把学校引领到先进行列，并朝向一个方向继续前进；它必须相信物质条件得到满足以后，教师才有可能把教育当作他们一项幸福的事业，而不仅仅是谋生的手段；它必须懂得教师理念、课程、方法作为教学核心概念，成为核心的东西的方式是什么；它必须为学生"为了那样一种生活"而来学习提供可能性的条件；它必须为学校发展提出先进的办学思想、理念以及建立起文化所涵盖的各种制度、礼仪和习惯。

一般需求满足后将促进较高需求的这一法则，将使一个承诺者的诺言被迫扩张和延伸。人类的遗产是什么？当我们借助人类文化遗产时，如何借助社会和科学技术进步武装知识体系；如何确知教育者站在"知识的前沿"的地方；如何知道探究人类智力以及社会需要对促进智力发展方式的条件；如何知道人类文明发生冲突时，在学校得到正确的尊重；学习的地方同时也是生活的地方，应该是什么样子；什么样的人配得上是"贩运真理"的人；教学场所需要什么样的信息以及如何控制；最好的东西和最有用的东西如何在师生中得到区分，并且以什么方式使之落地生根；如何得知我们需要怎样的教育，并且阻止政府把学校变成仅仅满足大众福祉要求的工具；你如何能让知识合法性的理念得到普遍响应或成为共识。

一个诺言所包含的就是一个承诺者要承担的。接下来请允许我跳过如何去履行诺言的问题而直面回答如何让我有一个诺言。"为未来而工作"源于人的"向死亡存在"（海德格尔），即向着一种可能性存在，而它本身又是不确定的必然性。亦如尼采所说的："与其等待，不如奋斗！"显然，"为未来而工作"已经获得其合法性。让一个人有一个诺言的理由，就是赋予一个人的那个使命的理由，赋予一个使命的理由就是属于赋予使命的人的一种希求与使命本身的目标或梦想的惊人的一致性，如同一个母亲对儿子的希望与她的儿子的使命同一是一样的。耶稣的使命让圣母玛利亚对耶稣的爱具有和表现出了爱的最高精神和本质，一种完全忘我的、舍我的、无所希求的爱，表达了善的最高意义以及这种意义与使命的关系。神与人的同构性确认没有人不包含其关系之中。它为一个诺言出自本性与良知提供了合理的解释。缺少或违背一个诺言是对父母教养和影响的根本抛弃——意味着他没有成为他们所希望成为的人。卢梭满怀激情地讴歌道：良心！良心！你是神圣的本能，不朽的天堂呼声；你是一个无知而且狭隘的生物的可靠的导师……

一个更大的理由是一个更高的欲望："满足人类最高欲望等同于不朽的荣誉。"这一点会使人从尊严和虚荣两个方面都能接受它。所以，"如何有一个诺言"的回答将最终与有关对人灵与肉的解释是融贯的——就像小说家、散文家埃内斯托·萨瓦托所揭示的：就肉体而言，我们属于自然王国，因此，我们不是永恒的，而是相对的；就精神而言，我们是抽象的和永恒的，我们的灵魂因追求永恒而升腾。

无论是向前的追溯还是向后的再现，41 年教育生涯，留下了我任教 13 年、担任校长 28 年的记忆的踪迹。铭记那个誓言的——在有生之年每一天都忠实于它的那位老夫人——她的生活已经被耗尽；站在圣坛前庄严承诺"我愿意""是的"的那位妻子为了每日生计劳作，这是持续一生的忠诚。这是一个相同的承诺，同样是一个自己对自己的承诺，一个"道德命令"。它让我用一生去寻找那遥远的奇迹或梦想——即使威临绝境……那焦渴的梦/在那缺少阳光的日子里/还在寻找树篱上/那疲惫的玫瑰……

第二章　精神的故乡

幸福是人人追求的最高目的。奇怪的是，幸福这一最高目的却是与外在的物质利益无关的事情。这是因为幸福是"享用"的快乐，而外在的物质利益只能加以"使用"，借以达到比其他目标更高的目标——幸福。如果我们在外在事物及自身当中图"享用"，便会错失真正的目标。幸福是人的内心快乐，要保持这种心灵就需要把与它无关或伤害它的东西拒斥在心灵之外。然而，这首先需要获得一种选择和抵制能力，如果没有其他可能，读书倒是一条比较经济的道路。

20世纪70年代是精神"狂热"与精神"贫困"并存、"无书"与"无知"同行的年代。然而，时代的贫困却也成为无数饥渴的青年在茫茫荒原上寻找精神的故乡的根源，我只是彷徨于这其中的一个。提起读书，我走的是一条弯路，经历了"嗜读""乱读""泛读""系统地选读"这几个不同的阶段。

上中学时，《毛泽东选集》中的《矛盾论》《实践论》是哲学课的教材。当时，任哲学课的麻老师就讲这两篇文章。麻老师个头不高，讲课诙谐幽默，原本枯燥的政治课被他赋予了神奇的魅力，欢乐的笑声、深深的思索充满了课堂，那知识的魅力吸引着我。更让我着迷的是麻老师常常在课堂上晃动的一本哲学小词典，他经常用这本书证明他的解释如何有出处，如何有力量。那时，我突然感到我发现了知识小溪那美丽的源头，于是我喜欢上了这本词典，喜欢上了书。有一天，麻老师不在的时候，我偷偷"拿"出了那本书。以后的几天里，我在油灯下一晚晚疯狂地抄写，直到把家里那点儿灯油全都用完为止。更让我终生难忘的是麻老师并没有追查这个"偷"书的"窃贼"，而是在班上说："我希望借读这本书的同学喜欢上哲学，哲学会对你的人生有用。"那时，他的眼光很自然地看了我一眼，带着微笑，我不自然地低下了头，更奇怪的是，麻老师还主动借给我一些哲学书籍看。虽然后来我又悄悄把那本书还给了麻老师，但麻老师那宽容的心也融入了那本书中，点亮了我身处黑暗中的生命。20年后，麻老师的孩子从我的班毕业，考上大学，我才告诉他当年的那个"秘密"。他笑着说："我知道是你拿走了那本书，每堂课上我看到你投向那本书

存瑞中学校园留影

时那种渴求的眼神，你拿走书后通宵看书疲惫的神情都让我心痛。"霎时，眼泪就盈满了我的眼眶，生命被书写在每一本书里呀！

　　沉湎在书的海洋中，我暂时忘记了时代的风云和世事的纷争。中学毕业后，我参加了"农村工作队"，我有机会遇上了一次对属于"封资修"东西的大搜查运动。工作队收缴了各种当代典籍、小说、古诗词之类的书，足有一麻袋啊！在那个年代，这些书比书店里的书还多。看着这些书，我像一个饥饿的乞丐觊觎着一块馅饼，我把书收藏起来，在田间、山坡、油灯下贪婪地吞噬着，两年时间里读了《李太白全集》《李长吉歌诗》等几十部书。当时虽然是"生吞活剥"，但书的芬芳弥漫在那个动荡的年代，于是在没有书的年代，我有幸成了"书生"，读书成为我精神生活的追求。

书对我而言更是一个磁场，把我人生的方向义无反顾地指向高远而阳光明媚的高原。1972年，我从河北大学外语系俄语专业毕业了，分配到隆化县八达营中学做教师。我住的宿舍有4个教师，另外3个分别是清华大学、天津音乐学院、天津师范大学毕业的"老五届"教师。他们阅读广泛，谈论无疆，或者谈巴尔扎克的《高老头》，或者谈列夫·托尔斯泰的《战争与和平》，或者谈曹雪芹的《石头记》，这样的"文化圈"对我产生了重要影响，我也是在这里才知道《石头记》就是《红楼梦》。一次，一位老教师漫不经心地问我："你看得懂吗？""写金陵十二钗的诗都知道吗？"我答不上来。他接着就有声有色地说出来。他演说得就像他的课一样，富有逻辑魅力，这也是我第一次获得了知识如何转达的启示。

于是，我开始第一次读《石头记》，我入了迷，一读再读，彻夜不眠。我慨叹于"一年三百六十日，风刀霜剑严相逼"的悲凉，伤感于"一朝春尽红颜老，花落人亡两不知"的凄苦。我的心一直随着情节忽起忽落。读到林黛玉香魂归故里的那一回，我不禁涕泪交流。许是同情，许是惋惜，现在已不记得了，只记得当我读罢"寒塘渡鹤影，冷月葬花魂"，又目送宝玉踏雪远去时，方觉窗外鸡鸣——天已亮了。但那"揉碎桃花红满地，玉山倾倒再难扶"的令人心碎的诗句，却让人反复惜诵。

那是一个动荡的年代，但对我来说却是个宁静的年代，适合读书的年代。受这所学校教师的影响，我完成了对文学史、中国通史、世界史和各种伟人传记的系统阅读，这些书成为我觉醒的起源。在那样寒冷的冬夜，没有取暖的炉火，然而，一颗年轻的心把书当作太阳，在那个凛冽的寒冬感到了温暖。

对一名教师而言，书的意义不仅仅在于充实自己，更在于成为引领自己不断超越的阶梯。正像苏霍姆林斯基所说："每天不间断地读书，跟书籍结下终生的友谊。潺潺小溪，每日不断，注入思想的大河。读书不是为了应付明天的课，而是出自内心的需要和对知识的渴求。如果你想有更多的空闲时间，不至于把备课变成单调乏味的死抠教科书，那你就要读学术著作。应当在你所教的那门科学领域里，使学校教科书里包含的那点科学基础知识，对你来说只不过是入门的常识。在你的科学知识的大海里，你所教给学生的教科书里的那点基础知识，应当只是沧海一粟。"① 作为一名年轻的政治教师，每堂课我总能把所有的知识点串成系统的串，最后建构成系统的片。在学生惊异的目光中，在学生轻松的领会里，我还要感谢那些支撑我成长的书。大学期间，我经常去哲学系听讲座，那时的哲学系讲座的内容都是马列主义著作，除了对伟人的崇拜，他们对社会、对人生深刻的见解也深深吸引了我。受其影响，我读的第一部马列主义书是《政治经济学导言》，之后是苏联的《政治经济学》，毕业那年，我在王府井旧书店买下一部郭大力、王亚楠合译的《资本论》。为了进一步把握马克思经济学体系的完整性，我用5年时间把《资本论》三卷本和《剩余价值学说史》通读了三遍，那密密的批语，那一本本近一尺厚的读书笔记都真实记录了我艰辛跋涉的历程。

此后，《资本论》令人着迷的严谨结构将我引入哲学，我站在它由层层概念形成的长梯（有时候像脚手架）下，仰视着它那遥不可及的圣殿般的穹顶，寻找着"渴望观赏真理的人"的足迹，从一种智慧到一种生活方式，从现象本质到语言本质，这使我认识到：一个人所认识的东西不过是他从他自身中产生出来的东西，人的学习没有什么异己的东西添加进去，不过是被它生产出来的实现了的思想和真理，是觉醒的意识罢了。

这么多年，读书已经融入我的生活，成为我生命不可分割的一部分。读书改变了我的思考方式，丰富了我的思想。一个鞋匠的技术差，从而没有成为他想成为的样子，这对国家不是很大的不幸；对于担负着国家命运、能够把国家变成什么样子的人的教育，才是基础。没有比希望更重要的未来，也没有比国家更重要的正义！一个校长的人格、品性可以深深地影响着师生的生活实际，而一个校长的思想能够潜在地改变学校的历史和现状，并且对学校的未来产生深远影响。

或许因为我的教学成果，或许因为好学，1984年春，由群众推荐，经组织部批准，我由教师走上了副校长岗位，1986年担任校长。工作岗位变化改变了我的思想需求，可没有改变我的读书习惯，我必须选择学校管理和教育书籍，而不仅仅是学科知识。我需要改变思维方式和提升文化理念，提升校长专业化水平，因为我的思

---

① 苏霍姆林斯基：《给教师的建议》，7～8页，北京，教育科学出版社，2000。

想必须走在我的行动之前，并且要具备反思的思想，以便实现对学校教育思想的领导。校长必须看到学校宁静的文化中那些最活跃的因素，看到在思想与知识的搏斗中思想的任性。剑总是思想的手下败将，舌头硬过牙齿，如果对思想放手不管，那么人的一切就都处在危险之中了。但是，在思想与知识的搏斗中，思想也获得了斗争的品质，实现了对自身的超越。一个引领思想的思想对于学校文化理念的共识、共建和共享起着重要的作用。

读马克思的经济学，我懂得了"等价交换"原则在建立人与人平等关系中的基础意义；读黑格尔的著作，我领略到了绝对思想作为统一一切的基石的力量；吸收结构和解构的理论，我意识到了学校各种权力的配置和分配；读一系列伟人的传记，我享受到了智慧在超越边界那一刻思想的深远。然而，生活本身却是一本读不完的原始的书。

读书犹如船耕大海，晦暗而艰辛；如同一首未完成的长诗，永远在吟诵和穿越。你如果要弄懂作者的思想和意思，你就得把文句撕开，就像采掘工为了一粒黄金必须捣碎和冶炼矿石一样辛苦。缺乏、渴求、困惑、枯燥和压抑，在倾斜与平衡中较量，会造成你不言放弃的孤独品格。40多年来，我也没有放下过书本，形成了夜读的习惯，自然免不了品尝到一个孤独者独自走进忧郁的热带雨林的滋味。还记得我订婚那一年的一件事，尽管未婚妻在我的家乡教书，我们却很少见面，更多的是书信往来，即使在订婚的那个假期里，也仅仅见了一面，又返回学校读书了。开学后，她借参加县里召开全县教育工作会议的机会来我所在的学校看我，那个晚上，我正在办公室看书，那还是一本渴望已久才得到的书。为了看完那个章节，我让她先坐一会儿再聊，没想到这一坐就是近三个小时。那晚，她久久等到的是自己的泪水；我得到的也不是知识，而是无法释怀的愧疚。

回眸过去，我仿佛看到阅读过程中存在着自然规律，并且呈现出三个阶段：以缺乏为起源的知识胚胎阶段；作为专业化的需要阶段；以获得真理方法论为目的的指导性阶段，或者叫作乱读、泛读、精读。

20多年的校长生涯，跨越两所重点中学的经历，期间我解决了几百个家庭的住房问题，而自己没有在一所学校留下自己的居室，但我很安宁，因为我苦苦追寻的是精神的家园，而且我把这两个学校建成了拥有独特风格和深厚文化的精神的家园，润泽万千学子。如果说学校教育是我精神的家园，哲学是我精神的故乡，那么外在的精神环境与内在的精神寄托，使我有了思想的故乡之感。

　　徜徉在精神的家园，流连于思想的故乡，我更深切体会到这样的道理：人的本质在于没有人使你成为什么样的人，只有你自己才能使你成为什么样的人。而真正理解这个道理的前提是我们要领悟古希腊阿波罗神庙上那句著名的神谕："认识你自己。"生命的力量和思想的洞见要反求于自己才能获得。人只有把自我区别开，才能把认识对象与真理区别开；只有拥抱真理，抛开自己，才能占有一份宁静。哲学之所以是我精神的故乡，书籍之所以是我灵魂的家园，是因为在这个国度里，不接受痛苦、徘徊、世俗、乡愿，它让我孤独而正直、善良而坦诚地生活，它作为我的故乡，使我的心就像大海一样深广，情感就像山间的溪流一样清澈。

第三章　走在超越的路上

海棠无香，海棠有情。那一年秋，我们从农家主人的老宅院移出一株海棠树，栽到了校园办公楼的前面。第二年，此树葱翠繁茂，"海棠依旧"。初春，海棠绽开，涂抹新红，眨眼，不待浓睡酒醒，已是绿肥红瘦。中秋，果实圆润，深红尚透，荫庇千条，枝挂万簇，冠覆池塘，红影掩霞。春去秋来，循环往复，如同"希望"来去，好不扣人心扉，引人遐思！

承德一中新校区规划效果图

诗意地欣赏生命是完美的最高形式，从最好的角度看待事物是艺术的使命，把美赋予事物便产生爱。"诗歌和神话是一回事"，艺术和宗教都渴望达到完美。在这种关系中，或许隐含了一种人类活动的重要信息：存在就是生命活动的目的；完美存在就是生命活动的更高目的。教育的终极目标和最高真理只能是完美！向着完美努力，必须是教育的一部分，它真正的意义就是每天做到最好。对待教育，我们必须饱含深情地观察它，区分它的本质是什么？现实是什么？如何面对那高不可攀的东西？如何知道满足什么条件，教育才能变成现实？唯有如此，教育内在之美才能开始闪烁出光芒。

创新意味着一步步接近本质，创新是保留，是选择，是进步，也意味着毁灭。这些见解不仅是我所倾向的哲学概念，也是我伴着时代的足音，在心中谱写而成的创新的旋律。

创新之花需要知识积累的沃土。1977 年恢复了高考制度，那一年，存瑞中学高考上线人数是零。1978 年，我被"破格"重用担任高一重点班的班主任（当时高中两年制，也正是这一年，我因未被学校批准，失去了考研机遇）。这个班的科任教师都是全市顶尖教师，与这些人一起工作，我诚惶诚恐，于是，我把全部精力都用在备课、查寻资料上。那个时代的指导信息仅仅是有限的几份报纸和杂志，多少个寂静的黑夜，我在星星的闪烁中寻找期盼的答案。怎样激发学生的兴趣与热情？怎样让知识的泉源流入学生的心田？在一个个风雨凄凄的晚上，在一个个骄阳似火的白昼，我对所有与高考有关的经济学、哲学的信息都进行归类整理，一堆堆资料铺满了我狭小的办公室，一本本书写得工工整整的摘抄记录着那一段寂寞而充实的时光。如果说后来我的教学形成了自己独特的风格，我所带的班级在高考中创造了辉煌，那创新的种子就是在这片积累、思索的土地上孕育成绿茵的。

创新的火花是灵光的闪现，善于捕捉、善于梳理往往是一名优秀教师的特质。《光明日报》中的一篇文章吸引了我，可能是读书习惯使我养成的思考能力，我设想着，如果这篇文章压缩成一段材料，问一问包含什么哲学原理，情况会是怎样？于是，我这么做了。我把这段材料书写在黑板上，让学生观察分析并做出回答。大约十分钟过去了，没有人愿意说出所含的具体原理是什么。我开始思考我的教学了，生硬的灌输不能形成高质量的知识建构，把知识变成灵动的清流才能自然滋润学生思想的大地。教学是一门艺术，概念如何展开？展开的坏节是什么？在什么样的情境中展开？没有载体无法展开，缺乏情境会把概念变成死了的名词。正是这种在实践中对思想的思考——反思，使我踏入教师的行列。我因押到了高考题的"范式"，取得了 1979 年政治学科考试在全省 17 所重点中学里第三名的成绩，团队中最优秀的教师屈居第四名。1980 年调工资，也是"文化大革命"后第一次调整工资，全校9 个名额，在全校大会上，李文成校长明确提出了给我晋级的理由，那就是勇于创新、善于总结。

在教育日益功利化的今天，我常常感慨于一句话："教育没有它之外的目标，教育本身就是目标。"教育的过程就是觉醒的灵魂回归精神家园的过程。或许因为刻苦读书，或许因为教学的成绩，1984年，我被推举为副校长，1986年任正校长。作为一名学校的管理者，我认为对教育思想的深刻领悟是大幅度提升教学质量的关键。我派懂英语的副校长带领外语组去牡丹江"张思忠教学法"实验区学习，并请张思忠老师来校指导；请北京康志明、赵大鹏、薛川东等名师来校听课，评课。在和这些名师的交流中，我强烈地感受到我们老师缺少的不是知识和教学的方法，而是一种教育最为高贵的东西，那就是人文关怀。我对教育的理解中，人文是核心的内容。因为人文的缺失，语文课失去了激情的涌动和思想的升华，变成了单纯而冷静的材料分析；数学课失去了缜密的思维和真理的追寻，变成了定理、定义的生搬硬套；外语课失去了对不同文化的品读，变成了单词和语段的机械训练，训练的结果是造就出知识单向、心胸狭窄、人格缺陷的人。教育不是万能的，教育同样是可能的。但是，什么称得上教育？满足什么条件，教育才能变成现实而不仅仅是个名称？

2002年，我调到河北承德第一中学任校长，如何高效地提高教学质量是摆在我面前的第一件大事。通过听课和座谈，我了解到这里的观念是滞后的，视野是狭隘的，但教师中不乏教学的精英，如果以新课程为载体转变教学观念与方法，那么，教学将会获得一个新的起点。于是，我买了《世界课程改革趋势研究》《课程改革与评价》等书籍阅读，同年九月份开学之际，全校停课，选择江西、江苏两个教改实验区进行为期12天的学习。返校后，在充分讨论的基础上，确立由中层主任、教研组长为先导的示范课，继而实施百名教师展示课。我被这股火一般的热情所打动，也登上告别十多年的讲台上观摩课。在近两年时间里，全校老师听课节次达5 342节，我个人一年里听课108节。

我们在思索中确立了这样的教育理念，这种理念是给教师一个崭新的定位，教师应该在课堂上扮演多种角色；这种理念是让学生成为课堂真正的主人。建构主义认为学习者并不是把知识从外界搬到记忆中来，而是以已有的经验为基础，通过与外界的相互作用来获取、建构新知识的过程，而不是教师生硬的灌输。这种理念是让课堂成为思维的家园，让问题成为课堂教学的引路航标，在问题的引导下让学生探询"自然"的奥秘，让学生攀登人性的巅峰。

2002 年，借百年校庆之机，我们在《人民教育》支持下，成功地组织了"百年讲坛"活动，聘请大师级一线教育专家讲课，这极大地鼓舞了教师的热情，教师思想观念、教学方法发生了变化，这是一个新的高度。倾听优秀教师讲课有如沐春风的感觉，透过课堂上简单的教学流程，我感受到深邃而激越的生命律动，这律动何尝不是人文精神的升腾。听课下来，我根据听课笔记写了《从教书到教人的视角转换》的文章，发表在《人民教育》上，向大家介绍大师是以何种方式使单向传授和被动接受转变为积极参与、师生互动和主动探究的。视角转换要求从以教材为中心转变为以人为中心，理解教材不是目的，让人理解才是目的；教材不是被理解的东西，而是推动理解的东西。做到这一点的关键是改变教学观念和教学方式，因此，教师不仅应拥有广博知识，更应拥有纯洁情感和高超智慧，这样导演出的课堂教学才能是高水准的，学生才会从中受到感染，得到启迪，得以升华。从某个角度说，课堂教学只是一个平台，一个汇集知识、交流情感、升华智慧的平台，那应该是一个简单而纯粹的舞台，多情的应该是舞台上的舞者，在一颗颗心灵的演绎下，丰富的知识之树、纯洁的情感之叶、深邃的智慧之果才会闪亮在我们心灵的天空下，才会沉淀在我们灵魂的深处。

要打造一支理念型、专家型、导师型、反思型、复合型、创新型的教师队伍，不能不借助科研的力量。课程即过程，因此，对过程中现象的研究就是对课程的研究，课程中的问题是教育活动自身的问题，从这个意义上说，"问题即科研"，科研的目的就是促进学校的发展。教师广泛参加意味着教师能力提高，科研成果意味着教育质量提升，科研是学校持续发展的力量源泉。我作为校长必须做科研的带头人，我每年都在报刊上发表至少一篇文章。在浓郁的研究氛围中，几年来，有 80 多名教师在省级以上刊物发表文章总计 300 多篇，承担国家级、省市级课题 26 项，其中，语文的"作文个性化教学""类文教学"，外语的"3S 阅读训练"，数学的"思维品质发展与培养教学"，物理的"问题前置式教学"，获得了国家级、省级或市级课题奖。

以课改为契机，以改进课堂教学方法为核心，在广大教师积极参与下，我们确立了以有效、高效为目标的"双主一体"的教学范式。"双主性"力求体现教与学双向互动关系，强调问题与答案，动机与兴趣来自双方对问题的需要。这一概念是对单向传递知识的根本动摇，"一体化"把教学对象和教学目标作为一体看待，把学习知识的每一时段、每一部分、每个环节看作整体的要素，强调学习知识的整体性，其核心是"以学生学习发展为本"，价值取向是完善人的发展。

贯彻这一理念的原则是"解放兴趣，激活问题，最优化过程"。解放兴趣依据这样的理论：教育应该符合生长的规律，把师生从束缚人的观念、规则、习惯中解放出来。这种对主体的解放能够激发学生对科学的兴趣，能够冲破传统观念对思想的阻碍和限制。对问题的激活首先是一种哲学，这种哲学倡导问题的挑战性、思维的开放性，拒斥垄断性、封闭性、依附性。最优化过程是指通过重组教学内容，巧妙设计概念展开的环节，选择最有效、最具培养思维品质的途径，并对知识的形成和应用结果具有期待性。为了强化这一原则的实施，我采取了三种评价方式：结果性评价，即在结果中比较与目标的差距；发展性评价，即考察对学生人文性和价值取向的培养；反思性评价，即对教学过程、结果、教学思想的反思。

学校以课堂教学改革为核心，全面提高教师教学水平、科研水平和教学质量，连续几年取得全市教学质量第一名的好成绩，获得"高中教学优胜单位""创新教育实验学校"等称号。

随着新校区建成，学校硬件的发展为课程改革提供了更优越的物质条件，同时，教师队伍的成长也为课程改革提供了核心支持力。在这样的背景下，我在2005年，用3个月的时间完成了2万多字的《提高发展质量，创办尖塔型学校的战略架构》的报告。报告提出了三个理论支撑点，即文化建设、高效团队建设、创造效能机制。从11个方面分别做了论述，提出根本目标就是促进学生学习的终极发展和促进学校有序、稳定、健康和持续地发展。它为学校的未来发展勾勒出一个草图。

课程改革是教学的核心问题，当我的课程观从"课程即知识"拓宽为"文本、范例、体验、生活、反思都是课程的内涵和意义"的课程观之后，我提出了"1+3"课程改革方案。"1+3"的1为必修课，3为选修课1、选修课2、选修课3。选修课1：分层教学；选修课2：系列和板块讲座；选修课3：社团、课外小组、德育课程。"1+3"课程首先把一切活动都课程化，必修课真实地体现课程标准，选修课则是对必修课的补充和延展；必修课是对全体的要求，选修课对个体差异的承认；必修课是刚性的，选修课是灵活的；必修课是对知识观的保留，选修课是对建构主义知识观的选择。

　　在这个开放、飞速发展的时代，同样又是物质日益丰富、精神日益贫乏的时代，当分数、排名成为教育的唯一时，我们常常把荣辱的概念、高尚的情思丢进垃圾桶。一个人没有知识也许不是最可怕的，可怕的是一个人被知识武装得坚不可摧，却抱有一颗冰冷的心。因此，我主张把德育也列为课程。我感慨于教育遇到的问题，是学生有外在行为的拒斥、内在精神缺失的状况，我们经常会遇到充满极端心理和采取极端处理手段的学生。可能的原因是，一方面，多元文化使个人话语权、个体尊严、独立人格上升形成唯我性；另一方面，教育内容抽象、形式僵化使教育远离生活而失去真实。从生命的维度看，只有通过关注学生的精神世界，进而达到关注自我的行为世界，这种内显于外的过程才是教育的价值所在。

　　我们创新性地开设了"实践周"课程。每个班在高中3年期间要有2周实践课，内容有劳动、礼仪、鉴赏、学法、研究性学习和人文课。我承担人文课，到现在已经为6 000多名学生讲过课。我的课很自由，考虑不同班级、年级或不同的社会背景和时代趋向，内容主要指向分析方法，目的是培养一种思维品质。讲课取材很复杂，但不脱离审美意识和哲学性思考。比如，我可以给他们讲哲学的隐喻，告诉他们，每个词都是比喻，每一个短语都是隐喻，每一个句子都对应着思想，每一篇文章都是作者思想的隐喻。在李白的《将进酒》里，我为学生分析"酒"里隐喻的人生况味、社会涤荡、人性张扬，让学生真正走进李白的世界，让学生知道，那是诗人的李白、唐朝的李白、永恒的李白。"实践周"的每个学生都有岗位，校长室也是一个岗位，每一位到这里来的学生都是我了解学校、班级、老师情况的信息源。我也帮他们研究学习方法，交流人生志向，参考高考志愿。在这个过程中，我深切地感受到理想的教育就是沟通，而沟通的有效前提是真实性、真诚性和正当性，这就是有道德的教育。

　　一年又一年过去了，我伴随着那株海棠的生命生长着，它那深深地扎进大地的根，在这片热土里蔓延开来；它那坚固的树枝，傲然挺立，也是风暴过后的支撑；那秋露后的金色到访，呼唤愈加成熟的思想。那永不凋谢的生命之花年年待放——这是我们永恒的渴望！

第四章　仰望灿烂星空

宁静的夜晚，当你躺在内蒙古自治区"达里湖"岸边的草地上，仰望璀璨的星光时，你会有一种被罩在一个半球体的星空之下的视觉体验。此刻，无论你沿着水平方向往哪儿观察，星星都像悬挂在草原尽头的草尖上，或者足以让你相信地下也有星星。心灵贴近星空，获得了从未有过的平静，对自然和宇宙的敬畏之情也油然而生，仿佛有一股无法抗拒的力量锁住了跳跃的思想。

我们面对变动不居的世界是如此的不安，面对有序和无序、统一和多元是如此的捉摸不定。我们的理性不满足这种现状，由此产生了对知识确定性的无穷追问，以便使理性服从逻辑，避免与宇宙基本法则相悖。但是，面对诸多不确定性和强迫选择的绝望，我们又陷入深深的焦虑。

斯宾格勒的宇宙理论的中心观点就是宇宙节奏的意义。他认为宇宙所有东西都具有周期性的标志，这种标志称为"节拍"，即节奏和拍子，就像马蹄声和士兵的步伐。万事万物的节奏都可以用方向、时间、节奏、命运、渴望一类的字眼来解释。节奏的意义涵盖秩序、法则、规律、机制和高级文化序列诸方面。但是，节奏意义又恰恰解释了诸多不确定性。

永恒不变的世界和变动不居的世界，如何才能彼此相处？这一哲学命题陷入"两难困境"的语言"游戏"。但玩"游戏"会受到两种束缚，即符合游戏规则的合法性束缚和胜败带来的斗智的束缚。我们对"游戏"进行延伸思考，一方面，作为控制人类思想和行为的规则体系，要求我们找到语言、道德、法制下的连贯性规则系统；另一方面，规则的使用映射了人类复杂的生活，其中各种承诺的约束不可能完美地归于统一的单元。仅就人是不确定生活着的物种和每个人都是所有价值尺度这一情趣的自然等同性的原则，就使不确定、不可靠成为我们理智生活的永恒特征。

一流的智力就是承认矛盾导致冲突的力量，维持期间的平衡。事实上，每一种解释的结果总是趋于一种平衡，我们可以两次使用同一个词，却永远不会具有同一种意义，也从来没有一个人的理解和另外一个人的理解完全相同。但相互理解还是可能的，因为使用同一种语言可以在两者身上培养出相同的世界观。如果一个人必须具备理性原则和道德这两种德行，才能过上一种标准的人类生活，那么我们就该既接受理性的思考方式和行动，又寻找决定我们意志的道德"箴规"。

教育是一种理智的生活，教育有自身的周期、节奏、次序和法则。教育行为先行于未来社会秩序，因为今天的受教育者是维护未来正常社会秩序的人，为未来而工作是教育内在性的要求。任何形式的教育管理制度都应与其相对应，管理制度不过是教育规律的派生之物。因此，任何附加在教育规律之外的管理制度都不过是它的"替补"形式。

数据是对真实性的替补；分数是对知识的替补；结果是对过程的替补；竞赛是对智力的替补；升学率是对教学质量的替补；各种教学量化管理制度都是对探索教学质量这一艰苦劳作的替补。我不是反对任何管理，而是主张管理制度一定要反映教育规律，而不能与宇宙法则相悖。在我 28 年任校长期间，我没有惩罚过任何人，也没有人触犯过处罚规定，因为我们没有处罚规定，也没有人犯过受处罚的错误。我总是憧憬着精神的家园，爱仰望那灿烂的星空。敬畏自然和崇尚道德意味着尊重规律和使意志接受"律令"，思想只能在思维领域内接受统治。"将人当作目的本身而不是仅仅当作手段"，是建设校园文化的基石。

20 世纪 70 年代末，科学的春天到来了，高考制度的恢复点燃了人们心中的梦想。不同年龄的青年潮水般涌向重点中学，30 人的大通铺被挤得满满的，每人仅占半米左右，连翻身都困难。室内夏天酷热难耐，冬天滴水成冰。食堂仅有几个饭桌，学生都在教室里用餐。四季不分，都是读书的春天；昼夜无界，全成学习的天地。办公室是平房，靠大炉子取暖；每个人都是印刷工，自己刻"钢板"，自己油印；班主任最辛苦，早晨组织早操，晚上关心住宿，悉心呵护。最令人煎熬的是高考分数下来，几人欢喜几人愁。没有领导的责备，也没有丰厚的奖励，考得好的教师灿烂着一张笑脸，考不好的教师闭门自责。这就是恢复高考后存瑞中学的景象。那难忘的艰苦岁月，那火一样燃烧的激情，是梦想的火炬点燃激情的火把。这是管理的最高境界，是生命的最高追求。

1986 年，我当上校长，第一个念头就是外出学习管理经验，利用寒假，我们走访了河北、河南、山西等省的十几个学校。在山西，壁立千仞的黄土，看不到底的深渊，羊肠一样的白花花的曲折的公路，村里孩子看"面包车"就像我们第一次看到了珍稀物种，层层围住，不愿离开。在汤阴中学，我看到了让我一生难忘的一幕：十个学生一组，在地上围一个圈，圈里两个桶，一个装饭，另一个装菜，吃饭时间大约十分钟，然后自动回到教室学习。听校长说，考上大学的学生家长要杀猪请全村人吃饭，那隆重、热闹的场面超过娶媳妇，因为孩子终于离开了贫瘠的黄土高坡，那是一个人命运的重大转折。在那时，那里，学生学习的刻苦程度难以想象，但摆脱贫困、远离苦难的信念支撑着他们一步步艰难地走在与命运抗争的路上，也许这最贫瘠的土地，才是绽放最迷人的生命之花的沃土。

对于教育而言，对心灵的经营是永恒的主题，对灵魂的关注是不变的旋律，而这些是永远不能被简单量化的。从21世纪初开始，数字化时代给学校打上了深深的烙印，一切都成为数字的奴隶。它不仅成为最便捷的评价方式，而且进入人们的精神，成为价值的尺度，尺度替补了质量。各种量化的尺度都等同于管理，通过一个简单的公式，一所学校的管理水平似乎就一目了然。"数字化"这个简单的形式，把一切都统一了，于是，学校的个性没有了，学生的精神缺失了，高远的梦想坠落了，创新的翅膀折断了，因为这些都不在量化的范围内。统一性是科学追求的方向，这个科学，就这么简单地成了政府、校长、百姓统一评价教育的标准，管理即数字化成了这个时代的特点。这个标准导致的后果，必然是加剧学校对教育资源的操纵，从而导致教育不平衡发展。管理的本质属性，经过不断的替代而最终被扭曲。

教育应该是一缕来自天堂的风，吹走心灵的阴霾，唤醒生命的春天。作为担任过两所重点学校的校长，我有幸走访了亚洲、北美、欧洲一些国家，那些我访问过的学校都给我留下了难忘的印象，告诉我教育应有的美丽。我在法国布列塔尼勒南中学校长家住过5天，第一件感兴趣的事是，校长都管什么。他不知道游泳池的长和宽，不知道体育馆地板的材料，他负责的事主要是课程设置和对学生发展方向的关注，他要研究开哪些课程，要知道每个学生的志向，因为这才是学校里最重要的内容。和国内很多学校教室装备豪华的情况相反，在那里普通的教室里连多媒体都没有，在回答我们的疑问时，校长说出了一句最引起我感触的话："多媒体不等同于人的情感，粉笔书写时有情感流动在里面，知识没有情感的注入就不容易被接收。"

在法国与勒南中学师生在一起

在新西兰，一节初中课让我感到我们整个教育的痛，一群八年级学生在教师的指导下，通过查阅资料、相互合作做出的机械图纸不只精美、准确，还要在电脑里进行分解，而这些在我国有些大学机械系的学生都未曾做过（调查过学生）。在日本柏市高中，让我最感慨的是教师的一本本手写教案和一篇篇教学心得，校长认为教师的独创精神和反思态度是引领高水平学生和自己不断进步的关键，对教师的评价不是一个简单的结果，而是关注他创造性的发展过程。当然，这些学校也不是不关注成绩，例如，在法国考上巴黎师范，在日本考上东京大学，都是很难的事情，但在那里，每个教育者首先是引领学生关注自己会成为什么样的人，怎样成为这样的人。当我们在为分数殚精竭虑，当我们在题海中苦苦挣扎，当我们的教育成为没有情感的知识灌输，成为没有思维的流水线的制作，也许这不仅仅是教育的悲哀。

教育应该是人生的设计师，更应该是沉睡灵魂的唤醒者。哲学统一性奠定科学简单性的基础，相似、等同的原则帮助我们移植管理方式，任何所谓科学管理都是计算出来的。比如，法律就是对正义的计算，一个人伤亡赔偿多少金额就是计算的结果，这个结果对死者亲属是公正的，而对于死者是不公正的。成熟的科学方法原则，无非是泰勒·斯保丁等人所做的，将科学管理引入教育，着眼于测量和评价，也就是量化控制；与其相反的是人文主义，强调以人为本，认为人的欲望、意志、直觉、情绪等非理性因素才是本原动力，因而强调以人为中心，关注人的活动，以及人的自然性、社会性、精神性的东西。前者倾向于效率与绩效；后者倾向于人的发展、人的终极意义。教育的本质是使人不断觉醒，数字不能替补质量，因此，数字化管理即使能让学校起到名声显赫的作用，仍然意味教育本质的丧失。

教育是爱的启示，所有的教育者都应该皈依爱。多少年了，多少个学生，那些贫困的学生仍让我难以忘怀。那么多优秀的孩子，学校免了学费，家长不让读！给补生活费，家长不让读！因为他们已经被父亲选为劳动力，出去打工养活全家，他们读书，全家会怎么样？孩子们哭了，父亲们给校长跪下了，我含着眼泪劝说一个个家长，我带着微笑勉励孩子们珍惜这样的机遇，因为我知道孩子们的命运这时掌握在我的手里，是爱让我克服重重困难，在他们人生最关键的时刻，为他们铺就一条通往光明的路。在担任校长的过程中，这样的情况很多很多。那一年，一个学生拿着厦门大学的通知书来找我，问怎样才能退掉，因为拿不出学费、生活费，他想重新补习，选择读师范院校。那一次，两姐妹同时考上大学，父亲借了一个村子才借回 800 元钱，不过两天又被要了回去，父亲一急喝了"卤水"，无奈之下，姐妹俩只好出去打工，开学在即，两个人挣的钱不足 2 000 元，仅是每个人学费的 1/5。那一次，一个在苏州建筑学院读书的学生来信说：父亲早逝，母亲又改嫁了，哥哥刚结婚，原来给母亲治病借的钱要求她承担一半。她怎么承担呢？作为校长，我又怎么能不帮助呢？给她寄去 3 000 元。这么多年来，学校支付给贫困学生的补助达 80 万元，也许这些帮助不能真正解决他们面临的困难，但我深信这些无私的帮助，一定会触动他们的心灵，在爱的阳光下，善良的种子一定会在他们心中的那块热土里萌动。

教师是烛光下的自然之暗。教师长期与知识、理性、思想相伴，然而他们本该充实的心却常常孤苦、空冷。在课堂上，他们仿佛处在一个虚拟的、可能的世界，有着诗人一样的自我倾听，获得无比的精神享受，而在现实的生活世界里又像是归到另一个陌生的地方，一个靠自我守护的孤寂心灵。我们常常以为他们的大脑是可以被无限开垦的土地，心灵会无限富有与丰盈。然而，现实中他们的心往往是一片被忽略的荒原。在存瑞中学，我经历过很多教师的窘迫、艰辛、苦闷、疾病和死亡。有的没有房子，老少三辈人住在一起，家里平时没有多余的空间，不得不待在办公室里等到家人睡了再回去；有的家庭其他人没有工作，几口人只依靠一个人工资生活，外债还不了，房屋不能买；有的带病还坚持工作，直到晕倒在讲台上，检查时癌症已到晚期；有的工作几十年，来时青春年华、满腹经纶，去时仅带走一身粉尘，家徒四壁。他们丰富的头脑让人羡慕，苦闷的灵魂又让人心痛。

　　对于热爱生活的人来说，苦难不是吞噬一切的深渊，而是引领攀登高尚巅峰的阶梯。作为一名教师，我和他们有过相似的经历和相同的感受，我曾到松林里拣过干掉的松塔、松枝做引火柴（用来引煤燃烧的木柴），也曾到煤矿里用小车推过煤，结婚时母亲借了几家才筹到 100 元钱，还要求两个月后必须还清。1984 年，我被推荐任副校长，主抓后勤工作，于是一个强烈的愿望被召唤出来：我要尽我的力量，改变教师生存的状况。在凛冽的寒风中，我亲自和司机到遥远的林场为教师买来冬季的引火柴；跑遍一个个村庄为教师买来那时非常稀缺的大米。1985 年，全校只有校级领导有燃气罐（属个人购置），为改善教师生活条件，我通过同事的同学的关系，采取用日本钢板置换燃气罐办法为全体教师解决了燃气罐问题。空罐来了，没有燃气，我在工厂连住 5 天，恳求支援，终于打动厂长，同意把空罐装满。那是一个深秋的夜晚，我与司机两个人装车，回来后，我又亲自为老教师家送去。那夜，秋意浓浓，虽有飒飒的凉风浸入骨髓，而我们却收获了教师最灿烂的笑脸和最温暖的话语。后来，我读到黑格尔关于母爱的一段话非常感动，无所希求之爱为爱，这种爱不仅仅为母亲所有，是每一个人"自有"之爱，这是一种最动人的力量，这是一份最真的情感。多少年后，我都一直坚信：教育是为别人谋得幸福的工作，教师是与私人利益无关的职业，无关才有自由的高贵，才有精神的健壮。

　　康德曾经说过，这个世界上只有两种东西能如此震撼我们的心灵，一个是我们头顶灿烂的星空，一个是我们心中崇高的道德准则。一个精神家园必是自由、真理的王国，自由孕育真理，自由乃存在的文化。校园如果是文化之园，学校是"百花园"，那么，自由和真理的女神就会光临每一个人的心田。校园文化有主流文化，但主流文化不是单一文化，由于文化的核心终究是一种思维方式，因此，文化是多元并存的，这既是真理的要求，也是自由的条件。

第五章　陌生的友爱

"查尔斯河水缓缓流淌，那茂密的常青藤爬满红墙，那美丽的坎布里奇呦……我怎么听着像我们的哈佛呢！"这是我班 1981 届的学生孔颜平在哈佛大学理学院读博士期间给我来电话时，我为他背诵的一首诗。哈佛大学是我心中一所神圣的殿堂，作为一名教育的信徒，我对这所影响人类文明进程的教育殿堂充满了敬畏，它的博大精深与青春活力深深吸引着我。在那里，他取得了博士学位，同时取得了行医证书，现在在曼哈顿一家医院工作。后来他回国探亲，我们一起谈起哈佛，讲到哈佛办学资金大都来源于社会赞助时，他说："我参加过哈佛的一次赞助仪式，拿出 300 万美元都没有座位，只能在后面站着，人们对教育都怀有一种宗教般的敬仰之心。"

东西方在对教育的社会支持方面存在的巨大差异不是一两句能说清的，但有一点是明确的，在中国，缺乏对教育支持的习俗和社会体系。但是，教育得到社会支持是其自身发展的合理要求，获得的支持越大，学校教育持续发展的能力就越强。然而，校长承担对外交流合作的职能，必须从外部环境中获得人力、物力、财力和其他资源，才能实现学校的健康发展。

黑格尔说："一个人作为时代的产儿，不能站在他的时代之外，他只有在自己的特殊形式下表现时代的实质，这也就是他自己的本质，没有人能够真正地超出时代，正如没有人能够超出他的皮肤。"[①] 教育永远不是孤立存在的体系，教育是整个社会的一个有机组成部分，因为所有的学生都会走向社会。2004 年，我走访新西兰长湾中学时，曾参加一个学生的奖励仪式。仪式很独特，是在早餐前进行的，受奖学生与父母同时参加。仪式开始，首先，校长介绍赞助人、颁奖人。赞助人都是社会企业界人士，但不是任何企业都轮得上；颁奖人必须是社会名流，这次的颁奖人是曾在巴塞罗那奥运会上荣获帆船比赛的冠军。颁奖结束后，学生们为赞助人、颁奖人送上鲜艳的花束和精美的巧克力，最后，校长、家长和学生共进早

---

① 黑格尔：《哲学史讲演录》第一卷，57 页，北京，商务印书馆，1959。

餐。在我看来，那次颁奖仪式最重要的不是那些奖金，而是那个过程。在那个过程中，企业家奉献出了对教育的爱，颁奖嘉宾给学生树立了学习的榜样。对学习而言，奉献的价值，感恩的品质，追求的美丽，这些美德的传承就像一条小溪在这样一个个仪式中，在每个学生的心中静静流淌，滋润着生命。

一个民族要想知道它的过去已经走了多远，或者它在未来能够走多远，仅仅通过它如何对待当代教育的这面镜子就能折射出来。一个民族在当下的使命是由当下的时代给出的。一个人也不能与它的时代相分离，因为没有人能站在他所处的时代之外。一个人也不能选择他的时代，犹如不能选择他的父母。他在他所处时代的人的结构关系中依赖和服从某种结构是无法避免的，这就决定一个人的使命囿于某种关系之中，其中的政治关系就是陌生的友爱。友爱，之所以是陌生的，是因为它是政治的；之所以是友爱的，是因为它建立在统一的、共有的使命基础之上。朋友的存在就是友爱，友爱就是在被爱之前主动地去爱人。友爱是主体的思考和体验，如果没有时间（考验）就没有朋友，如果没有德行（信赖）就没有朋友。所以，"相濡以沫"是朋友的至理名言。如果你在伟大的时代得遇一个干真事的领导者，并且由此产生了友爱，那该是何等的幸运啊！它是你自身之外成长和成功的条件，是一只助推你的"上帝之手"。它超出了亲近的自然关系，是与信赖和事业联系在一起的最高的情感关系。

我的职业、我的追求和我的成长都离不开最核心的关系，我与领导者的关系，成为我生命中最难忘的记忆。20多年，我曾和7任县委书记、县长，10任市（地）委书记、市长一起工作，今天，回忆起来仍温暖而有意义。正如一次我与县长在一起吃饭，县长逗我说："你的那些'拙见'都从哪儿来的？"我脱口回答："因为我生活在领袖身边。"周围人大笑。也许，他们不知道给我启迪的领袖是书籍，读伟大思想家的书，就如同和他们对话，走进他们的世界；另一个就是我身边的领导，他们给我支持与力量，激励我不断向前。

回忆过去的领导，我经常质问自己：他们的思想保存在什么地方？是一串串的数字，还是一幢幢的建筑？数字，是个无特征的符号，建筑是个没有名字的数字。于是，我想到了那个过程，那个艰辛的过程。它正消失在人们不断提高的生活中，消失在千万个孩子无忧无虑的欢笑里。今天，我回忆我的领导，就像回忆我的同事那么亲切，那么温馨，我知道只有让那些外在关系消失掉，我的精神世界才会涌动真挚的情怀。记得在存瑞中学盖办公楼时（1987年，没有办公楼，教师就永远在教学楼的卫生间里办公），学校仅有 20 立方米做基础用的石块，我找到老县长，提出允许我开工的请求，真为难他啊！最后，老县长从困难的财政中挤出 3 万元，允许开工。工程开工后，我又找到邮电局领导，希望支持，这意味着他们将把下半年用来建自己办公楼的资金最先投入学校的建设。学校的办公楼在年底终于完工了，2 000 平方米加两楼之间走廊共投资 20 万元，这个数字对今天而言是个很小的数字，而在当时却是天文数字。一个人，在最艰难的时候才能真正体会到友爱的力量，就像寒冬中拂过眼前的一堆篝火，黑夜里一盏对着灵魂闪亮的灯光。

友爱隐秘着政治，批评隐喻了教诲，领导的话语常常让我感受到一种期待的力量。任校长时年仅 33 岁的我，在河北省重点中学里是最年轻的校长，上任不过一周就发生了意外伤亡的事故，地委副书记、教委主任亲自来校调查，对如何处理做出明确指示，并对学校管理提出了"三严"要求：严于治教，严于治学，严于治校。临别时，书记拉着我的手语重心长地说："校长好则学校好，你要记住，我们背得动山，却背不起历史责任啊！"一句真话，比一个世界的分量都重。我记住了老书记的这句话，记住了那充满期待与关爱的眼神，人生中能听到多少这样饱含真情的叮嘱呀，这句话也成了我一生动力的源泉。

"多情却似总无情。"真正的关怀不是投其所好，不是为了某个目的去满足你的某种欲求，而是对你的欲望的阻止、心灵的呵护和思想方向的把握，并且能给你拨云见日的震撼和恒久的启迪。记得那次我的工作取得了一点成绩，并得到老领导于市长鼓励，我就顺着市长的话说了一句："我也该动动了吧？"可老市长半开玩笑地说："我们都是农家子弟，该知足就知足吧！"在场的人都笑了。我实际也是开个玩笑，但却是一个带着虚骄之气的玩笑。不知道为什么，这句话总能在我的耳边回响，它似乎成为我一生的座右铭！多少年了，老市长一直真诚地关注我的成长，在学校最困难的时候，他帮助跑资金；在我最迷茫的时候，他帮助我树立信念；在我受到委屈时，他为我做正当辩护。几十年过去后，老市长曾感慨我没有在他执政时办过一件私事！是的，我们之间不是私交，却胜过挚友。这份真挚友爱的真谛正是来自于我们那些相同的品性和共同具有的那个教育的梦想、那份历史的责任，对心底的本源力量持久的呼唤而产生出来的共同信念！

在关系的重构中，理解之花总是那样地骄人，因为理解的背后是宽容的风，是关爱的雨。"盖楼，有钱谁都能干，问题是没有钱，他能干。"这是当年承德地区行

1984 年河北隆化存瑞中学校园

署常务专员王高鹏对我的一句评语，这个评价不是它自身分量重，而是他从不施舍这种话。我眼中盈满了泪水，多少艰辛，多少委屈，都融化在这句理解的话语里，消失得没有了踪迹，激荡在心底的只有无限的感激。这位常务专员在承德工作了 26 年。早在 1994 年，我就向他提出兴建图书馆的申请，记得第一次去时，我只交了申请报告，第二次去时，我只说了一句话"汇报图书馆建设问题"，记不清第几次了，我被他留了下来，他答应解决 5 万元。接着，我们就谈论起我如何才能筹集到那么多资金的问题，忽然，他直截了当地问我，你都怎么向领导要钱啊？我对他说，汇报最好在领导对你的问题感兴趣时，把内容用最少的话说明白，如果领导说，知道了，最简单的礼节是鞠躬退出。他听了我的话微笑点头，我也笑着离开了他的办公室。会意的笑，是理解的微风拂过心灵的湖面荡起的层层涟漪。在确定图书馆开工后，行署又追加 10 万元资金。后来，老专员告诉我，追加投资的真正原因是我为承德的电力事业发展起到了桥梁的作用。当时存瑞中学接收了不少外地求学考生，有不少高层领导子女，其中华北电力局领导的孩子在这里学习过一段时间，孩子朴实、正直，学习刻苦，最后考入一流大学，孩子父亲十分感动，多次通过各种渠道称赞

　　学校教学质量，也加大了对承德电力的倾斜。一位领导能够用自己的眼睛，用自己的判断去理解他的下属，这不仅仅是一种工作态度，更是一份理解，一份爱。

　　一份深沉的爱常常和利益无关，而与精神有约。一位老市长称我为"怪才"，这倒不是说我"歪"，隐喻意义是指我思维方式不同，而且，使不可能成为可能。其实，我只是保持了我的做事方式。我喜欢明代才子徐渭的这样一句话："世人皆雕像，任人捏塑，本来真面目，由我主张。"我不倾向机遇，倒是赞赏这句话："凡是思想交叉的地方，就是新旧观念搏斗的地方，同时又是产生观点的地方。"搏斗的过程就是自我批评和反思的过程。在我看来，老市长的褒奖实质上是鼓励我拥有自己独立的思考和做事方式。幸运应该说是一种机遇，我有幸获得的最大一笔捐助款竟是来自首都国际机场。

　　1997年，河北省军分区陈政委来隆化县武装部视察工作，经过存瑞中学校门时，被透过雄伟校门所见到的烈士雕像深深吸引，临时决定到学校视察。当他了解到这所学校的教学质量和为维护烈士的荣誉而艰苦创业的状况后，感慨万千。他回北京找到首都国际机场建设总指挥，介绍了英雄的事迹和以英雄精神为己任的存瑞中学，于是指挥部召开大会，决定拿出50万元捐助存瑞中学。不久，全国

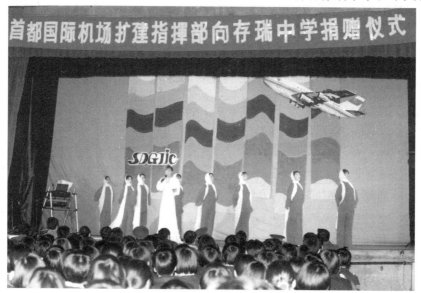

接受社会捐赠

机场负责人会议在京召开，其中一项活动就是全体与会人员来到存瑞中学，由我做了一场报告，此后，我们建立了深厚的友谊，承德市领导出国访问都受到过热情礼遇。我坚信在这个物化的世界里，一定存在着超越功利的精神之爱，这种爱，恒久而弥珍。

那一年，演员李雪健等几位知名人士到学校为师生做报告，全校师生无比兴奋，揣着梦想，带着渴望，一起感受他们成功的喜悦，体验他们奋斗的艰辛与苦涩。临别时，李雪健为学校留言："人到无求品自高。"那段日子，学校充满无限生机和活力，我知道已埋下了追求高远的种子。那一年，我邀请北京天文台、北京师范大学博士生导师等来校进行了为期一个月的科普讲座。开始，师生不太理解，然而，在科学家的讲座中，学生想象的翅膀早已飞跃千山万水，抵达梦想诞生的地方。对遥远的注视更可以激起飞翔的梦想，理想并非目标，而是对内心动力本源的呼唤。那一年，存瑞精神以创业的形式和解放的教育形式被传颂着，中央电视台电影频道节目主持人带着当年执导电影《董存瑞》的导演来到学校，亲身感受存瑞精神。我接受专访并被编辑成9分钟的人物报道，在《祖国各地》节目播出。我明白，英雄的

著名电影演员李雪健到存瑞中学与师生交流

灵魂是永存的。我坚信，舆论支持是道义支持，它把我从束缚的心灵中解放出来又赋予我光荣的使命。至今我仍然感激那些诠释我的人，以致我重读存留下来的由他们亲手执笔的文字时，都能浮现出他们那凝重而又有穿透力的目光；当我凝视那些书写在《人民日报》《工人日报》《光明日报》《人民教育》等报刊上对我报道的文字时，我感到那已不再是文字，而是英雄的影子。

社会是个大舞台，学校是其中一个角色，没有其他角色的配合与支持，一个人的独舞注定不会精彩。我有幸担任过两所省重点中学的校长，亲眼见到承德教育发展的轨迹，这发展轨迹是每一位领导者足迹链接而成的里程碑，是一个个为教育倾注心血的社会各界人士传递的接力火炬，更是所有人的爱的东方日出。银行贷款解决了发展的问题，可以说没有农业银行、中国银行、工商银行的支持，就没有两所重点中学的发展。仅就电脑配备而言，1997 年，存瑞中学为师生配置的电脑 300 多台；2003 年，承德一中配置奔腾 1.4 电脑 500 台。从这两所学校走出的 40 000 学子早已分享到国家银行的扶持，从学校超前发展的意义上讲，他们都是承受恩泽的幸运儿。从陌生到友爱，意味着社会支持力提升，标志着社会向着较高层次的发展与成熟。

从陌生到友爱的路程，就是学校从发展到壮大的轨迹。"更疑天路近，梦与白云游。"你越是接近梦想，梦想就越是被复现；你越是爱恋这片土地，这片土地就越是催促着你的脚步。

第六章　迫近大地的呼吸

梁启超曾经说：人生什么事最苦呢？贫吗？不是。失意吗？不是。老吗？死吗？都不是。我说人生最苦的事，莫若身上背着一种未了的责任。人若能知足，虽贫不苦；若能安分，虽失意不苦；老、死乃人生难免的事，达观的人看得很平常，也不算什么苦。人在世间一天，便有应该做的事，该做的事没有做完，便有几千斤重担子压在肩头，是再苦不过的事情了。为什么呢？因为受那良心责备不过，要逃也没处躲逃呀。

海伦·凯勒曾经说过，一个人没有高飞的冲动，那么他只能满足于在地上爬。1996 年夏，我的朋友——一位知名画家送给我一幅画，整个画面是一望无际的大漠，金色的黄沙灿烂夺目，在画的右下角有一头负载的骆驼昂首前行，炯炯的目光仿佛穿透漫漫黄沙。我常常久久凝视着这幅画，像在遥望我走过的生命历程。就是那只骆驼，肉体与灵魂曾被压得贴近大地，谛听着大地沉重的呼吸，感受着心灵的低吟。

作为校长，我在生命最灿烂的年华里肩负起两所省重点中学的重任，这不能不说是个机遇，然而，正如科学界把爱因斯坦的奇迹看作并非偶然的机遇并由此来证明其历史必然性一样，这个"发展是硬道理"的时代选择了我，并记录了我与这个时代碰撞过程中留下的轨迹。这是一个飞速发展而又艰辛苦涩的时代，这是一个梦想与泪水、辉煌共辛酸一色的时代。两所学校，一幢幢高楼，在常人眼里，那是砖和水泥的结合，然而，有多少人知道这些建筑凝聚的是一种信念、一份爱。

今天，我们走过存瑞中学一座座充满现代气息的楼房，我们不会想象到原来一排排四面透风的平房，更不会感受到冷冰冰的每一块砖、每一块瓦与炙热心灵的关联。1986 年，我就任校长后，承德地区教育局批准了存瑞中学关于改善办学条件的报告，并拨款 40 万元建设一幢教学楼。后来，地区对这笔投资计划做了新的调整，要求我们将这笔资金改用家属楼建设，理由是投入的资金用来建教学楼不够，将会面临很大的资金缺口。在这样的时刻，我的眼前浮现出一个个孩子的眼睛，那眼神是对知识无限的渴求，是对条件极度的无奈。那时的教室都是平房，是 20 世纪 50 年代初修建的，门窗破旧，夏天雨水渗漏，冬天四面透风。在燃煤紧张的时候，一个炉子根本不起作用。在天寒地冻的日子里，学生不敢伸出手来写字，因为伸出来很快就会被冻伤；每个学生脚下、手上都夹着或压着装满热水的塑料桶和暖水袋。面对这样的学习环境，学校怎能优先建家属楼呢？那是一个大地洒满清辉的夜晚，我站在校园的菜地旁，望着那遥远的天际，斗星闪烁于山巅，我默默地许下了愿："一定要把这所学校建成一流学校。"一个诺言就是一个人对自己行动的承诺，对责任的履行，然而这个诺言，这份坚持，让我一下子走了18个春秋。

1986年，我在建楼之前，本着未来建设的理念，对整个校园做了群体设计方案，这就意味着建一个教学楼只是总体建设的其中之一，这个"一"必须坐落在恰当位置，还要兼顾其他方面，比如运动场、图书馆等，因而就不是单纯对一个楼的资金投入。正如所料，当3 800平方米的教学楼建成后，资金用完了，还欠了许多账。一个学校首先建什么也许不是最重要的，重要的是为孩子；一所学校怎么建也许不重要，重要的是着眼于未来。今天我们走过一排排整齐的楼房，也许感受不到建设者在一片荒凉的土地上，在没有资金的窘境里，怎样怀揣一颗爱心，凝望着遥远的未来，艰难地搬动一块块沉重的砖石，筑起明天的希望。

那一年，新楼建好了，寒冬也接踵而至，预订的锅炉生产出来了，可没有钱付款，锅炉运不回来，怎么办？脚下只剩一条路，求救！我冒昧找到省财政厅，面对处长、厅长，我落下了泪水，他们被感动了，答应拨款8万元解决取暖问题。当我拿到拨款来到锅炉厂时，由于迟迟没有去取锅炉，厂家已把锅炉转卖给北京总参部队。于是我连夜到了北京，找到总参领导，眼含热泪向领导描述师生冬季饱受冻馁之苦。出乎意料的是，总参领导竟然决定将锅炉转给我们，并负责运输。在一个大雪纷飞的日子，我和解放军战士把那个宝贵的锅炉拉回了学校，从此，存瑞中学结束了生炉取暖的历史。一个锅炉温暖了多少人的心，在温暖的教室里，师生不知有多高兴，那份工作热情，那股子学习劲，都无法用语言描述。那一年，高考成绩达到顶峰，至今都无法突破。多少爱可以重来，多少感动可以融化寒冬。爱是永恒的，因而是被无限放大的动人情感。也正是从那时起，我心中有了这样的准则，凡是部队子女上学都给予关照。说来也巧，当时凡是在存瑞中学读书的部队子女都考上了名牌大学。一座建筑包含多少故事，一个故事感动了多少人，一颗颗爱心演绎了多少人性的至纯、至美。

　　输血不如造血，学校没有持续发展能力就不能实现良性循环。学校总处在困境之中必然影响教师的稳定，影响教学质量。因此，1986年，我们与承德地区电力局合办电控厂，办厂之初，学校仅仅投入2万元，工人工作车间是几间旧教室，设备都是自制的工具。省有关部门来联合检查时，看着一堆破铜烂铁吃惊地说："校长，你不是在开天大玩笑吗？"当我介绍了学校艰辛发展的经历后，一种艰苦创业的精神深深地打动了他们，于是我们获得了试生产的许可。我们边生产边投入，聘请了最优秀的工程师，把工人送出去专业培训，仅一年，产品质量就上了一个台阶，第三年再来验收时，电控厂的设备已经大半是进口的了。从此，电控厂每年提供上百万元的利润，1993年利润达到300万元，我调动后企业实行了改制，利润达千万，成为河北最大的一家风力发电设备制造企业。企业发展带活了学校资金，1990年，学校在河北省率先使用"科利华"办学系统，1991年建起了图书馆。也许一个人的失败各不相同，但一个人的成功却惊人地相似。超人的意志力和富有前瞻性的眼光引领人走向成功，在变幻莫测的航程上握紧舵是多么重要！当然，智慧的源泉是对教育、对学校的一往情深。

1994年，河北隆化存瑞中学教学区

　　生活的征程上没有曲折、没有坎坷就不是真正意义上的生活。这样的曲折和坎坷对于强者来说是百炼成钢的熔炉，而对弱者来说是葬己的深渊。1994 年，我利用存瑞中学地理位置及周边环境和县里规划新路的机遇，沿南北长 700 米、东西长 370 米的环路边缘启动了 10 000 平方米的商业性开发计划，这次的资金投入相当于已经建成的楼房的总和。开始的计划是能得到财政部、财政厅、教育厅对勤工俭学的支持和资金上的承诺，就在完成拆迁之后，因上级人事更迭，全部资金无法落实，因此，建筑材料不到位，几百工人停工，一切尝试都以失败告终。我走到了绝望的悬崖边，身心几乎被摧垮，酒成了我的朋友，每天心愿就是"但愿长醉不愿醒"，然而"酒入愁肠愁更愁"，这些哲人的话如此贴近我的心灵。记得在那年高考前的晚上，滂沱大雨从漆黑的天空中倾泻而下，我默默地走上教学楼的顶部平台，独自伫立在雨中，望着熟悉的学校，听着雨声，也听着心声，泪水伴着雨水，模糊了我的视线。一个学生以为有人要跳楼，冲过来，把我牢牢抱住，大声喊着："别这样啊，我们还有希望。"当发现我是校长时，他只说了一句话，一句让我终生不会忘记的话："校长，您给我们写的高考寄语我永远记得，最先和最后的胜利是战胜自己。"在那个雨夜，一个至今我都不知道名字的学生给我上了最难忘的一课，在我心灵最黑暗的时刻给我带来一束光亮，泪水冲刷过的眼睛本身就是光明。高考结束后，我跑到北京，找到我的朋友，向他借 120 万元，他以个人名义借给了我，并且幽默地说："这钱不用打借条了，不过你可千万别死了，死了我上哪儿要去。"生活是神奇的，120 万元挽救了一所学校，房子盖好后，要租赁的纷至沓来，我很快就还上了借款。多少年来，我一直把这份恩情深藏心间。当一切如过眼云烟般掠过生活的天空，留在心底的也许只有一份情感，在最寒冷的日子里为你划亮一根火柴，点燃你将要冷却的生命。

　　当一个诺言接近理想时，欲望禁不住完美的诱惑，又成为奔向下一个目标的动力源泉。一个诺言把我的黄金岁月拖走，直到现在我才感悟到，一个承诺就是对内心的启动。母校就是那个在内心无数次呼唤的、让人魂牵梦绕的世界。这种情感牵引着我追求的脚步：1996 年，6 000 平方米的科技馆开工；1997 年，增加 200 台电脑和百余件生物标本；2002 年，兴建 20 000 平方米的住宅楼，解决全部职工的住房问题。在存瑞中学任校长 16 年，我们完成建筑面积 80 000 平方米。16 年间，（地）市总投入近 700 万元，很难不负债而创业，但是，几百万元的债务对于自筹资金起家的所有重点中学而言，在今天都不是个小数目。告别存瑞中学时，我让会计算了一下账，是想知道那些年一共跑回多少资金，他们告诉我大概 1 000 多万吧！有位县长说我会跑钱，办法就是哭。一个幽默的玩笑，不存在真与假，但确实反映了一个"苦"字。从任校长那天开始直到 1994 年之前，出差的时候我从未住过超出 26 元住宿费的旅馆，每年数十次往返于石家庄和承德之间，路过北京站就睡在广场上。一般来说，这样的说法别人不相信，直到那个秋天的晚上，我带着满身的疲惫，为了节省一点钱，更为了早一些赶回学校，和其他也许和我有类似心理的人躺在北京站的广场上睡着了，一个熟悉的声音在我耳边响起，我睁眼一看，市教育局的局长李秉忠，也是我的知己，含着眼泪蹲在我的面前。原来他出差路过北京站，没想到被我绊倒了。那似乎是命运的安排，从此，他们才知道我争取每一分钱后面隐藏着的无限心酸。

存瑞中学——我曾拥抱过的这片孕育我成长的热土，这片用烈士鲜血染红的土地，这片浸透过无数前辈奋斗汗水的地方，如今它还是富有诗一般的魅力，我深深地、忘我地、满足地爱着这片土地。我忽然意识到它就像一株枝繁叶茂的大树，那向四周延展开来的根早已深深扎在我的心里。人没有过觉醒就并非本质地生活过，让我觉醒的正是曾令我缺乏的。记得盖第一座教学楼时，建筑单位告诉我，这个位于大门 100 米的楼是学校主体标志性建筑，如果太低了，会在视觉上削弱它的宏伟，应该高起一米为宜，我自然信服这样的忠告，但在 1996 年，这份忠告意味着再在原有基础上投入 5 万元资金，这个数目相当于主楼投资的 1/8，而且这笔资金是没有来源的，因此，这个忠告未被采纳，后来，随着建筑的基础正常沉降，当按整体设计方案完成所有建筑后，那个主楼在效果上大打折扣，遗憾无法弥补。于是我在自己心上刻下这样一句话："一个人可以天天犯错误，绝对不该犯令后人都无法改正的错误。"可以说，一个人建设的过程是展示　个人胸怀和胆识的过程，更是一个不断反思、不断超越的过程，从而也是一个构筑心灵的过程。

2002 年，我调任承德一中校长，这所始建于光绪二十九年（1903 年）的学校不仅有百年历史，而且是全市教育的"龙头"校，显然这样一种历史使命赋予我更高的责任，但是"有历史"的学校，历史欠账也较多。令人惊讶的是这里的教师竟然住十几平方米的平房，这里仍在使用 486 型号电脑，图书馆从未进过新书，办公条件简陋不堪，学生活动的唯一操场冬季尘土飞扬、雨季泥泞如沼泽，教学占地不足

45 亩。教育厅厅长来验收省示范校时仅仅给一个"试办"的机会。2003 年正遇承德一中建校百年，如何迎接老校友重返母校，如何打造百年学府新的辉煌，这是挑战还是机遇，需要我做出回答。原以为到这里能安静几年，可命运注定我续写悲壮的历史。真正的悲剧人物都有优良的品质，悲剧的力量源于超人的意志和强烈的使命感。短短两年，我投入 4 300 万元建起了功能独特的文体馆，高标准的塑胶跑道，解决了 71 户教师住房，改造实验室、办公室、图书馆、学生公寓，购买了 500 台奔腾电脑，迎来了百年校庆。

校庆以独特的风格将承德一中展示在世人面前，河北省 50 多所学校的领导和教师齐聚承德一中，我们还请来了 12 所大学的领导和导师，和《人民教育》共同组织了由全国著名教师上课的"百年讲坛"，成功地召开了"中外校长论坛"，全国十几位著名校长讲授了治校经验，大会现场通过新浪网直接向世界转播，百年庆典使一所老校重新焕发出了青春的魅力，校庆成了百年老校恢复活力的大转机。巧遇河北省打造"示范性高中"的发展机遇，承德经济实力快速增长为承德一中扩大规模提供了坚实基础，2006 年，市政府决定投资 2 亿元择地建校。经过一年多的准备，2006 年 4 月，新校区设计方案批准了，《承德日报》发表了我的长篇文章《我们需要怎样的教育》。在这篇文章中，我这样描述新校区的壮美蓝图，评述它深远的历史意义："这是一件世纪工程，是本届市委、市政府所做的许多大事情中的一件。不过，在这件事情上投入的资金是热河 100 年以来、共和国 50 多年来在河北省范围内全部由政府投入资金的最多、最大的一笔。如果我们还猜想这件事的意义，就得借助比较的方法来说明，如同今天能造福承德人民的'避暑山庄'一样，无论人们如何推论都不能相信康熙、乾隆皇帝想到过这个意义，因为他们本不是为今人的享受目的而建造。如果非得用'未来'来说明今天的意义，那我就得借法国或美国一用，因为就学校教育而言，他们分别超过我们 600 年或 200 多年，足以让我们得知'未来'，他们昨天的目的，也就是今天存在的意义。如果我们不借助这些比较方法而还想得知'未来'的话，那就只有依靠几十年后的人们或能够享受到它好处的子孙们去评说了。"这段话隐喻了我的一个理想：如果说我过去走的路是如履薄冰，艰辛创业，那么，今天是要创造一部作品；如果说过去的工作是着眼于当代，那么，今天就是为未来而工作。

回忆是向后的再现。早年，我崇尚歌德的话："迎着朝曦前进，你就会等到那

与毕业生在承德一中老校区留影——永恒的记忆

轮东升的红日。"中年，我领悟到海德格尔的哲思和深意："一千个太阳都比不上那些在黑暗中深深探索的诗人从所发现的一丝光线时能够体味到的光明。"我对我所热爱的这份教育事业的领悟全在于它是一个与私人利益无关的工作。只有源于精神性的愉悦才称得上快乐，只有源于思想性的东西才能把世俗的诱惑拒斥在心灵之外。心灵有了大片空白，才有自由的深广；心被精神所填满，善良的天性才能服从于教育的使命。晚年之时，我坚信高尔基的名言："忠诚地走过的生活道路，会给你留下一个宁静的结尾。"

我的教育观

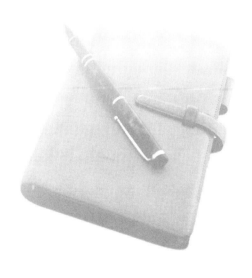

第一章　觉醒——教育的终极追求

觉醒是意识的品质。伟大人物不过是他的伟大思想的生命形式，而他的意识品质自然地成为他较高的思想成果。意识的发展，犹如生物学上由种子发展成果实的发展史，即类似由胚胎意识提高到高度有教养的、高度成熟的意识的发展史。其中质的飞跃，如一个小孩子一样，成长着的意识慢慢地、静悄悄地向着新的形态发展，这模模糊糊、若有所感的东西，仿佛预示着什么别的东西正在来临，逐渐地改变着意识的旧貌，突然地为东方的日出所中断，升起的太阳如闪电般一下子建立一个新的世界！

在莎士比亚的名剧《哈姆雷特》中，忧郁的哈姆雷特用诗歌般的语言尽情地讴歌了人的伟大："人类是一件多么了不起的杰作！多么高贵的理性！多么伟大的力量！多么优美的仪表！多么优雅的举动！在行为上多么像一个天使！在智慧上多么像一个天神！宇宙之精华！万物之灵长！"哈姆雷特定位的人，不是原生态的自然人，而是沐浴在高尚的思想光芒中的人。

如此看来，呼唤人灵魂的觉醒永远是教育最终的追求。

一、我的觉醒教育观的"起源"

死不是到来的思考，死是悬临的惊恐，死是选择的决断，死是生的疑问和回答，死是对生命本源思考的终结！英雄用他的自我牺牲精神把生命化简为一个生命公式，回答了觉醒意识最高的品格。

存瑞精神是一个被化简的人生公式。在承德市隆化存瑞烈士陵园的展室里，走过那面长长的英雄墙就像走过一条生命的河，在延伸着的黑色的大理石上，刻着一行行密密麻麻的名字，而每一个名字的背后都曾跳动着一个鲜活而年轻的生命。这么多死难的烈士，足以让我们想象得出那场战斗的惨烈，在这片狭窄的山区盆地里，烈士的鲜血染红了每一寸土地。在这些年轻的生命中，有一个 19 岁的战士手里托着炸药包的壮烈形象永远定格在历史的天空上，铭刻在人们心灵的深处，他就是董存瑞。1948 年 7 月 10 日的《冀热察日报》头版刊登了一则消息：为纪念在解放隆化战斗中牺牲的英雄，将"隆化中学"改名为"存瑞中学"。正因为这个背景，我在为存瑞中学展览室书写前言时，开篇就写下这么一句话：这里是一片赤土，这里是一片热土，这里是一片圣土……

讲课

　　1988 年 5 月 25 日是董存瑞烈士牺牲 40 周年纪念日，存瑞中学举办了有史以来最大的一次纪念活动。那次活动具有超越时空的深远意义，当年经历那次战斗的人，从副班长至排长、连长、营长、团长、旅长、师长、十一纵队司令员等 40 多名军人齐聚隆化，重回当年的战场，缅怀逝去的战友。给我印象最深的人是 70 多岁的老团长，他满头的银发如天空洁白的云，瘦弱而变得弯曲的身体却要撑起无边的蓝天。他拄着一根木制的手杖，演讲激动时就用手杖指点来加强描述的力量，当他讲到董存瑞烈士牺牲的那一刻，他语速缓慢，声音哽咽。他说他在望远镜里看到了董存瑞手托炸药包那壮烈的瞬间，随后是轰然的爆炸，冲天的烟柱，嘹亮的军号，胜利的欢呼。当时整个会场一片沉静，老团长的眼中已经溢满泪水，而我已泪流满面。

那一刻，作为一名校长，作为一名在全国唯一一所中央军委以英雄的名字命名的学校担任校长的我，被深深地震撼了。从那时起，我心灵中的琴弦被天性中的灵性所触动，催促我演奏出教育的乐章。

一个能创造英雄的民族，才称得上是伟大的民族；一个在需要什么样的人的时刻就有什么样的人的国家，才称得上是伟大的国家。一种执着的坚定信念、一种伟大的自我牺牲的精神就是一个化简的生命公式，更是一个伟大民族和一个伟大国家的精神。

生的本质在于死，这是它自然属性的规定。人们能将钟表的时针拨回来，却改变不了生命的运行程序，谁想比别人多拥有一刻时光，多延长一倍的生活，谁想达到这样企盼的目的，谁就应加倍地珍惜生命的分分秒秒。这是生命的向前性，也是死亡的不可逆转性。

生命的这一"弱点"恰好是对奋斗人生的解释。人，为什么要吝惜自己呢？生命之于自然，人注定要死亡；生命之于灵魂，可以创造永恒。永恒只能被界定在具体的人的时间之外，个体独立的自由生命特性，以及可派生出的一切奥秘都被包含在令人费解的灵魂中。伟大的战士实践了生与死的完美结合，并把说明它的结论推向极致，他也许不知道自己的未来是怎样的，但他已经意识到这个世界将活下去，而他的死将为这个世界增加一份庄严。他既提出了问题，也回答了问题，却把这个逻辑推理的过程留给了后来的追随者。伟大的人生并非在于生命中的辉煌，仅仅是在濒死的战斗中坦然地意识到自己的生命将因为永存的世界而"永垂不朽"，这也许就是战士向我们呈现的关于生与死的人生方程。

人们对生与死这道人生方程，苦苦思索而不得其解的原因是受困于对人生本质的认识，个体生命的独立属性使生命个体展示出一种自由的、驰骋的思想人生，使在表面上看来毫无差别的人在本质上却存在着悬殊。伟大战士的生命总是热烈的、燃烧的、搏斗的，创造出来的人生理念是完全与众不同的"另一个世界"。当别人未及穿过人生迷雾时，战士的思想已立于人生之巅。就生命的意义而言，伟大的战士也许只是一个事件的表示，这与可以代表或者划分出一个伟大时代的伟人相比实在不同，但我们却惊奇地发现他们在重复着同一个人生公式，尽管显现的方式不同，得出的"解"却是惊人的一致：寻求信仰、超越生死。

生到死的过程才是人生，在这段距离中也许不总是激情满怀，也许存在着对死亡的恐惧，但伟大与平庸的区别就在于伟人在生命的关键时刻从生命的自然性中解脱出来，精神在瞬间获得了超越；而平庸者却在关键时刻被生命中的自然性所钳制，无法让灵魂抬起头来，最终成了自己懦弱心理的奴隶。

人生的主宰是一种至高的信念，这个至上的理性原则是基于对先进思想和文化依赖之上的一种苦苦的思索与追求。英雄的人生是伟大的，因为，他的生命是燃烧的，人生的奋斗是彻底的，因而是壮丽的，这就是英雄创造并化简了的人生公式。

迎着每一个黎明，我在太阳的光芒中寻找这个被化简了的人生公式，太阳告诉我，那是信念之光；我在教室里传来的朗朗的读书声中寻找这个被化简了的人生公式，学生回答我，那是思想的梦；我在教育的长河里寻找这个被化简了的人生公式，那是教育的本质，那是灵魂的觉醒。

二、觉醒是人的第二次诞生

人类觉醒于知识，又伴着知识认识世界，也认识自己，驾驭世界，也驾驭自己，人类的觉醒是从对自身认识开始的。古希腊神话里有一个尽人皆知的故事，说的是在王国城堡附近有一个女魔叫斯芬克斯，她守着行人往来的必经之路，让人猜谜："一种动物早晨四条腿走路，中午两条腿走路，晚上三条腿走路，腿最多的时候最无能。"俄狄浦斯回答："人。"人类终于拨开层层迷雾，发现了自己并不真正了解的自己。"认识你自己"，这是生命对意识的呼唤，这是文明的大步跨越，这也让灿烂的古希腊文明成为欧洲文明的滥觞。事实上，人类认识自己、认识自己与周围世界的关系从来没有停止，对其中任何一个问题的认识也没有结束。卢梭是第一个提出人是应该将自己与自己分开的人；尼采努力寻求的事，就是从中辨认出自己；笛卡尔第一个把哲学与神学分开，把握到了独立思维；马克思看到人的权利历史；奥古斯丁发现了反求于自己的哲学。追溯漫漫的历史，我们看到文明的曙光孕育在求索的黑夜里，绽放在觉醒的黎明中。

人的未来完全取决于教育活动，教育是人类安全与人类精神的未来，是理性给予人类的保障。人是精神的，教育指向思维，用知识帮助人，通过反观自然，而转向灵魂，使人觉醒。人的真正进步不是两条腿能走出多远，而是精神的高度发展。人的不朽也只是精神的不朽，这也是人唯一能超越时空的东西。人具有一种有教养的精神，并凭借这种精神的教养而获得完全的自由。一个有教养的人和无教养的人有什么区别呢？古希腊教育家阿里斯底波说："一块石头不会和另一块适合，分别之大，正如一个人之于一块石头那样，人只有通过教育才成为人，才成为人应有的样子，这是人的第二次诞生。"① 教育帮助我们获得了第二次生命，也为这个世界孕育出人类的精神，让一个自然的人成为真正意义上的人。

"人，诗意地栖居在大地上。"德国诗人荷尔德林的这句话，总是给人以无限的遐想，牵引着人们去追寻一种真实的生命状态，追寻本源的生命感觉，追问那"道说"的开端。把那些遮蔽了生命热情的东西，遮蔽了对于无限、永恒与神秘的向往与渴求的东西，在警惕和追问中消解。

一个行动被理性的目的所支配，又产生出精神来，就是人的觉醒。觉醒是意识的品质。教育从某个角度来说就是引领人们超越现实，追求自由的教育，追问诗意的家园。

也许屈原有充分的理由活下去，他有金钱，有封地，有名望，有才华，然而，他却舍生求死，从西边沉入了汨罗江底。东方的天空中升起了一个太阳，一个忠贞爱国，一个矢志不渝的太阳之神，光耀千年，灿烂了一个民族的灵魂。陶渊明有一千个理由担任彭泽令，但他寻找到第一千零一个归隐田园的理由，于是他看到了最美的南山，采到了精神世界最芬芳的菊花——高洁而飘逸。马丁·路德·金博士也有理由经营好自己的甜蜜生活，然而，他却看到千千万万在种族隔离的高墙下痛苦挣扎的生命，于是，他走出自己狭小的天地，走进被压迫的黑人中间，走进时代的

---

① 转引自黑格尔：《哲学史讲演录》第二卷，134页，北京，商务印书馆，1959。

洪流中间，站在华盛顿的广场上振臂高呼："我有一个梦想！"在这个梦想的指引下，种族隔离的高墙被推倒，一个新时代来临了，一个新国家诞生了。可见，教育不只是培养现实中为生存而生的生活者，更重要的是培养出人的思想的成果。

赫钦斯认为，教育的目的之一是发掘出我们人性的共同点。意识作为人的主体意识是共性和个性的统一。人的发展，一方面反映时代精神（共性）；另一方面反映了个性的发展。如同几何图形，它的共性是抽象的、空洞的，它只有存在于三角形、正方形，存在于具体的特殊性里。人的发展是人的个性或本性的发展、人的主体精神的发展。主体精神即主体意识，不仅意识到自我，意识到一个独立的自我，还应意识到我完全是普遍性的。主体精神不仅包含个性独具的精神特征，还具有时代精神的共性。

任何概念都是包含各种差异在内的统一，因此，它是具体的整体。比如，"科学发展观"的概念，包含着发展、协调发展、可持续发展，它是关于经济结构与环境各方面的具体整体。"人"这个概念，包含感性与理性、身体和心灵等对立面。人是这些对立面经过调和的统一，这个统一体就是有意识的"我"。黑格尔认为："这个'我'包括一大堆最不同的观念和思想，这些简直就是一整个世界的观念。"[1]"这个整体就是具有具体灵性及主体性的人，就是人的完整的个性。"[2] 个性作为人的整体性、统一体，包含各个方面、各个层面的关系，比如，我们的主体精神包含了民族精神、时代精神、主观意识、自由意识、人格意识、发展意识等。如果在这个意义上理解个性发展，我们就会理解"人的高度发展""人的全面、自由而充分的发展""人是人的最高本质""人的解放的兴趣"等观点。

主体精神是人的自觉意识，是独立的人格。只有使自己的主体意识与自身合而为一，才能达到独立的人格意识，才有个体自由，自己主宰自己。一切优秀的思想家，都从人的根本性——人的个性，即人的本性出发，关注人的需要、人的发展。柏拉图把人看成国家成员，他认为：人之为人，本质只是伦理的。他从伦理本质出发，把美德分为四种形式，认为人对神圣事物的感知因教育和习惯而来，所以，教育要选择最好的东西。亚里士多德认为："要按三个方面来规定灵魂，即营养灵魂、

---

① 黑格尔：《美学》第一卷，138 页，北京，商务印书馆，1979。

② 黑格尔：《美学》第一卷，300 页，北京，商务印书馆，1979。

感觉灵魂和理性灵魂，相当于植物的、动物的和人的生命。"① 他认为，教育的目标应顾及人的灵魂的各个部分和人类生活的各个方面。马克思从社会关系方面关注人的全面发展，他认为，新制度的建立将为人的全面发展提供可能。

对人的个性发展的关注必然转化为对人的教育的关注。而自由教育承载着这个重要的使命，自由教育的哲学来自古希腊哲学，其著名代表学派有柏拉图派、亚里士多德派、斯多葛派和伊壁鸠鲁派等。当精神成为更重要的生活时，哲学具有更深邃的概念，因而他们的哲学思想有了"较高的需要"。哲学思想的出现是精神逃避在思想的空旷领域里的结果，它建立了一个思想的王国，以反抗现实世界，教育要帮助人超越虚幻的"现实世界"，进入实在的"理念世界"，不是靠感觉而是依靠理性才能达到，因此，教育要关注人的精神世界，关注人的精神的完善。

希腊人的精神活动在希腊人的生活里，并且知道这种生活是精神自身的实现，这种自由精神正是希腊人道德、法律的基础，所以"哲学实际自希腊始"。古希腊哲学的辉煌与古希腊的自由教育有着密切的联系，这些自由教育的倡导者被当时的人称为"偷闲者"，他们想要进到自己的思想世界里面，而自由教育是帮助"偷闲者"享受"闲暇的教育"的途径，这种教育必须是高尚的，这种教育的目的是发展人的理性，提高人的修养，以达到有品位地享受闲暇。

基督教神学教育也是出于传教的需要，因为《圣经》是一部很深奥的经典，需要知识和理解能力，因此必须有为传教服务的教育。当科学技术取得惊人成就时，为科学技术发展需要而进行的教育占据了主导地位，教育的目的成为追求知识本身的价值，即知识实际性。但就教育的本质属性而言，教育的理性原则更为重要。为了防止理性阻碍思考知识，自由教育备受青睐，成为近代的主流教育思想，因此，人的发展、个性发展成为自由教育的目的。

审视主体精神，有利于确立关于人的发展的观点。事实上，建立人的发展观是个难度很高的要求，不仅需要哲学和文化制度，而且应摒弃我们民族一个不好的思维习惯，即不喜欢理性地思考，而偏爱抽象地思考。在进行理性研究时，总是离开具体问题而直接从抽象开始，偏重于空泛的东西，更不必说批判的理性思维。就课

---

① 转引自黑格尔：《哲学史讲演录》第二卷，339 页，北京，商务印书馆，1959。

程发展而言，关注人的发展，促进主体精神的觉醒涉及教育各方面，也关系到社会生活的各领域，包括文化基础、民族习惯、教育观念、经济发展、时代要求等。

我们不能不思考这样的问题，我们的教育在某些地方还没有聚焦在心灵的深处，我们的教育在某些地方还没有把目标定位在对主体精神的关怀和思想的无限超越上。

生命的丰盈和匮乏是什么呢？无非是过程，单纯的过程是指向无意义的衰亡，必须给予它意义。生命之美，在于以张扬个性为指向，以理想性、创造性、自由性来界定，真、善、美的一切皆由教育、练习、习惯而得来。

人只能在共同体中成长，自由在共同体中才能实现。学校教育的独特性在于教育的群体性，它是通过群体教育活动对个体施加影响，从而完成对个体的教育；教师对个体进行的教育，是为了达到群体教育的目的而进行的一种补充教育，它对整个教育目标来说是"兑现"性质的，并未超出整体教育的目标和规定性。

那么，在大力张扬"自由发展""个性发展"的今天，群体教育的提法是否与之相悖呢？问题在于如何理解个性化教育。个性化教育是更符合人性、更符合人的自由天性的教育。这种教育体现了对人的不同需求的最大化满足，关注人的自由选择，有利于个体重视自我目的的实现。但是，人的个性需求首先是人的本性需求，人的本性并非是人的完全的个别性、独特性，它的独特性中也有人的共性的东西，包含着共性，是个性和共性的统一体。

人的个性自身是个整体，是个"多层面"的整体。这个整体体现个性自身与自身的联系，比如，灵与肉的联系。这是它自身同一的联系，离开联系，它不成其为整体，即个体。个体与群体存在着联系，凡个体都存在于关系中，它是关系中的个体，这是它的真实的性质，人的思维是活跃于人类一切行为里的思维，这种思维表现了人性的意识内容，因为人是能思维的，这才有教育、文化和道德，思维的成果便是一步步接近真理，这一切都在教育的关系中完成。所以，个性发展总在各种关系中发展，这种关系包含群体意识对其施加的影响。

主张对群体教育施加影响的意义，首先取决于社会发展的需要。社会更广泛的分工和全球化范围的协作，以及我国现阶段的独生子女的家庭人口结构，都要求更广泛地开展群体教育，让学生在群体教育活动中，通过广泛的接触、交流去体悟是非、冷暖，感受人文关怀，体味合作、协调、自由与约束，不断改变、修正自己，从而塑造完善的人格。

群体教育的意义在于群体教育的榜样力量和群体本身带来的竞争力教育，这都是当代社会不可或缺的教育内容。面对社会的"趋利"行为所带来的道德失范现象，青少年很难找到自己的学习榜样，即使有榜样的影响，因为离他们较为遥远或可望而不可即，他们也往往得不到直接的教育。学生的"顿悟"恰恰是受到身边的生活小事的影响而获得，他们身边的人又是平凡的人，更容易产生比较的愿望，因为有超过别人的可能，所以身边的榜样更使他们具有达到目标的动力。

同时，群体竞争意识在学校教育中体现为一种自我表现意识。任何一种关系到群体荣誉的活动或者检验个人能力的活动形式都可以培养一种竞争能力。这种竞争即使是为了获得某种荣誉，因为荣誉本身就是一种利益，只不过这时的利益还不是真正社会生活的利益，因而它起到的作用仅仅是一种心理上的满足。

群体教育的另一个重要意义在于建立群体教育的文化观念。新课程的个性化教育观点就是群体教育文化中的个性化观点，现实中最主要的问题不是个性自由发展得不够，而是个性发展的文化基础未建立，促进个性发展的教育体制未改变。以研究性学习为例，在广大的国土上，有多少教师富有研究能力？几千年的解释文化，从小学到高中都是一个"教"字，"教"的文化观念如此深入人心，"学"的文化观念才刚刚起步，学习要成为研究怎么可能！连大学教育都不是研究教育，它的毕业生何以去教育学生研究！我们与西方不同的不只是教育理念，自由理念、个性理念、文化基础都不同。

目前，我国由经济发展所制约的教育发展仍是极不平衡、极不公正的，理想化的价值取向与日常生活的价值取向并存，传统价值取向与西方的自我意识、自由观念的价值取向并存，多元教育观念与传统方式并存。不去认识真理，只去认识那些表面的、有时间性的、偶然的东西、虚浮的东西，这种虚浮习气在社会生活里已经广泛地形成。

教育应回到尊重事实、尊重规律和尊重真理中来。学校课程作为一种文化理念，仍是群体文化，比如，新课程关注课程的发展性、动态性、校本性、民主性、开放性，主张在教与学的相互关系中认识课程，获得知识，在个体与群体的互动中建构知识体系。群体活动不仅是主要的基本活动，而且是个体发展的基本前提。如果我们做教育的人把每个学生看成资源，把群体看成整体，把自己看成参与其中的平等成员，这就是整体意识。有了这样的整体意识，才能够自由地获得个体意识。

学校文化只有建立在整体性上，建立在全体的共识性上，形成教育、课程、学习的文化结构，产生文化的价值的共识性时，才能达到一种自觉的文化建构倾向，才能形成自由的、个性教育的文化环境，个性发展才是充分的、和谐的，因而才是自由的发展。在受到社会条件限制的前提下，在个人无法超越限制的前提下，任何个性发展的选择都是虚妄性的表现。另外，群体教育就履行国家课程文化的教育目标而言，就教育要适应时代发展和满足社会需求而言，仍有自身的存在价值。

群体教育本身作为现代社会的一种教育形式，是大生产的产物，是科学技术推动的结果之一。教育追求知识的理性原则还要坚持，但是，它不是教育的目标，教育的最终目标是人的完善、人的健康发展，是整体的人的全面发展。这个整体对具体的人来说，就是人的个体（即个性）的发展。群体教育无论作为独立的人格教育，还是丰富的人性教育；无论作为和谐教育，还是成才教育，都是对人的整体性的教育。

三、尊重文化——精神的家园

有一则故事触动了我天性中的善良，读完后让我泪流满面。有一次，屠格涅夫走在大街上，迎面遇见一个乞丐，那是一位衣衫破旧的老人，他弯着背，伸出一只枯瘦的手："老爷，行行好吧！"屠格涅夫把手伸进大衣口袋，突然发现自己忘了带钱包。他的手慢慢从口袋里抽出，握住乞丐的手说："兄弟，对不起，真的对不起！我身上没有钱。"而那老乞丐早已经热泪盈眶，哽咽地说："兄弟，够了，有这点就足够了。"读着这饱含人生况味的字句，我心中别有一番滋味。在这里，赐予者由于自身的大意，真诚地向对方表示歉意，他的赐予没有优越感，也不是出于心理自慰，而是一种慈悲，是一份真挚的尊重；乞丐则超越了对物质的需求，人生的尊严陡然在他心里闪现，他获得了他本已泯灭、亦已忘却的精神需求，这是尊重的力量，这是平等、博爱、善良人性的证明。

尊重教育会使人想到尊严、权利、主体地位，实际上还包括尊重他人人格、他人的行为、他人的劳动成果等。尊重教育的意义，就社会教育的功能性来看，是为了社会的秩序更好、更健康地发展。存在主义的代表萨特认为，如果每一个人都无目的的自由，世界便是由每个人的无序的碰撞而造成的混乱局面，那么，就要考虑他人存在的自由。这样看来，尊重教育的社会价值更为重要。

人为什么要尊重他人？杜威的理论是人性本善，人要判断自己的行为是否有价值，也就是主体对客体的意义如何，是人所固有的潜能，但这需要教育的引导或指导。所以，他提出了"以儿童为中心"，主张民主、平等的教育，实质上是倡导人文关怀，这是尊重教育。马斯洛建立了"需求层次理论"，认为尊重是人的高层次需要，尊重是人性的产物。在存在主义代表人物海德格尔看来，人的本质是一种存在，人没有永远不变的本质，关爱人就要关注人的生存，从关注人的生存处境来看待人的发展。马克思认为，人具有两重性，即自然属性和社会属性，就人的社会性而言，人的存在只是在它的社会关系中，人的本质是社会的产物。

从以上思想家的观点中，我们是否可以得出这样的结论：通过认识人的本质而说明尊重的本质。一方面，人作为有人格的人和人的自身发展的需要，尊重表现为主体的要求；另一方面，人作为一种存在关系，主体的需求是对他人的需求，也就是说自己的尊重是通过别人实现的，尊重依赖于他人，自己与他人是一种相等的关系。只有另一方存在，自己一方才能存在，个体认识到自己的存在是有普遍性的，这种普遍性就是自己与自己相联系。别人与我同等，我也与普遍的我一致，这样就建立了自由人与自由人的关系，因此，这是人与人之间建立起的基本法则。尊重的本质是人与人的一种普遍性的关系。

尊重因理性而深刻。尊重教育涉及很广的领域，但就教育而言，也有它相当长的历史，"厚德载物""有教无类""仁者爱人""匹夫不可夺志"等都应属尊重教育的范畴。但也有与其对立的东西，比如，"师道尊严""唯书唯上"等一些封建教义的东西，这些都是构成封建统治的成分属性，但不能说是理性的。

在西方神学统治的时期，人性被扭曲，人的价值被包含在基督名下，人的本体被二重化，人性被人的神化的精神所代替。进入工业化时代，尊重人性也得不到体现，对人性的占有是通过对物的占有而使人物化、异化。直到近代，人才被人性化，人的本性才得以恢复，尊重教育才真正成为人性教育，有了它的理性地位。

但是，尊重教育在我国一直不能成为一个教育规律，更没有得到客观尊重，一个重要的原因是教育的政治附属性，不仅与"万代师表"的孔子学说被列为统治文化有关，而且与教育是专制的工具有关。当教育的目的被作为一个国家的目的来看待时，它就不能没有政治倾向，这是任何国家都必须承认的。但教育的功能更应起到促进人类自身衍化和人类存在的社会秩序的正常生长的作用。就这个理念而言，尊重教育应有其自身的规律。

学校不是真空，只是社会的一个"特殊"人群成长的地方，仅仅这个含义就应该确认学校是追求真理的殿堂。教育应是真诚的、理性的、科学的。人文性不只是人的尊严、人格、人的自由、人的主体精神，还应该是一种更理性、更严谨的人文精神，一切世俗的、假象的和违背人性的东西应剔除。但是，这依赖于我们对自己的教育思想、教学方式、教学评价和各种制度重新做出审视性的评判，而尊重教育的结果是看我们的受教育者是否能理性地看待人和社会。

为了追求真理，我们的教育要寻找多少问题以及解决问题的答案，就是说我们对教学方法、学习方法的研究并非主要的、全部的，而是这些方法是否表达着一种合乎科学的路向，是否使受教育者获得一种科学的精神，他的"天真"的憧憬和"异想天开"的想象力是否合乎理性原则，即尊重科学的规律，这是尊重教育最有成就的体现。饱含理性的尊重是对真、善、美的呼唤，是对假、恶、丑的匡正。

尊重因行动而动人。尊重不是仅仅存留在心底的意识，真正的尊重应该走进我们的生活，体现在我们的行动中。我们的教育有很多提法，要求过于理想化，这给教育实践带来许多压力。一方面是它的"不现实性"；另一方面又受到多元文化的冲击，致使学校教育处在一个被挤压的狭小空间里，它冲不到最高线，也极力挣扎在底线，这样的教育实际上是处在被束缚的状态，其结果是创造了许多假象，许多学校什么经验都可以得出，但在实际上是无法操作的，缺少普遍的意义。

在美国，美国人曾问我："你们中国的教育不好懂，学生上小学的时候读孔子的书还要背，上中学为什么要搞研究性学习？"这个问题是在说美国本身是一种养成教育。有一次，一位老师的孩子在我们的办公室里背诵韩愈的《马说》，我问他如果不背而是围绕《马说》去看一些相关的东西好不好，孩子说那自然好，但课本规定背，考试要考，背不下来要罚。在这里，我们能发现几个问题：课程中的尊重教育底线到底是什么？能背下《马说》的专家有多少？背对于学生成长有多大帮助？它对创造力有多大帮助？

在我们的教育中，有"拿来"的东西，有根深蒂固的东西，有不合实际的"理想"，也有尖锐的矛盾对抗；有多元文化的影响，次文化的侵蚀。这些吸引着的、排

在美国参观学生劳动课

斥着的、交织着的东西迫使教育接近了底线，甚至在有些方面已找不到底线，只要听听中学生想什么、大学生想什么，我们会有一种恐惧感，他们多了对生存的无奈，少了对民族、国家的忧患。这种现状不正是对尊重教育的一种呼唤吗？

尊重教育强调受教育者在参与感悟中体验自我，超越自我。这种教育可以在今天起作用，也可以在明天起作用，这是一种显性教育，却暗示着未来。尊重教育回到真实的关系中才有意义，尊重教育的意义在于坚持其基本观点：世界观是唯物主义的，要求关注现实题材；教育观是以人为本的，要求关注人的社会性；价值观是主体对客体的意义，倡导以关爱他人为自身存在的前提；文化观是以民族文化为主流和多元的，体现文化的碰撞与融合；方法论是思辨的，关注批判的理性；生态观是和谐与共识；科学观是追求真理。

尊重教育是新课程的品质。尊重教育并非神秘的东西，它是人性化的教育，人性是人的向善性、张扬性、解放性。这是一种价值取向，这种价值取向一旦成为社会的普遍追求，亦即成为一种社会关系时，个人的尊重价值才能实现。因此，尊重教育是一种体现自由、民主、平等、和谐的教育主张，一种关注人的健康成长、发展的教育品质。

阿普尔把课程看作政治、经济、文化活动的产物，认为它有强烈的政治取向。他称课程为"法定文化"，"学校是产生不平等的机构"，教育是进行霸权的力量。江泽民同志在《关于教育问题的谈话》中说"封建教育具有两点：读书做官，严加管教。一个是物质利诱，一个是棍棒教育"，这些问题在学校教育中都能找到，无论是课程、教授、德育、考试，甚至在语言的情境中都普遍存在。这说明一方面，我们与传统挑战的任务还很艰巨；另一方面，我们必须长期坚持个性自由、解放的精神，这是尊重教育的根本前提。

新课程改革的一个核心理念是"以人为本"，建立在这个核心理念基础之上的教学理念是基于"学生发展""现实的生活经验和教育情境""对话与交流""问题研究"，这说明教学目标更为多元化。新课程的人本理念把目标集中在人的发展上，从根本上否定了教材的工具性，直接反映了人性化的特征，要求学校按照人的需要、社会发展的需要去进行适应人的生长、成长的教育。当我们的观点转化为生长观念时，我们不只是关注知识一个方面，还要有方式、方法、态度、情感、心灵、价值理念等意识。这是尊重教育在课程改革中的体现，反映课程建设不再以一种传统意义的经验，而是以人的自身发展和需要去改革课程，即把人与社会统一起来看待，从人的发展与社会的发展如何和谐、持续的立场出发，建立了课程的动态理论，给教师以"变"的指导，使尊重教育进入更高层面，成为学校教育的特有品质。

社会文明的巨大进步不仅是人类共同进步的结果，也是推动人类进步的动力本身，人类必须在这种进步过程中不断反思自己，否则人类将因不能避免盲目性而毁灭自己，人类盲目性的根本性在于蔑视人性。人性的素质在于可教化性，这种教化是通过不同文化的沟通、不同文化的融合来完成，不是一方消灭另一方，而是以尊重另一方文化的存在、发展为前提。文化的不同特征反映人性的不同特征，文化的不同解释方向是人性的不同发展方向。人类的人性变化、发展的方向表现了人性文化在多大程度上的碰撞与融合，这是尊重教育赖以存在的社会条件，这意味着学校教育是适应社会还是改变社会的选择。

只有属于精神的财富，才能构成学校的文化精神。学校的文化精神是对学校有形的、外在的表现形式（制度、课程、环境、设施等）与无形的、内在的普遍存在（思想、心理、精神面貌等）的集中反映。它是在历史中形成的，是由自然意识提高到有教养的高度的群体意识的现象。学校是孕育觉醒的沃土，在这片沃土上，生长着走向觉醒的生命，而他们觉醒的程度往往与学校所具有的浓郁的文化精神密切相关。

学校的文化精神并非个人的意识，它表现为集体的形态、具体的文化现象。它是通过人的理念、道德、文化和行为得到表现。它体现每个个体意识的共性，是现象和本质的统一。每所学校都有文化，或许它的文化是"外来的"，未被自觉地意识，或是个人文化。这种文化由于停留在初级阶段，即它是异化的外化形式，还只是文化现象；并未经过自我意识的过程，因而未达到本质，即文化精神。这样，文化的目的、现象和本质的同一并未实现，就是说还未达到时代精神和群体性意识的高度。

学校的文化精神具有育人的功能。因为，这种文化精神总是以外在形式显现出来的。它的表现形式集中反映在学校的制度文化、物质文化、环境文化、课程文化等各种层面上，这些外在的东西体现着学校的文化精神内涵。它们相互依赖、相互关联所形成的运行结构，反映学校文化建设的水平。学校的物化管理能力，反映人与人的文化的和谐程度，反映科学管理和人文管理结合的能力。这种结合更大程度上反映了科学与人文的同一，这是群体性意识的全面反映和集中反映。

学校的文化精神突出反映在师生的个体自由意识、个体自我意识和个体的主体精神发展的程度上。建立在人本理念上的文化建设都是针对人的发展需要，是为了人的充分、和谐发展而创设的教育环境，反映了学校文化的发展的程度，但又是为社会发展所决定的。文化发展是个由基本需要向较高需要的发展过程。高层次需要更深刻地表达了人的文化需求，这种需求是个体意识的自觉反映，他的目的性就是他的自身需要。比如，当个体意识到文化对他的文化品位的影响，就知道如何塑造自己，要求了解更多的东西。人的发展或人的发展所达到的程度体现了学校的文化发展程度，从这个意义上说，人的主体精神觉醒程度就是文化精神的高度。

办学理念是学校文化精神高度成熟的呈现。理念是学校进入理性的科学时代的象征，是民族精神、时代精神、群体性意识达到理性高度的产物。从这个意义上说，它既是历史，也是未来，是学校最夺目耀人的文化力量，也是摧毁一切自然束缚的思想符号。

学校的文化精神促进着人的意识超越功利和欲求，达到精神的高度，使灵魂摆脱物欲的烦恼进入精神世界，因此，它具有洗掉世俗的作用。作为反映民族精神、时代精神的文化精神，同任何科学真理的追求一样，不受个人私欲的驱动，摆脱了享受幸福的目的，出自精神方面的"快乐"之需要。但它又不是纯粹精神的东西，与其相随的是一种伟大的实践，是数代人为此而献身、追求的过程。因此，文化精神又是具体的人文精神、科学精神积淀的结晶。

学校作为我们相互归属的"住地""寓所"，一个由共同话语关系构成的"居所"，一个由共同文化构成的"家园"，确定了我们自己存在、生长的方式，诗意的生活使我们距这个家园最贴近而拥有了亲切之感。

教育的真正意义是人的变化、发展的意义，就是人从前教育状态，即人的原初状态，向人的后教育状态，即发展状态的被塑造的过程。教育如同"革命的大熔炉"，人经过它锻造出一个"不同于自己"的人，他已认识到自己在原初状态时还是个与社会无关的人，而现在自己已不知不觉地成为社会关系中的一个成员，他现在已具有了社会特征。人在学校接受教育时不只是单纯接受知识，也不只是接受个别教育者的教育，而是在接受多种语言方式、行为方式的教育，在接受一种文化精神的教育。他要与物化的、人化的历史对话，他甚至生活在一个历史的长河中。一所历史悠久的学校如同一部史书，人们对有字之处总是倍感亲切，对无字之处也在默默地解读，他们的成长不是教出来的，更重要的是滋养而成。每一所学校培养出来的人都可以带有一些共同的特征，即这所学校的文化精神，这是代代相传的结果。

当哈佛学院的清教徒们在校徽上写下"真理"二字的时候，他们心目中可以有两条路通往真理：一是在人类理性帮助下得到宗教启示；二是增进知识和学习。因此，如果我们试图用一句话来概括高等教育目标的话，那么最好的概括就是"寻求真理"。（以柏拉图为友，以亚里士多德为友，以真理为友。）另外一些话可能更触动我们的心灵，在哈佛校园里立着一块石刻："为了知识和智慧走进来，为了祖国和人民的利益走出去。"还有一些话更让我们向往："查尔斯河水缓缓流淌，那茂密的常青藤爬满红墙，那美丽的坎布里奇呦，孕育着美利坚的希望。"我一直背诵着这些美好的话语，不知为什么远在异国他城的一所大学让我这般爱恋，甚至成为鞭策自己的一种力量，长久地激励着自己对办学理念的追求，更加关注学校的文化精神，更加敬重一所学校的历史。

教师作为文化人，不仅是一个独特的"文化圈"，更是校园中一道亮丽的风景线。一个只关注现实需要的教师是教不出胸怀远大的学生的；一个思想肤浅的教师是教不出有深度思维的学生的；一个拘囿于学生考试成绩提高的教师是教不出有创造力的学生的。苏格拉底不仅把他的哲学思想凝结为经典，照亮了人类文明的历史，作为一个一生孜孜以求的传道者，他作为教师的角色也演绎得至善至美，他创立的"精神助产术"，以崭新的思想定位了教师的作用：教师不仅仅是传递者，更应该是激发者。因此，要把学生的思想引领到觉醒的海洋，需要教师精神的航标。真正意义上的教师不是蜡烛，应该是一个火种，点燃无数精神的火炬，照亮生命的未来。觉醒的教育首先需要觉醒的教师。

近几年的教育改革，尤其是新课程呼唤人文精神，呼唤充满生命温暖的课堂，呼唤与崇高人性的对话，给众多教师带来了教育观念上的觉醒。其中，人文情怀的回归，更使不少教师拨开了现实的迷雾，在"返璞归真"中悟到了教育的真义，深切地体认到"以人为本"是教育的活的灵魂。正是有了这样的觉醒，教师把学生看作具有灵性的生命，关注人的价值，强调自我完善，将教育、学校、教师都看作文化生态的有机结合体，让每一个人都能在有人文教育的世界里感受到生命的尊严，感受到存在的价值，感受到心灵成长的愉悦，而使教育的过程真正体现在师生平等、融洽、和谐的交往之中，体现在师生的心灵对话中，体现在充满愉悦和成功的体验之中，成为磨炼意志、升华思想、陶冶性情、净化心灵的精神之旅，在人文精神的感召下成为大写的人、自由的人、觉醒的人。

四、仆人——一个校长的恰当位置

校长首先是教育者，校长的领导是思想对思想的引领。校长是"仆人"，但要有两个条件：一是主人的观念；二是仆人的位置。作为仆人，最恰当的位置是站在"主人"前面，手擎火把，为"主人"前行而照亮道路，而不是跟在"主人"的后面，为"主人"手提石榴裙的"侍从"。因此，从这种意义上讲，校长不应是纯粹的行政管理者，校长更应该是学校精神的引领者、学校文化的创立者、学校课程的开发者。总之，如果学校是一艘摆渡学生觉醒的航船，那么校长就应该是一个船长，一个能看透重重迷雾、劈波斩浪、引领学生抵达梦想彼岸的船长，无论多少年过去了，历史的云烟也许会淹没许多不朽的东西，但校长在每个学生心中开辟出的那条航线应该一直是路。

校长应该是一个拥有批判理性的思想者。我一直思索一个很有意思的问题，即校长的规定性。我是谁？我的具体位置在哪？"上、中、下"，我到底在哪个位置上？我站在国家与学生中间，我站在教师和家长中间，我站在传统和创新中间，我站在物质和精神中间，我站在现实和未来中间。然而，校长的使命不是为了平衡，校长的使命是超越，超越平庸，走向高尚，于是我便有了这样一种思想，一种校长应有的批判理性。

批判认定的、现存的事实性的东西，证明它们是不真实的、不合理的，是必须否定的。批判的主要意见是否定性的。在解放教育学看来，它也有自我批判的指向。何谓理性？就是理性的能力，理性即无条件认识事物的能力，也就是独立地使用自己抽象的、普遍性的、批判的能力。人是有理性的，人的本性具有理性，是指人之理性，只是在潜能里，在胚胎里。在这个意义上，人生下来甚至在娘胎中就具有理性、理智、想象、意志。小孩子也是一个理性的人，但他只有理性的潜能，只有理性的可能性。

校长总是站在前头。这个前头，既包括自己学校前头，也包括教育前沿，是从这个地方开始研究关于人与知识的人，人与道德的人，人与人关系的人，人与环境的关系的人。这意味着他必须有科学精神、人文精神和社会意识。校长心中这些方面关系的和谐，既是人性化的体现，也是人发展的前提。他的身上有自己的特点，又有他所在学校的普遍性，即共性。不止于此，正如黑格尔所言："个人是他的民族、他的世界的产儿（他的民族和世界的结构和性格都表现在他的形体里），个人无论怎样为所欲为地飞扬伸张，他也不能超越他的时代、他的世界。因为他属于那唯一的普遍精神，这种普遍精神就是他的实质和本质，他如何会从它里面超越出来呢？"[①] 所以，校长是融入教育之人，是融入学校文化之人，他的态度是教育的态度。

---

① 黑格尔：《哲学史讲演录》第一卷，48 页，北京，商务印书馆，1959。

校长的历史观、文化观、审美意识和世界观等都不只是他自身的修养，还是一所学校里的"人"的修养。他表达着一所学校的文化精神，这种文化精神是有形的（包括物化的），又是无形的（即思想的、内心的、精神的）。他应该认识到学校精神，并通过学校精神认识到自己。他是作为学校精神的一个焦点而存在。

特别是学校面对改革时，校长的意见不能是"私有的"，而应是理性、真理性的意见。社会转型和变革既为学校教育提供了广阔的发展空间，又使我们面临多种选择。我们不得不站在传统与批判、一元与多元、机遇与挑战、继承与创新的"中间"，困惑、徘徊、极端都表现为一种思考现象，但这比那些还没有采取行动的人要主动得多。

我们必须是独立运用自我理性的人，运用批判的理性能力对当前的理论和实践做出判断。批判的理性是指它既具有抽象的、普遍性的理性思辨，又有指向自己的自我批判精神。批判理性对于传统文化和多元文化来说，不能不回复到"扬弃"的本意。但是，对于两者的关系不但不能持"否定"态度，相反，应持"否定之否定"的态度。批判作为否定，也意味着肯定，承认民族文化的主流和方向仍然是理性的必然选择。

"一个意见是一个主观的观念，一个任意的思想，一个想象，我可以这样想，别人可以那样想；一个意见是我私有的，它本身不是一个有普遍性的自在自为地存在着的思想。但哲学是不包含意见的——所谓哲学的意见是没有的。一个人即使他本人是哲学史的作家，当他说哲学的意见时，我们立刻就可以看得出，他缺乏对于哲学的基本修养。哲学是关于真理的客观科学，是对于真理之必然性的科学，是概念式的认识；它不是意见，也不是意见的产物。"[①] 引用黑格尔的这段话，是因为我强烈地感受到在他的光彩面前，相形见绌地看到作为校长的一些意见全褪色了。而今天，我发现自己更应观察到的是与自己意见正相反的是真理。

我们应有的批判理性取决下列需要：我国正在进行的课程改革触及极其广泛的层面，不仅反映了代表统治阶级利益的国家意志，体现着培养人的更高要求，也反映更广泛的文化和社会变化发展的时代需要。同时，在以人为本的理念支持下，课

---

① 黑格尔：《哲学史讲演录》第一卷，17～18页，北京，商务印书馆，1959。

程改革更加关注人的发展，这会涉及并把一切思想、道德、心理等联系起来，还会把教育理论、教育流派、教学方式和学习方式等引入更深刻的领域，这势必引起人们观念、观点的矛盾与冲突，呈现传统与道德的对抗与融合，这些需要理性的思考。

理性的批判可以创造崭新的未来。第一次世界大战后，人们对德国古典教育纷纷指责，认为古典教育造成了德国教育的落后。而后来德国科技发达是对科学教育的重视的结果。英国希腊学研究者利文斯通指出，英国教育的真正缺陷在于英国学校中的古典教育只强调古典语言知识的传授，而不像德国那样注重学生理性精神的培养。因此，我们应该倡导对学生进行理性精神的培养，让学生认识到一个强大的民族一定是具有理性精神的民族。

成熟的教育思想需要理性精神的支撑。对于中国的哲学，黑格尔一直耿耿于怀，他认为中国诗歌形式上比较成熟，内容被限定在一定限度内；中国哲学停留在抽象里面，而到具体时都是感性对象的外在联系，即现象间的关系，没有逻辑的必然联系，就是说没有一种普遍性、规律性，一旦这种哲学涉及具体事物时，就是道德了，但这不是哲学的东西。从黑格尔的批评中可以发现，理性精神在中国的历史上是贫乏的，或者说根本未建立起来，因为理性精神是哲学的本质。中国哲学大都是心性哲学，它强调"内心修为""强心智"，距离客观事物很远，都是些极其空泛的抽象原则，即使是自身的修养，也不是个体的自由意义，是个性未意识到的强制性的外在精神压抑，是一个渺茫的高尚境界，是统一的宗教化原则，还不是理性的东西。当代教育学与哲学无不密切地联系着，被它支持着，甚至已融合在一起。比如，苏格拉底式讨论、海德格尔解释学、哈马斯的关于解放兴趣理论等都已成为建立自己教育思想的理论出发点。

各国兴起批判教育学，尤其是德国的批判教育学派从各个学科和知识领域，在社会政治、意识形态、文化层面，在教育及课程、道德等诸方面进行着批判，试图用哲学构建教育思想或教育理论。教育科学的进步，无疑将唤起个体主体意识的觉醒，帮助个人建立自由精神，给人以理性地判断和辨别问题的能力，使教育活动成为一种更自觉的实践活动。

校长应该是一个先进理念的经营者。作为一名校长，也许随着时间的流逝，他所营造的一些建筑，他所获得的一些成绩会渐渐被人淡忘，但是他用自己的思想为一所学校构筑的理念却会代代相传，成为永恒。回顾我20多年的校长生涯，我总觉得过去的经历不是太"丰富"了，而是缺乏。所谓"丰富"，指的是一种经验或感受，无论教学还是管理，多了些经验不是坏事，更何况教育实践需要经验，但是，反思自己才会认为这些经验大都缺少必要的理论支撑，更多情况下反映的是个人意志，意志的必然表现是"这个规定和与它相反的规定究竟哪一个是对的"，而感觉缺少的恰好是很重要的东西，那就是教育理念或理念体系。

教育作为一个有生命的实践活动，不是循环往复的行为，而是一种不断探索的活动。它的每一次探索不仅仅是对原有经验的补充，还是一种修订。尽管学校教育需要借助成功的教育实践，或者通过与其他学校的交往和学习懂得如何做教育，但就教育赖以存在的环境和条件而言，任何学校的教育都是个性化教育，教育个性必然反映不同的教育理念，因此，校长的教育理念十分重要。

黑格尔在《美学》第一章总论"美"的概念中这样写道："一般说来，理念不是别的，就是概念，概念所代表的实在，以及二者的统一。单就它本身来说，概念还不是理念，尽管'概念'和'理念'这两个词往往被人用混了。只有出现于实在里而且与这实在结成统一体的概念才是理念。""因此，概念在它的客观存在里其实就是和它本身处于统一体，概念与实在的这种统一就是理念的抽象的定义。"① 思维的产物就是思想，但思想是形成的，思想更进一步加以规定就成为概念，而理念就是思想的全体——一个自在自为的范畴，因此，理念也就是真理。

我引用这么多有关理念的表述，意在反思自己的实践。如果说教育是个统一体，那么在这个统一体中，主观与客观、有限与无限、思维与存在将是"兼容并包"的；如果说教育有其自身发展的规律，那么就其内容来说，它的规律也不止一个；如果说理念是真理，是概念与实在的统一，那么校长的所谓经验、意志应在教育的实践中接受反复的检验，一旦上升为理念，理念就包含一切了，然而，它是变化的、发展的过程。

理念，具有超越时空性。一所古老的学校，最明显的历史在于它的理念具有超越时空的特点。例如，北京大学的校训：民主与科学；清华大学校训：自强不息，厚德载物。这些理念反映了学校的历史，无论学校经历怎样的历史性变革，它都熠

---

① 黑格尔：《美学》，135 页，北京，商务印书馆，1979。

熠生辉，记载着历史，反映着时代，更表述着学校的文化精神，让你感受着学校厚重的文化力量和人文积淀。就像季羡林老先生在 90 岁生日时对清华大学和北京大学表达的那种深爱，真挚而亲切。当记者问老人家对清华大学、北京大学怎么看待时，季老把清华大学、北京大学比喻为"李""杜"，这里不仅借用了"飘逸、厚重"的诗歌特征，也含着他的另一种情感："仙""圣"如同水一样是"无分东西"的。季老既作为清华人又作为北大人，在他身上，我们见到了两所学校的文化精神，这种精神通过季老的人品和作品得到体现，他和它们的精神是一致的，注定要跨越时空而存在。

当我因工作需要被调到承德一中时，我有幸站在了它历史的交会点上。在苍茫的历史中给我最深的触动是建校时（1903 年）代表办学主旨的一句话：仕进者，"有进学之阶"；从业者，"有谋生之智能"。这个办学宗旨所反映的虽然仅仅是"升学，就业"，就教育的社会功能和对人类的终极关怀意义还需要研究，但就其直接目的而言，它仍有现实性，仍不失它跨越时空的意义。站在历史与现实的交会点上，我为承德一中制定了"勤行精进"的校训。我对"勤行精进"四个字做这样的解读：校训必须是跨越时空的，因而是永恒的；凡是永恒的东西，必须是最本质的东西；凡是最本质的，才是最深刻的。学校之永恒在于本质，学校之本质在于文化，文化之精髓在于校训，校长之真正意义就在于成功地维持学校的文化系统。那么，校训应该有哪些要求呢？第一，可传达性，即可传达、可诉说、可倾听，而且与真理有不可分割的内在联系。第二，文化积淀，即历史起源。第三，实质意义，即问题提出和内容的意义，因为一切思想历史都是由问题和内容构成的历史。第四，功用性，即它是生活的指南，号召人们去反思，召唤人们的心灵本源。第五，超验性，即精神的解码。第六，时代性，时代才是人们思想的"共和国"。一个长存的校训，不仅基于上述条件，还在于它有其根源。

对一个根本问题的回答，在于寻求最深的根源，对根源的追求就是对理性内容意义和理由的探求。"勤行精进"这四个字可以追溯到人类文明的"轴心时代"，它起源于黄河、印度河、尼罗河、幼发拉底河、底格里斯河、爱琴海，即公元前 500 年中国、印度、巴勒斯坦、波斯和希腊等同时使人类精神独立的时代。一个鼓舞人的校训不仅有历史来源，还在于它具有诠释的力量。"勤行精进"表达了一种信念，即相信人的意志和力量是获得生存的来源。自由意志和力量是什么呢？生命是由强烈的意志塑造而成的。人可以凭自己的意志获得智慧，人可以凭自己的道德行为产生力量。那么自由意志和力量的前提又是什么呢？是信念，相信知识是人的能力所能及的，只有知识才能达到智慧，发现自由意志和道德力量。"勤行"，表达了一种沉默的力量，卓越的意志是征服自我的激情，人的意志是唯一超过人的想象力的力量。"精进"，表达了觉醒的意识，相信自己能获得一切知识，并在独立思考中、在生活中获得体悟。"勤行精进"作为一种信念，其价值在于它相信生命尚存无上意志，精神尚能登峰造极。但是，这不是指向未来和理想，也不是类似一条道路，而是指向心灵的本源，是一个对属于本源的根本动因的呼唤。一个好的校训需要一个较好的建筑艺术品才配得上，一个被称为较好的建筑艺术品在于它有一种理想的风格，以便我们被那美丽的景色所吸引。但是，仅仅这一点还不够，它必须使我们把兴趣放在那鼓舞人的方面上，因此，它必须蕴含着较为丰富的内容，一所百年学校形成的文化以及一个表达了这一文化核心的校训，将会使一所崭新的学校因厚重而愈加富有魅力。

理念，具有时代独特性。理念本身是理性的、本质的反映，但任何理念的真理性都是相对的，从对追求真理精神和真理的绝对性而言，理念是反映时代的，因而是发展的。正是在这个意义上，办学理念总是在不断地追求中展示自己的时代性。例如，哈佛大学建校初期的首要培养目标是培养牧师；后来的培养目标是培养政府官员、精英学校教师以及其他行业的专门人才；后来主张重建自由教育，培养全面发展的人以及致力于培养有教养的人。从哈佛的培养目标不断定位的变化，可以体会出时代的进步和教育理念的发展，而学校理念的变化反映了一所好的学校总在不断地创新。

正是基于"学校教育必须反映时代进步和社会需要，才是教育的本质理念"的认识，我们修订了办学宗旨，提出"借助科学技术和社会进步，帮助每一个人增进知识和智慧，为他们具有自由、充分、和谐、持续的学习和发展的能力提供一切需要"的理念。首先，这个理念要体现时代意识，强调教育必须反映社会发展与科学发展。教育只有符合社会发展，培养的人才能满足社会需要。这揭示了社会存在决定社会意识的唯物史观。其次，这个理念反映了面向全体，即面向每一个个体的全面培养人的观念，反映了由关注知识向关注人的基本观点的转变。最后，这个理念得到了人本理论和自由法则理论的普遍支持，它作为一个理论体系的反映必然支持着教育教学和管理以及学校发展战略的各个方面。

　　理念，具有主流文化性。新课程的文化理念以认可多元文化为前提，许多学校的办学理念中也反映了一种不断追求多元文化的融合的理念。在这个时代，文化的多元化指向并非同化的趋势，融合是相对的。事实上，文化的对抗依然十分明显，尤其在政治生活、思想观念方面带给人们的思考是很冷酷的。民族文化与霸权文化、弱势文明与强势文明随着多元文化的发展所带来的碰撞更为明显，强势文明对经济、科学技术、文化的封锁，对伦理、道德、人权文化的强制势必引发更强烈的冲突。

　　在这样的事实面前，作为文化的传播者和建构文化的学校教育，应肯定民族文化的主流，并在这个前提下履行交往与构建文化的责任。这样，学校教育理念不仅具备自己的文化主流意识，而且能繁荣学校间的交流，促进学校教育的更大发展。

　　这个极其重要的理念对人的培养方式如何选择、对人的发展的教育研究是至关重要的。我们必须为国家、民族培养人，我们培养的人理应涌动民族文化的精神，且这种文化精神只有得到世界的崇尚时，才能为其他文化所接受和融合。文化融合只有以优秀文化为特征时才有融合的可能。

　　理念，具有生命的肯定性。任何离开校本、本土的毫无个性的学校教育理念都无意义，任何离开具体培养目标的理念都无价值，每个理念的表述虽是抽象的，但其内容应是具体的。以哈佛大学为例，艾略特校长把自由精神的理念引入哈佛大学后，学术自由一直是哈佛大学的办学理念，这个理念既包含教师享有学术自由，也包含学生享有学术自由。艾略特校长曾这样表达哈佛大学的办学理念：一位哈佛大学教授在他的领域内是主人，他仍可以采用一种纯粹讲座的方法，也可以要求学生翻译、背诵或回答问题；他既可以严格课堂纪律，也可以放松课堂纪律；他可以培养学生与社会的广泛联系，也可以不讲课而分析东西，因为他的学生中有不同的观点和背景——宗教的、政治的和社会的，所以，他会自然而然地给予其他人以享受的同样的自由。支持这个理念的具体制度是学生有选择课程的权利，目的是满足学生的需要。

　　我们曾提出"学生即生长，学生即需求，学生即资源，学生即智慧"的主体理念，可是，这个理念在未得到具体形式的支持时只是理念，而当得到课堂教学具体形式的支持时才是一种行动。从生长生活观点出发，把学习看作生命的生长时，我们就会把师生关系看作生态关系，由此可能产生的情感、表达方式和对知识的陈述便由对教师的关注转向对生命的关注。我们总是依据教材、大纲、知识预设重点和难点，但现在我们的观念可能得到改变，要根据学生需要、学生遇到的问题改变预设的想法和判断的理由。如果有了"学生即资源"的理念，我们就可能有意识地研究课堂资源是什么，应如何去开发，什么样的方式才能调动资源。这样，我们就可能建立起新的教学方式——互动方式。我们的教学将变得更加"依赖"学生，因生命能够交流、思想随时碰撞、心灵不断沟通，产生不可想象的智慧。教学中引进生命观是个很有意义的问题，正如黑格尔所说，对于生命的思考一向就是一个极难的问题。

2003 年年初，我有幸在宋庆龄基金会的组织下，带领学生去法国交流。我在布列塔尼勒南中学校长家住了 5 天，得以更多地了解法国中学教育，感悟颇多。

当我问到体育馆有多大面积、地板用什么材料做的，校长都说"不知道"。我开始很惊讶，当我完全明白法国中学校长的使命究竟是什么以后，我对我所要做的非做不可、不得不做的事倒添了几分啼笑皆非的无奈。

在法国考察

　　我没有理由抱怨自己的职业，恰恰是想说明在经济转型、全球化经济形成、文化日益走向多元的信息时代，我如何面对文化的冲突与融合、"拿来"与扬弃、差异与沟通、"休克"与对话、民族性与国际性的选择。

　　这就是说我们的视域可能变得更大，甚至思想陷入矛盾之中，无法选择我们的目的。职业要求我们应有更大的文化视界，但责任和使命又告诉我们要关注人。这是历来受到教育、哲学、伦理、文化甚至宗教关注的核心问题。在教育者看来，人应是完美、完整的"全人""完人"，有关这方面的论述多不可数，就其表达来说有"真、善、美""全人""全才"等。在文学看来，文学即人学，郭沫若认为人是文学中心；在哲学那里，人是自由的人；在伦理学那里，人被"仁"教化；在道家那里，人是"天人合一"的虚静状态；在佛家那里，人要"遁道空门"；在基督教那里，"人被规定为以永恒的福祉为目的"。直至现代，人被提到人的共同价值、人的共存、人类的终极关怀意义上。

　　从以上来看，人具有无限绝对的价值。自文艺复兴以来，围绕关于人的政治、文化、宗教、教育等革命的运动和思想、文化活动就此起彼伏，从未间断过，中国共产党人所进行的一切也正是为了最广大的"人"的利益。

　　我们这样罗列历史事实究竟是为了获得什么呢？校长的视域应该是什么样的？当我们遇到多元文化挑战时，我们的视界应该更高，但不是"拿来主义"，而是保持"扬弃"的态度，确立我们的教育理念，这依赖于一个人的个人修养和理论水准。

　　在我的视界里，做教育是件老老实实的事情。有"童心、执着"足矣！但教育又是一种有目的的塑造人的活动，仅仅是个推动者、批判者、知识者是不够的。这不是说我们的教育思想、办学策略一定要来自专家学者，而是强调这个老老实实的职业的另一面意思，即绝不能脱离我们的教育对象。我们的教育思想在他们对教育的痛恶、企盼、恐惧、需要、纯真、放纵、睿智、任性等无限的对立统一中，在他们的头脑里，只要在"共识价值"理念的支持下，无论主体还是客体、长辈还是朋友，都能平等地对话，把一切先进思想、文化讲述出来与他们讨论，通过对话缩小历史的间距，使我们的视界融合，就会找到为他们调整设定的目标的一切策略。这或许也是另一个文化视界。

　　有这样一个说法："有一位好的校长就有一所好的学校。"这似乎被教育界所接受，也被校长们默默地认同，然而，把一个重大历史使命赋予一个人，其历史命运是值得忧虑的。而且如果直接解读这句话，其道理涉及校长有一个什么样的理念，这个理念关系到学校将怎样发展。如果进一步解读这句话，其本身包含着它提出了一个"怎样"的问题——这个问题是学校的理念和校长的理念是不是一回事。如果是同一个问题，那就等于承认校长必须具有继承他自己所在学校历史的能力，他必须维护历史的延续性，此外，他的理念中又应有进步性和时代性，他的理念必须反映他所处的时代所要求的学校个性，这个性是学校的现代特征，并非历史的特征。这就是说一个校长怎样去继承一所学校的历史，即维持历史的继承关系，这是个严肃的问题。

　　一位校长只有走进自己学校的历史，并对它产生真实的情感和深刻的体悟，自己的文化理念内化成学校理念时，才有自己的办学理念。他应该是学校理念的代表，是"像"这所学校，而不是相反。融入学校的文化精神之中是个忘掉自己的过程，这个过程在两个方面的表现是很强烈的：一方面，要使自己从很重要的位置走下来，成为整体的一部分；另一方面，要把自己的理念转化成学校理念。一位校长只有以一个学校的整体特征出现而不再是他自己时，学校的文化精神才能得到弘扬，他个人的作用才能转化成学校的整体作用——他不再是他自己，而是一所学校。学校理念就是学校的文化精神，一位好的校长在这个文化精神面前应感到渺小。他只是历史中的一个介质，他必须仰视这种文化精神并融入其中，当他发现自己已经存在其中时，他的理念才能与学校理念相统一，才具有价值和意义。

　　比较东西方的校长制度或许可以获得一些启发。日本对校长的要求仅要求年龄，50 岁以后才可以聘任；韩国是轮流制度，一个校长在一所学校任期一般不超过 5 年；美国与韩国正相反，校长任期愈长愈好；法国中学校长的任期是 7 年，可以连任。这些制度可以使我从不同侧面看到它对保持一所学校的文化精神的意义。

　　如果一个校长对学校的关系不是继承的，而是他个人的意志反映、他个人的特征，那么，这个学校是否可以看作一所新的学校？如果是新的学校，像他自己的样子，是他自己的理念，那么，我们是否可以说"一个好的校长就是一所好的学校"呢？我认为这句话的意义是值得认真解读的，而解读的方法是把"学校理念""校长理念"变成两个概念。两个概念的意义在于一个好的校长应尊重他自己所在学校的历史。他首先要用一种传承的态度审视历史，对学校的理念、学校的历史人物、学校的传统给予真诚的关怀。他必须清楚他的提法与学校理念应一致，而不是矛盾的或否定的，即使是具有时代特点的一些提法，也应是建立在对学校理念解读的基础上的一种完美，一个继承性的发展。

第二章　自由——觉醒的意志

赫尔德认为人是"一切造物中最先获得的自由者"，他的自由与对社会的开放性赋予了他创造自己本性的可能性，但同时也决定了造就人性的必要性。人类的发展趋向于人性的有机成长，每一个民族都可以通过自己的文化来证明。自由是意志的自由，个人是自己或自己身心的最高主权者，人根据自由意志决定或创造自己的本性，这告诉我们自主性是自由意志的特质。张扬自由（思想与言论自由）有利于人类获得真理；相反，压制自由会导致丧失真理。个性属于积极自由范畴，个人有权做自己喜欢做的事情，按照自己个性追求自己的自主性。个性是社会发展的必要条件，也是社会和人类发展的动力。因为个人自主性、创造性和活力是个性的核心价值，因此，维护自由就是让个人自主性得到崇尚和发展。捍卫个人思想和创造性自由会使社会功利达到最大价值；相反，扼杀自由会导致社会平庸和社会功利的损失。

黑格尔对自由的诞生有过这样的描述："他们加在外来材料基础上的东西，是种特有的精神气息——自由与美的精神；他们不仅创造了他们文化的实质，而且珍视他们这个精神的再生——这种精神的再生，才是他们真正的诞生。"[1] 他还对拥有自由的生命充满深情的向往："作为从精神再生出来的精神——希腊人正是自己意识到自己的精神就活动在自己的生活里；意识到这种生活，知道这种生活是精神自身的实现，在这种怡然自得的精神中——亦即人的精神上畅适自足，怡然如在家园。"[2] 我引用这些黑格尔的描述意在说明自由精神正是哲学揭示的人的精神，他的故乡之感乃对哲学精神之感。在黑格尔看来，哲学是自由的、与私人利益无关的工作，是人的精神高度发展的结果，所以他把哲学看作"奢侈品"，是精神方面的"奢侈品"，可见这种精神的"奢侈"指向觉醒，关乎自由。

当然，我们追寻的自由，不是无法无天的放纵，真正的自由是对"任意"的克

---

① 黑格尔：《哲学史讲演录》第一卷，159页，北京，商务印书馆，1959。
② 黑格尔：《哲学史讲演录》第一卷，159页，北京，商务印书馆，1959。

服，因为真正的自由存在于意志与理性、本能与规则、欲望与法律之间的某个结构关系点上。

一、自由——复兴的使者

我们知道希腊精神、希腊的"自由教育"绕道罗马达至西方世界。希腊世界的丰富，只是寄托在可爱的个体上，希腊人中最伟大的便是在艺术、诗歌、科学、义气、道德上的那些杰出人物的个体性。如果和东方人想象中的华美、壮丽、宏大相比，和埃及的建筑、东方诸国的宏富相比，希腊人的精妙作品（美丽的神像、庙宇）以及他们的严肃作品（制度与事迹），可能都像渺小的儿童游戏，但希腊思想、教育、哲学对西方的影响，可从他们自己个体，即人的主体自由上得到体现。人的理性精神正在于人的自由本性，一个真正意识到人本身是自由的人才是具有独立地运用自己理性的人，一个真正拥有自由精神的民族才是最有希望的民族。

战火纷飞的战国时代出现过一次文化思想的盛世，对我们的民族产生了久远的影响，那就是"百家争鸣"。齐国的稷下学宫是战国时期诸子百家荟萃的中心，儒家、道家、墨家、法家、名家、阴阳五行家、纵横家、兵家等各种学术流派，都曾活跃在稷下舞台上。在学术上，稷下学宫具有兼容百家之学、多元思想并立、各家平等共存、学术自由、相互争鸣、彼此吸收融合等多方面的特点。稷下学者因政治倾向、地域文化、思维方式、价值观念的差异，各有自己的思想体系，从而使稷下学宫形成了思想多元化的格局。在这种形势下，稷下各家为求得自身的存在与发展，相互间展开论争，使稷下学宫出现了中国历史上前所未有的"百家争鸣"的生动局面。论争不仅充分展示了各自的理论优势，而且使学者们也认识到各自的理论弱点，促使他们不断吸收新思想，修正、完善、发展自己的学说。论争促进了不同学术见解的思想渗透和融合。总之，稷下学宫的创建与发展，在中国文化发展史上树起了一座丰碑，开创了百家争鸣的一代新风，促成了中国历史上第一次思想大解放、学术文化大繁荣的黄金时代的到来。同时，稷下学宫开启秦汉文化发展之源，对秦汉以后文化的发展与繁荣产生了深远的影响，涌现出一大批具有开拓性的成果，例如，《孟子》《荀子》《孙子兵法》，最早的行政百科全书《管子》，最早的手工业科技巨著《考工记》，最古老的恒星表《甘石星经》，邹衍阴阳五行学说《五德终始说》《大九州说》。如果我们总结"百家争鸣"的深层动力，那么自由应该是贯穿这场运动的主旋律。认识主体人格的独立是自由精神存在的前提，战国纷争的年代形成了对人才的极度渴求，这种渴求客观上提高了人才的地位，也使他们拥有了更强的人格的独立性。另外，随着文明的进步，人们对客观世界的了解进一步深入，人们拥有了更多追求自由的途径和更开放的空间。在争鸣的过程中没有至高无上的权威，只有观点的交锋和思想的交融，这是自由的关键。

文艺复兴永远是人类文明史上的一个里程碑。文艺复兴，是在发现世界，发现人；回归自然，回归人。之所以这样说，是因为文艺复兴是欧洲历史上一场伟大的文化思想运动，是个由古文明的"复兴"为起端，引发了人类思想大创新的"再生"时期。在漫长的中世纪宗教桎梏下，厚积的人性力量在此时喷发了，人成为世界的中心，人的"尊严""天赋""潜能"等观念开始受到重视，于是涌现出一批人类历史上杰出的天才——达·芬奇、米开朗琪罗、拉斐尔、但丁和薄伽丘等。他们之所以铸就自己的伟大，原因就在于他们解放了心灵，拥有自由的精神。文艺复兴时代是一个人的自我发现时代，是一个人文主义时代，是一个个性解放的时代，主张个人且仅有个人是自己的主宰者，人不再服从于任何外在或超验的权威。

今天，我们站在历史与现实的交会点上，重新审视自由带给我们的惊喜，自由带给世界的奇迹，我们有理由相信，生命赋予每个人以自由的灵魂，但是现实的绳索往往把它牢牢地束缚在平庸的大地上，不给它自由飞翔的天空。

二、自由——汉字的密码

中华民族的象形文字是优美外形的表白，是自由精神的象征，更是"逻各斯中心主义"的克星。在表音和表意文字的较量中，表音文字始终占有话语权，因此，表音文字的历史是作为真理的历史而被推崇的。卢梭曾对文字的含义有这样的理解：描画物体、使用文字句式的符号、使用字母，这三种书写与人类据此组成民族的三种不同状态完全对应。描画物体适合于野蛮民族；使用文字句式的符号适合于原始民族；使用字母适合于文明民族。

莱布尼茨也说："汉字根据事物的可变性，拥有主观无限多样的笔画，因此，中国人要花一辈子才能学好书法。"① 象形文字的弊端也许就是这外在方面，即外在图画或摹写方式保持一种自然的表形关系和相似的关系。莱布尼茨还说："言语通过发音提供思想符号，文字是通过纸上的永久笔画提供思想符号。"② 后者不必与发音相联系，从汉字中可以明显看到这一点。如果说表音文字是必然的，是一种历史目的，那么汉字就像驶向港口的船只一样，在即将到达目的地时在一定程度上搁浅了。

　　然而，汉字的优美也在于它的表意性，文字是语言的符号，反映心灵与事物的相似性以及能指与所指的区分；表意文字的任意性可以自由组合，更具备自由特征。前者与象征意义相似；后者与想象力相关。象形文字的确是一种书写符号，但不是由字母、单词和我们通常使用的特定言语成分组成的书写符号。它们是更优美的书写符号，比较接近抽象的东西。它通过对符号或相当于符号的东西的巧妙结合，将更复杂的推理、严肃的概念、隐藏在自然的上帝心中的某种神秘徽章一下子展现在学者理智面前。

　　在对待汉字的这两种尖锐对立的观点中，我们有必要对汉字进行一种哲学的诠释。中国人的普遍观念就是哲学观念，但这种思想有时并不深入，只是停留在肤浅的层面里，即使有具体的东西也没有概念化，只是通常从观念中取出来，按照直观的形式和通常感觉的形式表现出来。然而，在传承千年的汉字中，我们也许可以解读出我们民族性格的密码，其中交织着对自由精神的渴望和对和谐世界的追寻。

　　第一，"天"与"人"合一的自然观。《周易》起源于"河图""洛书"的传说。图与书的联系形成上下排列的平行直线，这些直线都是意义的符号和范畴，通过最抽象的规定说明天地人事的变化，这就是"卦"。孔子说《周易》分阴分阳，迭用柔刚。故易六位而成章。说明《易》起源阴阳关系。"田"是方正的田畴，"家"是房子下的一窝小猪，在汉字的形体中，这种朴素的自然观淋漓尽致地反映了先民现实而甜蜜的梦想。

　　第二，"道"与"文"合一的实用观。"道"是老庄的自然境界。庄子说："故通于天地者，德也；行为万物者，道也。"与天地之大美联系起来的是"文"，"观乎天文，以察时变；观乎人文，以化成天下"。古代人文是一种特殊关系，《礼运》说：

---

① 雅克•德里达：《论文字学》，3页，上海，上海译文出版社，2005。

② 雅克•德里达：《论文字学》，5页，上海，上海译文出版社，2005。

"故人者，其天地之德，阴阳之交，鬼神之会，五行之秀气也。"天地与德合一，与心合一，就会生自然之"文"、自然生"德"，天地日月无私覆、私载、私照乃"大德"，因而文即人，不仅可以合，而且是理想化追求。因此，"大"是舒展的人形；"天"是人头上方的天空。自然在心中，在人的精神里。

第三，圣人与王者合一的替补观。老子所说的圣人是无为的圣人，"是以圣人处无为之事，行不言之教"；庄子说的圣人与"道"为一体；荀子把圣人与王者合一，"圣人也者，道之管也"；孟子则具体化为一个体系，认为尧、舜、禹、周文王到孔子才是圣人；董仲舒把圣人与经书、圣人与治道合一。这些简单的合一并非依据逻辑，只是一种外在的相似性而已。通过"道"建立"文"的实用性，最终达到"文道统一""文以载道"的和谐。

第四，汉字相似性与自由的"组合"观。作为表意文字的汉字没有逻辑性质，它的相似写法、相互解释、相互衍生表达我们祖先对相似即能"合"的偏好。汉代刘熙在《释名》中有这样的解释："德，得也，得事宜也。仁，忍也，好生恶杀。善，含忍也。智，知也，无所不知也。传，传也，人的止息而去，后人复来而相传，无相王（忘）也。"都是音、形相似的假借关系。这是否如德里达所说："自然文字与声音和呼吸有着直接联系，它的本性不是文字学的，而是灵性学的。"是否有着道家的"无象之象"的观念呢？

第五，我与物"合一"的"意象"观。主体的神、情、意、心使"物象"这一客体变成"意象"，因此有了隐喻性质；以表其情，以尽其意，以达其旨，因此有了以赋、比、兴手法表达情感的先秦时代、情景交融的大唐时代、理性替代情趣的宋朝时代。"意象"诠释很多。"圣人在象"以尽其意。所谓"象外之象""言外之意"就是"意象"的说话方式，但说不出明确性来，仿佛有"道"的意味，即不可言说性。理不能穷极，却在其中。所以，孔子言"不学诗，无以言"，你不理解诗的含义就难办成事。这种意象的概念其实反映的是汉字本身在形体描摹的过程中，人们在其中蕴含的情感与思想。

第六，声韵"合"于四时的和谐观。《古诗十九首》说："清商随风发，中曲玉徘徊。"清商曲辞是以琴声伴奏为主的乐曲，有时也用竹，其曲调悠扬婉转，体现了音与韵同步和谐的要求。《文镜秘府论》对四声说有这样的言论："春为阳中，德泽不偏，即平声之象；夏草木茂盛，炎炽如火，即上声之象；秋霜凝木落，去根离本，即去声之象；冬天地闭藏，万物尽收，即入声之象。"这种区分产生了阳韵与微韵的抒情所指，抒情与言志自然地联系在一起，形成了和谐之美。这体现了在诗中起主导作用的是精神活动的主体性原则，因为诗要表现诗人自己，要倾听自己的"心声"。

从汉字到写作，我们可以看到汉字的特点：相似性是其基本原则，以任意概念为中心，以自由组合为擅长，形成外在的简单的"合一"特点，有灵活的、自由的、美的、独立的特征，展示了巧妙的结合和运用。也正因为如此，它才缺乏内在联系，因而不具备确定性、稳定性和逻辑规定性，却极富想象力。这样一个复杂的语言状况造就了一个坚固领域，使训诂文化得以维系、发展和演化，虽然智慧的祖先让我们拥有自由精神活动的舞台，但在历史的发展过程中剥夺了这种精神的延续，使创造活动无所作为。

训诂文化作为最悲叹的文化，只是对文字的求知而非对思想的研究，是文对文的争论，不是思想对思想的思考。训诂文化的本质仍是"合一"文化。"圣人"与"真理"、"贤人"与"国家"是同一个名称，既是诠释的原则，又是诠释的目的。秦朝统一结束了"百家争鸣"的历史，汉代拉开了"独尊儒术"的序幕。自此，数千年所做的就是一件诠释圣贤的工作。一种等级关系、等级秩序、等级制度的相互替补、相互衍生的解释，一种奴役性的语言，一种外在性的关系确立了统治与奴役的外在性的一种封建特权。

语言的堕落是政治堕落的症候，它起源于皇权统治，是奴役的开端和完善。民众不是文字的主人，统治者才是它的主人，文字堕落的标志是以一种国家文化被固定下来的意识形态为表征。这样，凡是要当大夫、做国家官吏的人，必须研究孔子的哲学，而且必须经过各种各样的考试。这样，孔子学说就是国家哲学，构成中国人教育、文化和实际活动的基础。儒家学说作为国家意识形态，通过选举制度被具体化了，变成了政治工具。

在一个伟大民族的国度里，允许存在一种"儒家"学说，除了为一种统治之外，再没有别的用处，而它的生命仅靠不断被诠释，就像只靠输液来焕发它的青春，除了徒劳，就是死亡！"合一"的偏好过渡到"合一"的文化；"合一"的天成过渡到"合一"的雕琢；"合一"从外在相似性过渡到"统一性"，使"合一"隐喻着统治。

"这是文字的堕落，但不是文字本身。好的文字始终被理解为必须被理解的状态。"[1]
我们可以说那就是自然之书，正是在这本伟大杰作中，我学会了侍奉和崇拜它的
作者。

在中国，由文字引发的堕落并不是文字本身，而是训诂文化。正如卡尔·雅斯
贝尔斯评价孔子所言，由于大多数汉学家的缘故，它变得平庸乏味，实实在在地讲，
它是取之不尽的。有意思的是，宋代普觉禅师曾说："曾见郭象注庄子，识者云，却
是庄子注郭象。"

我们这个民族不缺少一本"原始的书"，但我们却喜欢"原文"的替代物——注
释，就像一对情侣不喜欢自己而喜欢自己的影子。中国的训诂文化不再是解读原文
而是注释，就如人们不再研读孔子而是通过董仲舒理解孔子。从汉字中我们看到民
族灿烂的过去，从汉字的流变中我们又发现了我们民族自由精神的原形与创新精神
的缺失，因此，鲁迅先生曾疾呼"汉字不灭，中国必亡"，发出对我们民族灵魂的呼
唤，呼唤这头沉睡了千年的雄狮能够醒来，能够挣脱传统的束缚，能够发出一声震
撼世界的长啸！

三、自由——解放的兴趣

凡是把培养个人自主性作为教育目的的，都以自由教育的理论主张为前提，而
其思想的来源大都是对自由主义的不同解释。自由主义对西方教育系统产生过巨大
影响，这种影响表现在两个方面：一个是社会进步主义；另一个社会保守主义。

自由主义本是个政治术语，它是西班牙19世纪早期所提倡的立宪政府的一个政
党的名称（自由党），后来这术语逐渐成为政府、党派、政策、观念以及提倡自由、
反对独裁主义的民众的一种表达。

自由主义理论的核心是自由，但是对自由主义的本质的认识始终存有争议：一
种是所谓消极解释；另一种是所谓积极解释。前者把自由解释为"免于被压迫"；后

---

① 雅克·德里达：《论文字学》，20页，上海，上海译文出版社，2005。

者把自由解释为"自由是做事的一种积极的力量和能力"。鉴于自由主义在根本基础上的差别和教育观念的差异，自由主义又可以理解为一种思维方式。

自由主义作为保守的一面，首先把科学看成进步的保证，并且从传统和继承上认识到了其价值。它看重理性以及个人建构，认为自主性通过专注理性规训所获得。教育的本质在于促进心智的发展，是通过在传统的学术规训中对真理进行追求的过程中实现的。杜威就认为心智的建立对自由教育思维的发展和个体的建构是重要的，个人有了心智才能以多种形式思考（许多自由主义教育家不同意他把所有形式的理性简化为科学理性），个人独立是自由教育的中心目标，要掌握这个目标就要掌握对个人认同的建构。

区分教育和自由教育是不容易的事情，但是彼得斯有个好一点的理由："如果提出这样一种要求，也就是一个人应该自由地去做他想要做的事情或被允许去做他想去做的事情，这不意味他应该去做任何其他事情，而是暗示他想要行事的行为方式上的障碍或限制都应该被清除。"

自由教育被看作对限制的解除。有关自由的论述至少出现在公元前5世纪的雅典，更近一些时候，自由被认为是个人自主，自主的人被认为能驾驭自己的生活。因为他能为自己做决定，在理性帮助下，依靠信仰的本质和内容、个人态度和情感以及行为本质和目的。在成为这类人的过程中，个体便从教育和他人权力下解放出来，成为独立的人。能够控制自我就是要独立于他人，并由此达到自主。所以，通过教育达到解放人类，就是将个人自主（通常是理性自主）设定为教育的目的。

自我决定，自我独立，以及自我人生规划都可以说成是个人自主，同时这也是理想的教育学的一个基本前提的假定。比如，预先假定独立完成作业、判断、考试等。

政治语境中的概念被逐步运用到个人身上，自主概念存在两部分：自我和规划，即个人和自身以及统治个人或者自身的法则或规则。柏拉图是第一个把这个概念从政治延伸到个人的人，皮亚杰首次清晰使用了个人概念。自主在《道德形而上学原理》中被正式定义为"意志所拥有的作为自身的法律"。在《实践理性批判》中，自主被描述为理性基本原则。自主不仅是法则的服从者，而且是法则的制定者。自主是意志的自发行为。

实际上，康德的这一立场受到不少自由主义者的质疑，自主和道德是否有必然联系？他们或者认为自主是人性的一部分，或者认为成为自主的人是某种形式的社会建构的结果，或者自主发展是以某种自由为先决条件等。人倾向于自主能力，由于理性是人的天性，由此发展个性自主问题就成为发展理性本质问题。理性要求把人从他人的权威中解放出来，这在传统中被认为是正确的。

怀特海批评现代教育使古人追求神圣智慧教育堕落为学科教材知识。他主要倡导智力教育，认为智力教育决定教育目的有两个要素：一个是传授知识；另一个是发展智慧。他解释道：如果你没基础知识，你不可能变得聪明；如果你轻而易举获得了知识，但你未必习得智慧。对知识的掌握就是获得智慧，智慧高于知识，获得智慧就是获得最本质的自由。他说：通往知识的唯一途径是有条理的事实方面的训练；通往智慧的唯一途径是在知识面前的绝对自由。自由和训练是获得知识、智慧的两个原则。他认为教育开始和结束的主要特征是有节奏的循环周期，即自由—训练—自由。他把第一个阶段称为浪漫阶段，即允许儿童观察，自己行动；把第二个阶段称为精确阶段，掌握精确细节，领悟原理；第三个阶段是综合阶段，应用知识进入自由状态。这是个人成长和智力发展的进程，是个人在自主过程中的目的和方法论。

赫胥黎在他的《自由教育论》中说：自由教育或者通过教育应给我们两样东西，一是理智的简单揣摩；二是一个参考的机架或脉络。换言之，前者是智力培养，后者是一个综合与沟通的原则。

但是在现代教育中掩盖着权力关系，形成了规定、监督、惩罚制度体系。福柯对现代权力给予了批判，从权力的压制性到生产性做了全面论述。他把权力看作合作者之间的关系，通过权力实践在规训场所中建立起有关过程、活动和人类知识，由此产生规范化个体。哈贝马斯关心解放的兴趣，呼唤教育关心人的解放，使教师和学生从无用的但束缚着人的规则——范畴中挣脱出来，通过改变相互关系来改变交流方式，这种方式就是对话。但他认为对话的前提是语言的规范，而自由是以话语结构所建构的。

需要反思的是，自由是不是人类本性的一部分，只需等待它发展成熟；是不是被社会部分地建构；是不是话语所建构的；究竟哪一种环境能促进自主的发展；发展中的儿童是不是被以某种方式建构着、制造着，是不是在建构中被预设、假定了。自主选择可能是一种更适合教育发展的趋势。

作为一个独立的人，孩子需要充分的自由。自由就好像空气一样，是孩子成长所必需的养料，缺乏自由，孩子就会窒息而死。做开明的父母，就要让孩子的一切只属于他们自己；做伟大的教育者，就应该引领孩子走向自由的国度。

爱因斯坦在他的有关教育的论述中特别强调两个概念：一是"神圣的好奇心"，即探究未知事物的强烈兴趣，以及在这探究中所获得的喜悦和满足感；二是"内在的自由"，即不受权力和社会偏见的限制，也不受未经审查的常规和习惯的羁绊，而能进行独立的思考。如果说前者是每个健康孩子都有的心理品质，那么后者是要靠天赋加上努力才能获得的能力。一切伟大的精神创造者身上都鲜明地存在着这两种特质。这两种特质的保护或培养都有赖于外在的自由。因此，学校教育的主要使命就是提供一个自由的环境。爱因斯坦曾引用一个调皮蛋给教育所下的定义："如果你忘记了在学校里学到的一切，那么所剩下的就是知识。"其中蕴含着对现代教育弊端的厌恶和对自由教育的渴望。

我国基础教育正以其巨大的变革推动着教育的进程，从素质教育到课程改革以及人人关心的高考，在形式和内容上都发生着实质性的变化，并在深层上改变着人们的传统观念。自由理念长期在西方持续地发展着，而在我国教育领域仍为"禁区"，一是"自由"的概念被人们以自由主义理论在法权、国家等范围内界定，不敢涉足；二是人们把自己关在"法门"之内，走不出束缚自己的误区。我们这里讲的自由是人的最本质的东西——人的主体自由。自由有两重性，即主体和客体。主体表现为自然属性，这种自然属性的天性是人有生长、需要、向善、张扬和解放的兴趣；客体表现为社会属性，这种社会属性是人对社会、自然、人与人之间关系中的依赖、限制、压抑、奴役等社会特征。这是矛盾的两个方面，这两个方面是与生俱来的。人类在创造自身主体的同时造就了对自身的限制，也造就了解放和拯救自身的能力。真正意义上的教育应该解决这个矛盾，而解决这个矛盾的关键是我们如何站在新理念、新课程和可持续发展的高度，辩证地看待人的主体自由，即人的发展。

自由是思维的无限空间。当自由主体受到客体制约时，实质上反映的是一种生态关系。当生长所需要的生态关系和谐时，这种限制被减弱，其主体精神得到充分张扬。也就是说，人有充分的自由时，才有人的全面发展。教育的发展是社会进步的必然结果，科技进步、社会发展带来对人发展的要求，强烈地反映在教育改革的各个方面，尤其人们所关注的新课程及高考内涵的变化。我们可以从中找到与自由理念相对应的一切情形，新课程"以人为本"的理念，其价值取向是主体自由精神，这种精神体现了生命生长所需要的信息空间、想象空间、自我超越空间，就如同一个摆在我们面前的空杯子，主体兴趣不应在于装什么，而在于用何种方式去尝试，这是个空间思考，是一次"思想囊括宇宙"的描述。皮亚杰说："儿童是自己的哲学家。"就是说儿童有自主规划自己发展的权利。应该使我们的教育具有开放性和民主性，让学生享有独立的人格，拥有自主发展的空间。生活着的人总是在不断地体验、感悟这个世界，没有感悟就难有对生活的深刻理解，没有体验就难有对生活刻骨铭心的记忆和热爱。我们的教育必须增加学生体验和感悟生活的机会，并且体验和感悟还应当作为一种学习方式进入我们的视野。给学生一片自由的天空，关键是教师观念的转变，教师若还守着"师道尊严""教师权威"，那么教师就是创新之花的扼杀者，也不可能让学生自由创新。从某种意义上说，只有创新型的教师才能实施创新式的教育，才能培养出创新型的学生。一名好教师不应该仅仅作为死板知识的传授者，做一个脆弱而愚蠢的"权威"；而应该作为一个平等的参与者，恰当的激励者，营造一方自由的空间，给学生提供一片自由的沃土。这样，生命的大树才能枝繁叶茂，创新的花朵才能鲜艳夺目。

新课程的定位是基于学生的发展和学生学习的可持续性发展。它把完善人的发展作为价值标准，最终要追求培养创造未来社会的人。这一基本理念决定新课程总要处在动态之中，展示它的时代性、发展性，体现它的生命意义。

自由和民主是孪生姐妹。自由的概念不是空洞的，它取决于对教育主体性、民主性、开放性的形式和内容的要求，这些要求在教学中需要一个创造空间。教育的自由强调互动与探究的理念，意味着承认"教育成品"是在沟通和与多元文化的碰撞及融合中完成的观点，自由的实质是交流自由。为什么先秦时代能产生"诸子百家"，五四时期有"新文化运动"？为什么能在德国出现黑格尔、马克思、哈贝马斯等一流大思想家？虽然历史条件是多样的，但自由的前提却是必需的。新课程为主体自由提供了更大的空间，这里，教与学是一种动态平衡，教学双方体现"双主一体"，动机与兴趣来自双方对解决问题的需求，问题与答案并非存在明确的归属。"解惑"方式是在互动中寻求解释认知的体验；课程质量的衡量标准是满足学生的需求，并促使其充分发展；价值取向是"完善人的发展"。师与生双主体之间的解放，使课堂具有了生命意义。教与学中主体精神表现为教师不仅承认自己是主体，而且应有"学生即生长，学生即需求，学生即资源，学生即智慧"的主体意识，并且坚信教学的价值是发现思想和方法。忽视知识结果，注重知识形成，把这个过程看作思想和方法的形成过程，知识的重组和整合过程，最终是思维品质的提升过程。展示互动关系的方法不是向学生传达结论，而是向学生抛出一个个带有挑战性的问题，这是新课程实质性的进步，也是主体精神的解放。我们一直提倡"减负"，其实，"减负"从根本上说不仅仅是书包重量的减轻，更是要通过调整学生的不平衡心理，达到一种精神与自我的统一，使之以一个健全的心态面对生活和学习，最终达到个性自由、充分、和谐地发展。自由的、充分的发展是以获得一个精神的家园为条件的。

精神的家园——"一提到希腊的名字，在有教养的欧洲人心中，尤其在我们德国人心中，自然会引起一种家园之感。欧洲人远从希腊、从东方，特别是从叙利亚获得他们的宗教，畅想来世与超世间的生活。然而今生、现世、科学与艺术，凡是满足我们精神生活，使精神生活有价值、有光辉的东西，我们知道都是从希腊直接或间接传来的——间接地绕道通过罗马。"[1]

梦想的家园——"我们之所以对希腊人有家园之感，是因为我们感到希腊人把他们的世界化作家园；把外在世界作为家园的共同精神世界，把希腊人和我们结合在一起。""从希腊的生活中，我们吸取了希腊精神，如果我们可以心神向往一个东西，那是向往这一个国度，这样的光景。"[2]

哲学与教育所需要的条件与环境和从事这两种工作的人都是相似的，他们生活在同一个自由的国度里，精神的王国中。就哲学而言，人的精神需求即人的思想需求，以探究事物的普遍本质（即真理）为使命。就教育而言，它给予人自由的空间，用智慧去激发智慧，用激情去呼唤激情。它给予人真理，用真理塑造人，用杜威的话表达："我相信，每个教师应该认识到他的职业的尊严；他是社会的公仆，专门从事维持正常的社会秩序并谋求正确的社会生长的事业。我相信，这样，教师总是上帝的代言人，真正天国的引路人。"

精神的家园与现实存在着对立。教育站在高高的精神的巅峰，踌躇满志地营建

---

① 黑格尔：《哲学史讲演录》第一卷，157 页，北京，商务印书馆，1959。

② 黑格尔：《哲学史讲演录》第一卷，158 页，北京，商务印书馆，1959。

自己的自由的精神家园，在现实中却举步维艰。物欲横流、诚信缺失、道德沦丧，足可以毁灭这个家园，一旦这个精神的家园遭到某种程度的影响或破坏，就会出现苏霍姆林斯基所说的"学校疾病"。例如，学生对学习的反感、烦躁、厌学、放弃、压抑、不满、愤怒，甚至走上犯罪道路；教师在这里寻觅不到信念的力量，就会懈怠、涣散，甚至沉沦。当生活中的教师和学生在这个家园里不能保持对它的精神需要，人们也就会失去精神上的寄托之所，这种没了家园的孤独和伤感会给人造成精神的颓废，导致理想的破灭，甚至造成人格的分裂。

精神家园需要物质的充裕保障。我们虽然需要一个人在超越了对物质生活的欲求之后，再来到这个精神家园从事与他私人利益无关的这份工作，这只是在说他的事业、他的精神不能是物欲的，他的目的只是他的精神生活本身，而不是以物质生活为追求的目标。这刚好说明这样一个事实：首先要生活上的需要得到满足，人们才开始有哲学思想。也就是说，他才能把他的工作看得与私人利益无关，才能获得精神的自由与生活上的舒适。这一点又说明什么呢？显然，教育必须首先使教师在生活需要上得到满足。什么是满足呢？这虽然是经济学家、政治学家才能回答的问题，但却是校长无法回避的问题。资本流向的规律也是人才流向的规律，没有哪个人改变这个规则，也没有哪个社会不通行这样一个规则。这个规则正需要得到我们的认同，并且只有依据这一规则办事，才能帮助教师实现精神生活上的追求，让他们把"根"留住。

黑格尔认为："时代的艰苦使人对于日常生活中平凡的琐屑兴趣予以太多的重视，现实上很高的利益和为了这些利益而做的斗争，曾经大大地占据了精神上一切的能力和力量以及外在的手段，因而使得人们没有自由的心情去理会那较高的内心生活和较纯洁的精神活动，以至于许多优秀的人才都为这种艰苦的环境所束缚，并且部分地牺牲在里面。因为世界太忙碌于现实，所以它不能转向内心，回复到自身。"[①] 然而，教育是精神文明达到某种阶段的现象，教育是较纯洁的精神活动，教师只有把自己所从事的事业不看作谋生手段而看作幸福的职业时，才能用心灵去触摸心灵。所有这一切使他们没有了舒适、怡然的自由之感。

----

① 黑格尔：《哲学史讲演录》第一卷，1 页，北京，商务印书馆，1959。

　　学校之所以必须成为精神的家园，原因在于这里生长着一个个充满灵性、创造着崭新未来的生命。哈佛大学追求"以柏拉图为友，以亚里士多德为友，以真理为友"的理念；斯坦福大学倡导"自由之风永远吹"的思想。这些名校的办学理念都在强调，让学生和教员都有自由从事相关的学科研究的权利。学校是一个思想的空间，这个空间充满想象力、创造力，它是无限的；学校教育是一个精神的世界，在这个王国里，以追求真理为目的，以思想的光辉为荣耀，以共同雕塑思想的"作品"为满足，它理应成为思想自由的王国和精神的家园。

　　我们对建设一个精神的家园理想虽然得到了理论的支持，并且我们的精神也总是被校园里鲜活的生命感动，无论是对真理的偏爱，还是保护思想自由的天职，都让我们珍爱这个精神家园，可是当我们冷静对待现实时，就会发现这仅仅是一个理想的境界。我们的意识所达到的阶段只是美的阶段，当我们的理想回转到现实时代，我们才能知道建设和保护这个家园多么需要思考、勇气、尺度和目的的规定性。也就是说，我们建设这个美的、动人的精神家园必须拥有具体、清晰、明朗的思想意图。

　　建设精神的家园首先应该还给学生一个思想自由的空间，这不仅是学生学习所必需的，也是这个精神家园的使命所必需的。一个充满想象力的人，一个有着无限丰富思想的人，一定需要并渴望自由的教育。作为关注生命生长的生命校园，首先应该认识到"生命的概念是灵魂"，生命的生长即主体的自由、思想的解放和精神的前进。

　　保护自己精神的家园是给予学生最高需求上的生命关怀。保护不是封闭，我不赞成用封闭网络、封闭式管理的种种方式来充当脆弱的教育防线。这些方式只能给中学生心理带来神秘、空虚、无聊、叛逆的障碍，造成精神压抑和心理抗拒，使本该可以接受的教育（诸如法制教育、心理教育、道德教育）被拒绝在精神之外。保护是精神层面上的较高意识，是意识高度前进的结果。当教育以最好的东西育人时，就是通过了对真理的认识，掌握了科学的方法，具备了思维的品质，拥有了科学和人文的精神，达到了自我意识、自我判断的境界。在这个理念支持下，它不能做出损害学生思想或限制他们想象力的事情；它应该声明在这个精神的家园里，他们的精神生活是怡然的，他们的思想是无限的，他们会有一种安全感。因此，他们的思想自由是属于自己的精神王国里的自我觉醒，并非现实世界对他的诱惑，这说明他获得了抗拒外来东西侵害他的力量。这种情形之所以发生，是他对真理的认识深刻了，他的思想成熟了，他的精神前进了，他的人性丰富了。这个结果是建设这个精神家园的人想看到的一件既体面又幸福的事情。

建设精神的家园更充分地体现着教师的个性发展。这种特质既是他的道德精神所达到的高度，也可以直接表述成他对教育的欲求是不是建立在生活需要之上，他对教育的热情是不是来自已经发展起来的精神。在他的精神王国里，他的向往已经精神化了，他忘记自己是生活在被他鄙视的世俗世界里。这种最优秀的教师确实被理想化了，但在现实中不是没有这种人存在，恰恰是这种人的存在让我们产生了这种理想，也只有凭借这么一种令人敬慕的人，才让我们有希望建设自己的精神家园，虽然这种人已经被变革的社会淘汰得很少了。

第三章　缺乏——觉醒之源

真正的自由出现在精神活动中。自由不是外在的强迫，而是来自对自身的确定，是自我对完满性的体验。然而，我们不能停留、生活在完满之中，因为我们生活在时间的有限性之中，完满性的东西总是在时间中显现出来。由于运动变化的必然性，人无法把持住完满状态，每一次完成都随即产生欠缺，而显现出的完满性的东西终归失去。

所以，我们应该认识到，我们的生命是丰盈的，也是匮乏的。生命的丰盈在于生命的意义、价值、自由和创造；生命的匮乏在于我们将永远面对着缺乏。关注缺乏是为了关注永恒的原则，正如我们关注真、善、美的缺乏是为关注真、善、美的正义原则，关注教育的贫困是为了关注国家前途一样。

认识缺乏具有积极意义，缺乏不只是产生渴望力量的根源，也是人意识品质最优秀的一部分，因而认识缺乏是人类的崇高。

一、缺乏——渴望的力量

《圣经·创世纪》称：上帝创造了人类始祖亚当、夏娃后，为他们在伊甸造此园，后来两个人偷吃禁果犯罪，被逐出园，亚当的罪传给后代子孙，称为"原罪"。人类渴望幸福，因而寻求知识。这也许是人类得到的第一个"知识之果"，是人类觉醒的标志，也是人类意识到自身缺乏的时刻，因为人类意识到，完美只属于上帝，而人类永远缺乏，这是人的宿命。

知识起源于贫乏，人不可能是完善的，某种要求也不可能最终是完整的，只有饥饿，才能求之食，缺乏必然是求知的动力，自由是完成了的完满性，但每一项完满性的完成都产生欠缺。这样，缺乏获得了新的意义，使我们有一种未完成却像是重新开始的体验。当我们意识到高傲是人类根本的败坏，人的某些思想其实是由自满构成的可怜故事时，或许我们已经明白缺乏是积极的道理了。文学是通过关注缺乏而关注真、善、美。它看待生活的第一种方式是：以缺乏观点为基础。它的出发点是：因为世界无法为人类提供使他们满足的东西，所以，世界从根本上存在缺陷。

如果我们不想停止脚步，不想重复那本不该重复的东西，而想去创新，就必须关注根源性的东西。回到根源性里，那可能是一个地方，一个比让我们满足更能给我们力量的地方。它在哪里？是什么？它在人自身，在人自身的脆弱性上，人的这种脆弱性正是人的生存的根本性，即人的本真；这一生存的本真状态也就是人的根源性。我们有了缺乏，同时又有了对完满的追求，这让我们产生了不安和激情，让我们体验到了存在，体验到了对脆弱性的超越。

与高三毕业生合影

人的脆弱性意味着我们尝试着痛苦和失败，然而，重要的却是是否体验到痛苦的意义和失败的意义。痛苦的意义在于寻求极限，犹如前面没有了路，就向着创新的方向走去；失败的意义在于失败了，就会向着避免失败前进。痛苦是出生的历史，母亲的分娩之痛，是意志、意愿的解放，也是希望的完成；是意志的产生，是渴望的生长，是它靠近自己的影子而产生的快乐，痛苦使出生的历史成为渴望生长的历史。

犹太人是不幸的，在流浪了数千年之后，却又占据在地球上最小、最贫瘠的不毛之地上，但这种不幸是渴望的能量，它不是对彼岸的向往，而是根植于现实之中。痛苦不是逃逸、遁世和隐居，而是在"共存"中生长，这就是犹太人痛苦的意义，即因缺乏而产生的渴望生长的意义。

对于欧洲人来说，没有什么东西是不值得研究的。这种意识，我们称为科学意识。所谓科学意识，就是不容许掩饰，不容许循规蹈矩，面对事实（科学）又面对可能（哲学），而这正是近代科学发展的根本条件。科学是研究事实的学问，需要严密的逻辑证明，这养成了欧洲人求实的精神。哲学是研究一种可能，既然是一种对可能的思考，就是研究非逻辑，非逻辑并非不是逻辑，而是对逻辑的挑战，是逻辑之逻辑，追求新的逻辑是渴望发现另一种思考方式。这正是一种反问，反问也就是人的激情，动力的展现。如同在文艺复兴时期人学通过对神学的反问而产生伟大的思想一样，反问成为欧洲人的动力。凭借这一动力，欧洲人获得知识，同时又认为知识是外在的东西，内在自由才是日臻圆满的东西。因此，知识从不是目标，它只是内在自由的激情，这种渴望意味着成长的历史，又意味着不可能圆满的历史，意味着不可能达到的目标。所以，欧洲人生活在时间之中，生活在可能之中，生活在向新东西开放之中，生活在追求终极的路途上，生活在根源之中。一句话，生活在缺乏之中。

欧洲人取得了成就，但并未满足，他们认为中国与欧洲的差距仅仅是近四百年的历史，于是仍然恐惧中国的崛起。他们一再地"谦逊"，即使这样，以尼采为代表的一些思想家还会发出不安的信号，大呼"西方的没落"，不准他们欢呼成就，不准他们狂热，而让他们不安，在不安中忍耐，如查拉图斯特拉一样，在智慧中重塑，在可能中沉思"不可能"。

即使这样，欧洲人依然继续追问自己：我们做过什么？我们错过什么？这个不停地被追问的主题，既是对先于行动的思维的追问，又是对根源性的追问。这样如此鲜明的追问，也就是对自身的追问，对存在的追问："我们如何存在？在当今世界上如何存在？"他们在微不足道的个体之中呼唤全体，在风云变幻的世界之中呼唤"共存"的世界秩序，为了这个全体和秩序，他们呼吁"交往"这一人的根本问题，而交往的前提被认为是谦虚、纯洁和坦诚。这是多么崇高的价值和人性的光辉啊！

人，因为痛苦而产生激励的精神，因磨难而成就不平凡的生命。然而，许多人却因高贵而失去了高贵的希望，这是满足的结果，也是失去缺乏意识的恶果。小溪因浅淡而柔美，大海因深度而达到高度。在对缺乏的深悟中，缺乏推动了我。

二、缺乏——非完满性

人不可能是完满的。对于完满性而言，善的缺乏就是恶。但缺乏作为人的主体来源来说，缺乏本身是积极的东西。没有缺乏意识是可悲的。知识是外在的、确定的，学习只是获得对外在的某些确定了的东西的认识，学习也可以说是对已知的、已具有的知识的回忆。由于知识的主要方面是规定性或本质，因而会遇到困惑，学习处于困惑状态时，困惑就刺激人、引导人去探讨效果，困惑可以说是学习的外在的推动力。因此，当我们感到已经在自由的天空尽情翱翔的时候，也许正是我们迷失的时刻，因为真正的自由永远是不存在的，真正的自由在我们的心里，缺乏一直在那里等待。由于缺乏的存在，我们才有觉醒的到来；由于觉醒的到来，我们才踏上追求自由的漫漫长途。庄子说："吾生也有涯，而知也无涯。"知识的无涯，也许就是我们在获得的同时更感受到缺乏，这是智者的箴言，也应该是每一个教育者思索的问题

有价值的东西都包含在事物自身之中，真理是个伟大的名词，真理是在知识里，但真理是不确定的，只有在反思中，而不是在走来走去时，才能认识真理；真理不在直接的知觉里，也不在外在的感觉直观里，真理只能通过思维的劳作才能被认识。真理在时间里，因而真理是变化的、是相对的；真理超出时间之外，因而又有永恒性、绝对性。一切知识除了把潜在个性加以发挥使之客观化之外，就没有别的目的。真理是通过我们的思维建立起来的，只有我们的思维能够把握它，它是通过主体能动性把握的东西，也就有了与个人主体结合的状态。所以，主体的缺乏是渴求，是获得真理的内在动因。可以说，我们虽然获得了许多知识，但我们不一定获得多少真理，我们获得了静态的、表面的知识，而变化的、深层的真理却还距离我们很远。

　　人总是生活在不完满之中，文学是把关注社会缺乏状况作为对人的状况不完整的补充。巴尔扎克和海明威都曾经强调过既要关注永恒的东西和永恒的法则——真、善、美，又要面对离开了这些永恒东西和永恒法则的缺乏状况。伟大的艺术家总是通过观察缺乏状况而推动社会进步，沈从文的《边城》就是从作为大城市的对立面的一座小城来表现大城市的缺乏，它不能不唤醒我们对生活在现代城市中人的状态的关注。精神的内在缺乏正在于产生一种渴求，苏格拉底的"困惑"式教学就是呼唤人去思考，引导人去怀疑，推动人去寻找答案，但却使任意答案成为不可能，学习者所缺乏的正是他要给予的。知识并非目的，似乎是个不容置疑的问题，因为古代教育把"仁""传道""知识即美德"由孔子、韩愈、苏格拉底等把教育目的推向最高境界——"善"。曾子曰："吾日三省吾身，为人谋而不忠乎？与朋友交而不信乎？传不习乎？"金无足赤，人无完人，圣贤之所以成为圣贤，主要还在于他们都拥有反省的意识，在反省中看到自己的不足，在反省中开启向生命更高境界的攀登。

　　绝对的知识永未实现过，科学知识总是限定在显现的东西上，变动是必然的。同时，知识在结构之中，无论从语义学上的语言表达式还是从思想系统的对应关系上看，或者从文学中的两端即历史与哲学的关系看，知识都是一种结构。因此，我们从它外在的形式能够读出它内在的关系，探究的意识、怀疑的精神应该是知识包含的内在品格。

　　我们的理性状况不是意识的永恒性，而是生命的无限深入和永不完善。对于有限生命的自然性来说，无限进步是可能的。然而，生命总是有选择的力量，人的未完成性、可塑性、不确定性使人面临多种发展的可能性。使思想获得生命的是不同知识、不同见解的个人之间的相互作用，是人与人之间的沟通、交流，以差异存在为基础的社会过程。人们不能缺乏思考，而更应该思考"缺乏"。缺乏是一种忧虑，有忧虑才有无上的追求。

　　当我回忆自己的经历时，我的确曾有过短暂的满足。在存瑞中学任校长的 18 年里，历尽千辛万苦把一所以英雄命名的学校打造成名副其实的省级重点中学；在承德一中的 6 年时间里，使一所省重点中学的面貌和思想发生根本性的变化。在获得心情满足的同时，总会驻足在许多遗憾面前，面对时代，思索未来，生命里总感觉到一种有限性，本性中总感到一份空荡。我强烈地意识到满足于现实不是一种源自生命本源的心态，对于达到的某种目标也不是最终的完成。重新凝视最高目的，通过被理想的呼唤而唤醒本属于自我的主体性，我发现人不会满足于现实，缺乏总是心灵走向高远的本源动因。

面对重点中学围绕教育质量展开的诸多方面的竞争，我不禁发问：每一所重点中学不缺少高楼大厦，不乏优秀教师，不缺优质生源，甚至不缺失历史和文化。那么，它缺乏什么呢？如果我们统计一些具体的东西就不能算是一种"悬置"的思考，我们的条件是纯粹现象学的思考，即直观事物的本质和意义，会发现重点中学并没有什么本质不同的地方，恰好因为与其他学校比较的相似性，让我们感觉到缺乏，并且是缺乏对"缺乏意识"的思考。

于是，我在思考中感受到一种惶恐和责任，我们怎样超越这种表面的竞争，真正走进教育的本质里去，思索在高楼、名师、升学率后面我们教育的未来，我们教育的归宿，我们的教育是否塑造出一个个真正的"人"？我们的学校是否已经成为每个学生精神的家园？我们的学校是否已经成为创新的圣地？我们的学校是否已经成为美德生长的地方？

在科学日新月异的今天，在知识丰富的时代，我们不应该淹没在知识的海洋中，而应该作为一个选择者，一个发现者，一个主宰自己命运的弄潮者，这样我们才能够站立在时代的潮头。

我们的孩子在各类知识性考试中往往是出类拔萃的，但他们的思考力和创造力却存在着缺乏。可见教育教人以知识，但知识并不能代替思维，如同思维不能代替知识一样。在大多数实际生活中，知识从来就是不完全的，所以，我们需要思维。我们需要对世界充满好奇，能提出问题、解决问题、创造新事物、拥有帮助人适应环境的创造思维；我们需要异想天开、多角度看问题的发散性思维；我们需要发展、联系、全面分析问题的辩证思维。知识只是引导我们穿越历史的烟云，而拥有了思维就拥有了打开未来世界的钥匙。

思维品质的培养被我们在什么地方忽略了呢？知识在课堂教学应用中被实用主义化了。为了巩固概念而启动应用题，而不是为了思考概念与实际的关系，更不是为了一种思想的建构和精神的张扬。为了讲解知识而单向地灌输，而不能在双向的交流中让知识升华为一种思维能力。为了考试而学习，让纯粹功利的目的变成学习知识的动力，知识仅仅是冰冷的工具，不能成为滋润心灵的沃土。总之，在知识的大潮席卷一切的时候，在学习的过程中，当知识仅仅停留在知识的表层上，而不能激活思维的时候，讲知识就失去了更广泛的意义，因为知识需要内化为修养。

人具有一种有修养的精神，并凭借他的精神的这种修养而获得心灵的自由。修养是指一个人的品质、道德、气质、对生命的领悟等经过锻炼和培养达到的水平。一个有修养的人，不仅有志气，而且能拼搏；不仅热爱事业，而且热爱向上的生活；不仅有着高尚的道德和情趣、丰富的阅历，而且有着百折不挠的意志和奋斗开拓的精神。有修养的人，一定是有爱心且知识渊博的人，一定是爱学习、善于理论联系实际，从而使自己的修养不断得到加强和提高的人。品德包含在修养之内，身不修则德不立，君子不可以不修身，自天子以至于庶人，皆以修身为本，正心以为本，修身以为基，君子之修身也，内正其身，外正其容。

培根在《论美》这篇文章中指出，形体之美胜于容颜之美，而气质之美是最高境界的美，人的这种气质跟一个人的修养分不开。所以，古人特别讲究修身，觉得修身是一切成功的基点。但是，现代社会里，修养被许多人忽视。

我们经常可以听见这样的评价：这个人的修养真好，和他交往是一件快乐的事；或者也有人说这个人的修养真差劲，太粗俗了。修养常常与个人的文化水平有关，有文化气息的人，在谈吐举止之间，自然地流露出一种高雅，一种文质彬彬的感觉。古人形容一个世代文人之家为书香门第，事实上，门是绝不可能透露出书香之气的，即使在屋里堆再多的书。真正能透出书香，能够让人一交谈就感受到那种浓浓的书香气息的是人，只有人才能在那种举手投足之间就闪现出"修养"这两个字。当然，修养也包括举止、仪态、谈吐等，但文化气息却是其中不可或缺的重要部分。

良好的修养还包括健康向上的心理。美国哈佛大学心理学家丹尼尔·戈尔曼在《情感智商》一书中最早提出了"情商"这一概念。情商（EQ）是相对于智商（IQ）提出的与一个人成才和事业成功有关的一种全新概念。它是指一个人感受、控制、表达自己以及他人情绪的一种能力。情商主要包括以下几方面内容：认识自身情绪的能力；妥善管理自己情绪的能力；自我激励的能力；认识他人情绪的能力；处理人际关系的能力。我们的教育中有多少时间在关注着学生心灵的这片天空，这片天空是乌云密布，是阴雨霏霏，还是阳光明媚，这不同的天空也许将影响或决定学生的一生。

学生良好修养的缺失与我们教育的偏差有关，家庭、学校这些来自各方面的压力在同一个时空中挤压在孩子的心理上，使本来就很不自在的空间变得更小，形成学生的心理压力，导致其失去心理平衡，导致人格不健全。所以，培养学生的素养从根本上说是要通过调整学生的不平衡心理，达到一种精神与自我的统一，使之以一个健全的心态面对生活和学习，最终达到个性的自由、充分、和谐地发展。

创造"人文背景"是个潜在的、活化的课程，它是通过语言的非语言、隐喻的环境形成一种况味。这个背景应该是活生生的无止境的，它"内存"在学生的思想智慧、激情中，是一种潜质教育。我们把校园文化建设当成学生耳濡目染的潜在文化形式，它起着一种长期的暗示作用。矗立在校园中心的烈士像提醒着我们这个时代所需要的革命精神；白桦树旁的天然石柱刻文体现着立国为本的爱国愿望；天真活泼的少年雕像反映了生命的活力；一排排苍松翠柏象征着原始、朴拙；长廊、画廊示意着文化气息；音乐、美术、舞蹈室、演播室的建设都体现着追求；还有办公室文化、宿舍文化、教室文化与之浑然一体，形成了一个文化圈。

拓宽深层文化结构，形成文化积淀是最重要的培养人文素质的基础，信息化使中西文化的融通更为迅速，继承、吸纳、扬弃都有导向的性质。我们针对学生读书热情和向上的心理，与《人民教育》共同创办了各种知识论坛；学校创办了《中学生文萃》《校园采风报》等杂志，《中学生文萃》以"思想苦旅""文化隧道""文苑漫步""科海泛舟""读书心得"等栏目，向学生介绍深层文化知识，并通过夏令营、生物考察、天文观测、诗歌朗诵、阅读大赛，启发学生与教师的共同参与意识，也增进了人文情感，使其在自觉的追求中发现自己的潜能，提高自己的修养。

把缺乏概念从知识延伸到人的内在修养，再扩展到学校的整体文化建设上，就使得缺乏意识更彰显出它的丰盈意义。

三、缺乏意识——精神的高贵需求

觉醒，作为思想的成果表达着较高的需求。这种需求显示出对真理的渴念，并完全为真理的品质所吸引。这样一种激扬的热情、这样一种精神性的动机之所以产生出来，是因为升起的意识有了这样的理念：只有达到真理的品质，觉醒意识才能获得实际的存在。

名师的意识品质，就是真理的品质。每一位名师的成长都曾经历过艰难曲折的

与香港人文大学校长助理在一起

道路，他们伴随知识成长，仰望、攀登真理，没有什么力量可以抵抗他们求知的勇气，恰是这种渴望的力量使闭锁的知识财富不得不公开给他们，让他们享受，也让学子们敬仰。

然而，就在他们享有这份荣誉的时候，我却听一位同事这样说："名师都是踏着那些失败或成功的学生的肩成长起来的，名师是学生造就的。"说得多么好，思维被思维的对象所推动，教育者被受教育者所推动，当名师意识到被产生，才能意识到自己纯粹的目的和意义，这就是名师的缺乏意识，这就是高贵的意识品质！

一名教师，只有时时意识到自己的追求与自己被赋予的神圣使命之间还存在着距离，他才会拥有名师的品格。这种较高的觉醒意识，恰好是对完满性在较高阶段的否定，名师获得缺乏的理念，才能获得新的渴望的力量。看来，缺乏是不断觉醒的意识所必需的。

名师——真理的颜色。名师形象是由个别人物构成的，但排除了他们个别的历史时间，也只需了解名师所处时代的一般情况和一般人格。因为他的时代和民族的特征都表现在他的意识里，他总是他民族和时代的产儿。这个时代无论发生了什么，无论虚浮的习气怎样流行，物欲对知识、对理性的蔑视达到怎样的浮薄，他们都能有一个健全的心情去追求真理，因为他们相信，精神世界只有通过对真理和正义的意识，通过对理念的把握，才能取得实际存在。在他们心中，精神早就有其更充实的生活，早就对他自己具有一个更深邃的观念，因此，他们的思想有了较高需求。

法国人有一句名言："风格就是人本身。"这句话的意思是说在艺术家的作品里，表现方式和颜色就能显现出他的人格特点。这样，风格所引申的意义就不是他个人的主观、任意的个别作风，而是他应有的规定性和客观真理性，即他在别人心中的"雕像"意义，就像雕刻家雕刻他自己的形象。但又不是他自己，而是作为教师的他自己，这才是他具有的教师人格特征。

名师都有这样的风格，即人格特征。我们可以用六个字概括：真我、舍我、自我。

真我：人有一颗"童心"，"童心乃真心，诚心也"。真，即正直；诚，即诚实、诚信。"童心"表达了做人的本质，我同时仍保持我的特征，我仍肯定地保持着我自己，徐渭曾说过的"世人皆形骸，任人捏塑，本来真面目由我主张"就表达了这样的人格特征。"真我"也是中国先进知识阶层的共性，他们的这种民族意识洗掉了世俗，保留了真理的品格，体现出人文精神。

舍我：即人的精神化。教师这个职业是不能没有爱的，教育从精神方向看，本质也就是爱，爱作为最核心的原则，统摄着教育的一切行为。就爱的精神概念而言，黑格尔是这样表述的：爱的真正本质在于意识，抛舍掉它自己，在它的另一体里忘掉了它自己，而且只有通过这种抛舍和遗忘，才能享有自己、保持自己。人们付出的愈多，保留的也就愈多，这是每一位教师都有机会享受到的精神之美。为了让读者能充分体悟到"舍我"的意味，我还是决定把下面整段话介绍出来，我认为这是我们做教师的人能感受到却无论如何也表达不了的。

黑格尔这样描述道："在基督教范围里，圣玛利的爱，即母爱，是最适宜于用在艺术里的题材，也是浪漫型的宗教想象用得最成功的题材。这种母爱是最真实的，最富于人性的，同时也完全是精神性的，它不带利害计较和欲念，既不是感性的而又是现在目前的，它是绝对得到满足的沐浴神福的亲热情感，它是一种无所希求的爱，但也不是友谊，因为友谊不管多么真挚，毕竟要求有一种内容意义，有一种要旨，作为结合的目的。母爱在自然的亲属关系中获得直接的支持，无须双方有共同的目的或利害计较。但是圣玛利的母爱也不限于自然的亲属关系。圣婴是玛利怀胎、经过痛苦生产的，从他身上，玛利完全认识和感觉到她自己。这位圣婴是她的血肉，却比她高，而这种较高的地位毕竟还是属于她自己的，这也就是使她既忘却自己而又保持自己的对象。母爱自然的亲热情感完全精神化了，它神性的东西是它所特有的内容，这种神性的东西中有自然的、人性的情感微妙地、不知不觉地渗透进去。这是沐浴神福的母爱，只有从开始就享受这种福气的唯一的母亲才有这种母爱。这种母爱之中当然也夹杂着痛苦，不过这种痛苦也来自对儿子受苦难、垂危和死亡的哀悼，而不是像我们在基督教较晚的一个阶段中将会看到的，由于外来的不公平和苦刑或是由于自己和罪孽的无止境的冲突以及内心中的苦痛。在现在这个阶段里，这种亲热情感就是精神的美，就是理想，就是人间的人与神、精神和真实的统一，一种纯粹的忘我，一种完全的舍我，而我在这种遗忘中却从一开始就和我所沉浸到里面去的那个对象处于一体，就是这种统一产生了沐浴神福的喜悦。"①

自我：我意识到我是作为教师而存在，我得到的尊重不是我而是教师这个我，我存在于教师这个群体中，我必须具有教师的品格，只因我是真理的传播者。我的品格就是真理的品格；我的精神就是真理的科学精神；我的活动不是完成我的特殊意图，而是完成教育的目的。当我反思自己的时候，我实际上是反思作为教师的我的教学行为，亦即把自己推到自己面前作为自己的对象去反思。"自我是自我本身与一个对方相对立，并且统摄对方，这对方在自我看来同样只是它自身。"② 自我认识就是从主体出发去认识对象，通过扬弃返回到主体。自我意识是从感性和知觉世界的存在反思而来的，并且在本质上是从他物的回归。意识与"他物"是有差别的，同时也有着联系，当差别被扬弃时，仿佛一个"我就是我"的静止，从而实现了自我意识和它自身的统一，所以，统一才是自我意识的本质。

我们会感觉到，"教师"这个概念在表达着一个普遍性、共性的意义，是对教师本质的抽象。当这个本质回归到自我之中时，他才是特殊的、具体的、个性化的人。这时表现为我与教师的同一、统一、一致，但我与教师的抽象间存在差异，我必须

---

①　黑格尔：《美学》第二卷，303 页，北京，商务印书馆，1979。

②　黑格尔：《精神现象学》上卷，50 页，北京，商务印书馆，1979。

把它当作自己的认识对象，这个对象为我的意识而存，"它叫知识"，存在于知识这个关联之外的就叫"真理"，这个真理就是知识的本质。如果把知识称为概念，把本质（即真理）称为对象时，就是看它是否符合于对象，或者反过来看对象是否符合概念，这两个过程是一回事，所以意识本身是他们两者的比较，这是个辩证的发展过程，它的各个环节都是否定之否定的过程。这个过程包括了这个意识系统，这个系统陈述了一个完整的对真理的认识过程，我们称为自我意识。

自我意识的目的在于对知识的真理性认识，由真理性开辟出来的道路总是艰辛的。这条道路必是从最初知识、普遍常识或一般求知人通过艰苦而漫长的道路，逐渐达到真理性的科学立足点，这条到达科学道路的过程本身已经就是科学。知识必然是科学，这种内在的必然性出于知识的本性。

"自我"旨在表明主体意识的独立性、自我和自我意识发展的程度。教师的专业特征告诉人们，他的意识不能是朦胧的，而必须是觉醒的、理性的。因为他只有保持内心的精神生活，远离习俗和荒谬，他才会奋发有为，他的活动不只是完成他的特殊意图，而是完成人发展的目的，他的意识必须是真理性的形式，才有使人达到彼岸的可能。

"在我们现在生活着的这个时代里，精神的普遍性已经大大地加强，个别性已理所当然地变得无关紧要，而且普遍性还在坚持着并要求占有它的整个范围和既成财富，因而精神的全部事业中属于个人活动范围的那一部分只能是微不足道的。因为这种情况，作者个人就必须如科学性质所表明的那样，更加忘我，从而成为他能够成为的人，做出他能够做的事。"[①]

名师——思维空间的建构者。个人的思维空间首先取决于思想、理念，即决定于个人对真理性的认识。帕斯卡尔说："由于宇宙囊括了我，我变得渺小，成为宇宙中的一个介质；由于思想，我囊括了宇宙。"当主体思想成为一种统治力量时，一切有限的思维对象都可以在思想中被延伸到无限中去。从名师在教学中的思维空间可以找出他们的教学观，名师的思维空间完全取决于教学观念，代表着他个人的广大的思想，但都离不开主体空间意识、发展空间意识和历史空间意识。

---

① 黑格尔：《精神现象学》，序言，北京，商务印书馆，1979。

所谓主体空间，是指教师自觉意识到作者、学生和教师个人的主体"对话"关系。他必须想到三者"对话"的可能性，他必然有"语言是存在的家园意识""历史的间隔性""视界范围""共同话语"等概念；他必须是自己，同时又是三者中的自己，是这个"整体"中的一部分，这样，他才能在表现真实主题之中，表现出真实的自我。

所谓发展空间，是指教师意识到课程与课程的社会性、实践性以及与学生个人生活阅历的联系。他们面对的这个事实使他既不能抛开事实，又不能机械地直接传达事实，他必须创造情境，这意味着他已意识到重组整合课程的意义。这样的结果使他与众不同地创造出自己的作品，他的作品总是他思想的表现。

所谓历史空间，是指"先见"知识与学科知识和教师实践知识的关联。"先见"知识是原有知识和原有知识经验，学科专业知识不等于学科教学知识，与学生学习能力有关的是学科教学知识，但学科教学知识也不等于教学实践知识，教师必须随着社会知识、科学知识的变化以及教育对象的不同而改变自己的历史空间概念，克服过去的"经验"。同时，"先见"知识也不是认识的基础，因学习能力的提高否定"科学的看法"也是常有的事情。教师必须站在重新建构知识体系的历史高度，帮助学生取得建构知识的能力。

教师思维空间是教师想象力的具体表现，是教学实践的时代产物。所以，我们可以相信这句话：思想是一种结果，是被产生出来的，思想同时是生命力，自身产生其自身的活动力，而生命力是其不断地自我否定的结果。名师的实践总是一种艰苦的探索过程，他的成果总是他思想的开始。

名师——"作品"的创作者。对于一个教师而言，和学生在一起的分分秒秒都是在经营自己的"作品"，他的每一节课、一举手一投足都对学生产生影响。而这个"作品"的优劣不仅关乎他们的知识，更关乎他们的思想。许多学生毕业多年后能想起某一堂课、某种思想曾经给予他们留下的深刻记忆，并谈论对他们成长所产生的终生影响，这种情形大概是每一位有教学阅历的教师都曾享受过的慰藉。被学生记忆着的东西自然是最有意义的，在那些有价值的回忆里，一定包含着一位教师多年来对教学经验的感悟，凝聚着他们个人的教学智慧，是他们个人教育思想的精粹。

名师的教育思想很重要的来源是他们的思辨意识和思辨思维能力。这不仅体现在教学上，还表现在教育上，尤其反映在他们的理论教学水平上。例如，"新语文教育""绿色语文""和谐语文"等，这已不是经验，这种寻找"根据"的活动，人们叫作哲学思想。

中国历史上有许多思辨艺术都属于哲学思想，例如，公孙龙的"白马非马"、墨子的"杀盗非杀人"等思辨艺术都属于哲学的思考。对这样的思考，黑格尔是这样认识的：这种知识是关于有限事物的知识，这世界只被认作知识的内容，这内容就是自我反省，来自人的理性，所以人就是主动的，这样的思维被称为人的智慧。因为他是以地上的事物作为对象，而且又是从世界本身之内涌现出来的，这就是哲学的意义，人们之所以称哲学为世界智慧的原因。

任何学科的要素与哲学的要素一样，都是知识和思维，但具体科学研究的只是有限的对象和现象，即使研究的是普遍性的原则和定律，并依据这些原则和定律进行研究，它涉及的也是有限范围的具体对象。它们出发的根本原则是假定的，外在经验和内心情感出于自然或基本教育的观念，是构成这些科学的源泉，但它与哲学有共同点，即两种知识的基本原则都是普遍性的。因为这一点，"哲学时常被人视为是一种形式的、空无内容的知识；人们完全没认识到，在任何一门知识和科学里按其内容来说可以称之为真理的东西，也只有当它由哲学产生出来的时候，才配得上真理这个名称；人们完全没有认识到其他的科学，它们虽然可以照它们所希望的那样，不要哲学而只靠推理来进行研究，但如果没有哲学，它们自身是不能有生命、精神、真理的"[①]。

虽然我们这样去提高哲学的地位，关注名师到底需不需要哲学这个概念来支持，但直到今天，对哲学的需要仍未得到广泛的认同。事实上，无论古希腊的亚里士多德时代，还是文艺复兴的达·芬奇时期，或者18世纪的牛顿阶段，自然科学都与哲学结合着，哲学的每一次结束都是科学的开始，这表明哲学从来都具有引领和基础的作用。美国教育学家曾经把哲学、教育学、心理学、计算机技术作为四大因素，并把哲学列在首位，本身就回答了哲学与教育的渊源、联系。杜威的实用主义是20世纪对亚洲最有影响力的教育思想，但他本身就是民主教育的哲学家，他的《民主主义与教育》《新哲学恢复的需要》《我们怎样思维》都是教育哲学。

即使在具体的课程教学上，它在教学目的、课程、过程和评价上的各种观点也

---

① 黑格尔：《精神现象学》，46页，北京，商务印书馆，1979。

都在本质上反映着哲学的反思、批判精神，也正是这种哲学精神推动了新课程的革命，所以，新课程改革无论内容和形式都表现出很高的哲学要求。就课程的人本理念和文化特征而言，它已经对教师提出了较高的目标，这个目标是靠哲学思维才可以达到的。但是，人们必须懂得如果我们把哲学当作枯燥的理论去学习，那无疑在做这样的尝试：我们是怎样把一个活生生的生命变成僵尸的，就是说我们还没有必要把它作为一个专门知识去对待。

哲学的目的在于用思维和概念去把握真理，此外就是帮助我们去认识，认识我们自身和我们需要的东西，这是一种自由思想的活动，只有这种活动才能让我们的心灵达到对事物的思维认识，使思想自觉成为其思想。很明显，这种思维活动是很高尚的精神性运动，正如黑格尔所说："美、神圣、永恒、宗教与爱情都是诱饵，所以，需要它们是为了引起吞饵的欲望；保持并开拓实体的财富所依靠的力量，据说不是概念而是喜悦，不是事实自身冷静地循序渐进的必然性，而是我们对待它的那种激扬狂放的热情。"[①]

哲学作为真理性、普遍性的需求，也是精神最深刻的要求，我们的使命就在于爱护它、培养它并小心护持，不要使人类所具有的最高光明被人的本质的自觉熄灭了、沦落了。如果我们回到开头，我们也会从名师的记忆里发现，那些对学生产生过影响的东西，是他自己思想的作品而不是他传授的知识。

名师——善与美的自身。教师成材的原因是个很容易得到答案的问题。如果我们问教师成材的目的是什么，这就如同在问树生长的目的是什么，这等于是说他为什么成材，树为什么生长。要我们回答教师本身的目的是"为了学生""为了祖国""为了名声"，那等于说"树的目的是长出叶子来给动物吃，并供给木材以取暖"。像这样的理解，目的就在事物本身之外。树是自然存在，它与用来做什么是不相干的。

如果我们坚持说树的生长是因为土壤、水、阳光，这不错，但却不是它自身生长的目的，而是它生长的条件，是树生长的动力因。同样，如果认为教师成长的目的是为了学生，这仍是一种偏爱的目的论的看法，我们也完全可以有相反的观点。即使是一代名师，在他成为或即将成为名师之前，都可能用许多学生做过铺路的石

---

① 黑格尔：《精神现象学》，5 页，北京，商务印书馆，1979。

子，这是名师必须逾越的阶段。但这个阶段是在无人留意的情形下，由学生将教师变成名师的，这种人梯精神不一定使人有过激动，从这个立场出发，"为了学生"这个目的因，实际上是推动教师成长的动力因。我们可以放下讨论这个动力因对教师主体发展的意义，首先找寻教师本身成长的目的。

教师的目的就是教师本身。"教师"是个荣誉很高的名称，教师对这个名称的追求就是自身对知识的欲求，它欲求的、被渴望的就是真理。求知是人类的本质，这个目的是美、善，被渴望的、意志所欲求的东西，是美的东西。亚里士多德指的美，是美德，它与幸福、善都是一个意思。"善"是他的最高目的，他说："研究的首要问题，那主要的知识，是对目的的认识，而目的是每种事物的善，一般来说，是整个自然中的善。""人乃是为了知识而追求知识"，因为"只有它才是为了自己"。

这样看教师对知识的欲求就是对幸福美德的追求，这也是教师自身的目的。为了进一步说明它，我们再借助亚里士多德关于幸福的认识。他认为"善"不是为了别的缘故，而是为了自身的缘故而被渴望的东西，他把这渴望的东西看作幸福，所以，亚里士多德把"善"规定为幸福，认为幸福是按照自在自为的实在的（完善的）美德，以本身为目的的实在的（完善的）生命活动能力。黑格尔则说幸福在亚里士多德那里是一种合理的活动，是合乎理性的行为，唯有这个在自身里面满足着自己的绝对的行为，才是知识——神性的幸福。在亚里士多德看来，应这样来规定美德的概念，他把灵魂分为理性和非理性两个方面。在非理性方面，理性只是潜能，属于这方面的有感觉、意向、激情、感情等；在灵魂理性方面，则有理性、智慧、识别力、知识等。但是理性、智慧这些东西还构不成美德，只有在理性和非理性的双方统一体中，我们才称此行为为美德，当热情可嘉的时候，只能够有好意存在，而没有美德。

亚里士多德也谈到必然性，但他把必然性视为目的性的外在条件，这指的就是事物之间的联系。"犹如宙斯大神降雨，降雨并非为了谷物生长，而是出于必然性"，谷物因此受害是偶然的事。他们都有各自的目的性，而没有共同的目的性，所以又怎么会必然地联系在一起，他认为这种偶然地结合成为合乎目的的东西才是必然性。

这让我们想到教师的自身目的与"为了学生、为了祖国"的回答的关系，我们之所以区别它们是为了认识教师本身的目的性，这些具有各自不同目的的现象，由于合乎目的性都表现出了必然性、同一性。如植物为动物所吃是外在目的性，这合乎目的性的联系是对植物的限制性，这是个整体系统。因此，当它（与某物按照一个目的）被造成时，目的就是它的本性——内在的普遍性和目的性，所以称为本性，即由于当某物生成时，它就已在开始时存在，那实现了的目的，正是它的本性。譬如，我有建造一座房子的目的，因此，我就活动起来，房子产生了，目的就在其中实现了。

许多年以来，我们一直在谈论阳光下成长的理论，研究"传、帮、带"，呼唤人文关怀，这也很容易造成一种惰性和依赖性，仿佛教师都是被培养出来的，甚至出现"先培养后使用"的现象，这种错误的导向不仅使青年教师失去激情和信任，也让一些老教师变成"经验型"教师，这势必使有关理论的研究成为一种经验介绍。这种把有经验的教师当成名师对待的做法已经在全国名校间形成角逐之势，教师的身份蜕变为教师的"价值"，推动者、被推动者都被扭曲，教师，甚至整个教育界都缺乏对教师目的因的呼唤，由于教师缺乏主体精神，因而很难自由成长。

教师的目的并不是收入、地位、名誉等，这些外在东西无论怎样曲解都应看作劳动的价值，教师的目的恰恰是排除这些东西并完成对它的超越，实现自身对自身的解放。我从名师传记的书籍中了解名师的经历，发现绝大部分人都有个人遭遇，他们的坎坷人生如同野蛮与文明撞击后产生的感慨，使人的心灵震颤，不由自主地产生出一种悲壮的力量，人的渴望完全可能被他们唤醒。

我想亚里士多德的"圆圈运动"理论有可能解释这些人。他认为美和善的目的因是不动者，它是被渴望、被想念的东西，它就是目的。这个内容或者目的就是渴望想念本身，这目的就是美、善、意志所欲求的东西。因为球体（圆周）本身是推动者和被推动者的关系，所以推动的变化运动是圆周运动，思想和被思想的东西是同一物；同理，人们对知识的欲求这一目的又成为被渴望的知识所推动。这是亚里士多德规定的自身回归于自身的理性圆圈。

这种在现实世界里让人很痛苦的过程只需一回，精神世界立刻就会有种幸福的感觉产生。因为这本来就是一种与私人利益无关的工作，是"意识高度前进发展了"的结果。国家、教材、教师、学生这些具有目的性、独立性的个体，由于相互间的依存关系而成为整体系统。正如植物、动物的每一个个体在运动发展中成为它的本质——普遍的美。美便是根据，事物这种合乎目的的发展的必然性表达了事物的同一共性，成为上述每一个个体发展的原因。

教师成材的原因以上述个体存在为条件，这些条件是教师发展离不开的主要因素。当学生对问题的表述令我们感到惊讶时，就会引起我们的幸福感，刺激我们反思的意识。如果我们能把这种感受提高到意识，在学习他们时将会取得教学收获，它无疑会成为教师进步的重要原因；相反，如果我们不知道教材的目的，我们就无法建立教学目标和标准，我们的教学就是在进行科学知识讲座，而不是进行学科教育，而一位名师所考虑的显然是后者。

任何一位想从事教师职业的人，如果没有达到对教师本质的认识，并把这种认识提高到对教育本质的自觉意识的高度，最终将不能成为名师。

名师——自己的"自有者"。名校是由名师打造和支撑的，名校因名师而成名，学生因有名师而成材，名师因学生成材而成名师。每一所学校都希望建立一支名师队伍，什么样的教师可以称为名师？这是不容易定位和定性的标准问题，但这并不是说没有客观标准，只是这种客观标准具有历史的和时代的特点。也就是说，名师不仅是在长期的历史实践中形成的，它也是一个紧随时代的称呼。

名师的历史和时代特点形成名师的共性和个性。就共性而言，他们都超越了一般要求而达到了较高要求；就个性而言，他们都形成了自身的风格，独具理论个性的特征，而不是千人一面。名师的丰富个性，为学校也为教育界带来了鲜明特色和竞相争艳的繁荣气象。

名师诸多的发展个性，为教师队伍产生了众多的教师"模型"。它无疑要引起我们对教师队伍建设中类型结构的思考。有的教师是理念型的，有的是科研型的，有的是艺术型，这反映了教师在某个方面的兴趣追求和成长个性。学校存在不同层面的优秀教师类型，既反映了学校的学术自由，又反映了教师的精神自由。不仅如此，这对学校各学科教育的发展，以及教师个性发展和教师的全面发展都将起到引领作用。不同的教师类型将成为学校的数面"旗帜"，具有"优势互补"的意义，并最终能促进每个教师的综合能力的增强。

学生的全面发展并不是均衡发展，而是个性发展。但个性发展不是某个方面的片面发展，而是某个方面突出优势的发展。个性发展也是个人整体性的发展。学校应为学生某个方面的突出发展及整体的各个方面的均衡发展、协调发展创造条件。从这个观点出发，教师的类型结构对于学生的全面、协调和可持续发展也是十分重要的。

建立教师的类型结构有利于学校培养目标，有利于教师自觉意识到培养目标对教师本身的较高要求，达成学校培养目标与教师自身奋斗目标的认同性和一致性，实现学生与教师的可持续性发展。

依据国家教育方针，学校确定的具体培养目标是致力于培养有思想、有知识、有理念、有品格并具备继续学习的愿望和可能，期待着把所学到的知识服务于祖国和未来社会的人。与之相适应的教师队伍建设的理念是建立一支学习型、理念型、专家型、导师型、艺术型、反思型、复合型、创新型的教师队伍。

学习型：教师的学科教学与教师的学科教育是不同的，前者与自己的能力有关联，后者与学生能力相联系。德国教育学者认为教师的教育分为三个阶段，即师范教育阶段、见习期教育阶段、职后继续教育阶段。教师在第一个阶段明确未来的教育方向；第二个阶段尝试独立教育接受培训；第三个阶段通过继续学习提升专业化水准。教师适应学习型社会的终生教育是教师可持续发展的前提。

理念型：教师理念不只表现为教师对个别问题的观点、概念，还包括对教师本人、学生学习、科学本质、人本理念的学科教育体系总的观点、概念、理念。教师的教学应被自己看成学科知识教育，教师的教学应得到自己的理论支持，教师应有明确的、高层次的理论需求，并在勇于尝试后为自己的教学思想和方法起一个名字，即理论教学。

专家型：课程内容的科学理性决定教师的专业化发展趋势，课程科学理性表现为知识的事实性、系统性、整体性、探究性、实践性。教师的专业化表现为专业知识、专业能力、专业品质和专业发展的理念，包括理论知识和实践知识的发展。教师不是学科知识的经验和技术专家，而是学科知识教育的专家。

导师型：教师要围绕人的发展来引导学生学习的发展和人格的不断完善。导师型教师对育人职能、教育责任、教育人才观具有更自觉的意识，对于学科知识教育具有更广泛、更深刻的教育思考，其引导作用在于使学生能主动跨越障碍，对未来充满信心。

艺术型：教师懂得艺术的使命在于用感性的艺术形象、形式去显现真实。艺术是为显现美而创造出来的，为"审美的意识而美"。因此，教师的艺术是为表现、显现教育的目的、教学的艺术形式，是内容与形式的统一。它不是表演，而是对知识本质的揭示。教学艺术具有广大的探索和发展范围，但它都产生于心灵，而"最杰出的艺术本领就是想象"。

反思型：美国心理学家波斯纳认为优秀教师的成长＝经验＋反思；中国心理学

家林崇德认为其成长公式＝教学过程＋反思。教师的反思是什么？就是杜威提出的反思性思维，反思过程是从观察问题到解决问题的过程，既是思维过程，又是思维付诸实践的过程。反思也指一种"后思"，反思以思想本身为内容，力求思想自觉为其思想。后思是为了产生思想，这思想里已包含一切思维活动和成果，意指跟随在事实后面的反复思考。批判首先需要一种普遍意义的反思。这里的批判是对固定前提的怀疑，是以一种"异于原有"的思想意识去对待它，即对某些定义的已规定和证明的前提的怀疑。反思的一般意义是思想的前进、升华。

复合型：教师在具备专业知识基础上，有对相关学科和跨学科知识的需求，体现课程的社会性、实践性的发展趋势，也反映教育在全球化意识推动下文化间不断融合、合作的多元文化的要求。复合型教师能给予学生更为宽泛发展的关注。一个深广的心灵总是把兴趣推广到无数事物上去。

创新型：主旨是培养具有创造性思维和创造性教学能力的教师。创造性思维教学的目标是培养学生的创造力。教师应用创造性思维教学的策略，提供创造环境，能激发创造者——学生的创造动机，培养创造的人格特质，以发挥创造潜能，而有创造的行为或结果。上海德育中学副校长庄小凤，基于她对生物课程本质意识、哲学意识和科学精神的理解，在教学领域大胆尝试、重组、整合课程，进行创新实践，引前沿科技知识进入中学，形成了她独有的融知识、能力、兴趣、哲理、实验于一体的教学风格，这是令整个中学教育都欣慰的事情。正如黑格尔所言："这种明确掌握现实世界中现实形象的资禀和兴趣，再加上牢牢记住所观察的事物，就是创造活动的首要条件。"①

上述归纳出的类型或模型本来是一个存在，但随着课程改革的持续发展和不断扩大的全球教育改革趋势产生的影响，教师个性化教学日见端倪，教师的教学类型凸显出来，这表明教师的个人教育实践不由自主地向着教师个人理论方向的转化。这种趋势来得越快，就越证明教育是在进步。这种进步也告诉我们另一个问题：在国外教育理论不断被介绍到我国的时候，使我们感受到的是我们自己的教育理论与国外教育理论相比，国外教育理论显得离我们很远，因为它不是建立在具体实践的

---

① 黑格尔：《美学》第一卷，358 页，北京，商务印书馆，1979。

基础上，而是一开始就抽象的、理想化的目标，它对多数人来说只是肯定的事情，而只有极少数人才能做到。这样，教师在某个方面突出自己的教育实践达到个人理论的高度，正是这一背景下的必然结果。

教师的个人实践影响着他对教学的看法。教师在教学中占用大量时间传授知识，而又找不到与学生互动起来的问题，他就很有可能对互动教学失去信心，甚至产生困惑或怀疑，而当他找到一个好的问题，并尝到了甜味之时，他可能有一种完不成课堂任务之感，他会被教学的进度和高考需要的训练所困，教师遇到的问题和所形成的看法会影响教师个人的积极探索。

这样，教师的个人实践会形成与课程理念之间的巨大差异，当教师的个人实践被自己确信并产生相反结论时，新课程会被"修正"，这是令人失望的一种结果。因此，把教师的个人实践转化为个人理论是极其必要的，教师在个人实践中对教材的使用以及对教育对象的感悟都是极其宝贵的实践性知识，是任何其他理论无法替代的。它既是产生自己智慧的源泉，也是认识新课程的基础。新课程的改革只有得到教师教育实践的支持才能获得成功。

但是，教师的教育实践还是一个非系统的、杂乱的、潜在的感性认识，它还是有限的认识，即以现象为内容，只有上升到理性的、普遍性的高度，得到理论的"解释"，才具有指导意义。也就是说，他的教学只有达到理论教学的高度，他的学科知识教学达到学科知识教育时，他才能举起名师的旗帜，而无论他出色地表现在哪一个方面，这都是一样的。

一个"名师"可能因为出了名而止步。"名"不仅会给他带来烦恼，还会给他带来自负；"名"不仅让名师失去引领作用，还会让名师因失去"缺乏意识"而作茧自缚。所以，名师必须与自己的头脑做艰苦的搏斗。当然，如果他选择了一种恰当的方式，他能得到更好的发展。这一方式总是朝向深入地理解的方向，要想走得更远，就必须向着知识的"出发地"返回。

第四章　理解——觉醒之路

理解作为方法，是在理解的过程中走向头脑内部、走向事物内部的事情。但是，海德格尔不是从方法上，而是从存在本身的存在结构上去探究理解的本源性，目的是将认识事物的基础建立在确定性的土壤上。

我们知道，世界是个充满不确定性的世界，人们多么需要得到对世界的确定性的知识。可是，确定性的知识又是如何得到的呢？确定性知识建立在什么基础之上才是可靠的呢？海德格尔认为，现象以及任何主观事物都不是确定性的来源，终极来源是存在本身，存在论先于知识论。

存在本来在世界中是自我显现自身的，可是，存在本身被"遗忘"了，存在被还原成"对象"组成的世界，人类"主体"通过人为逻辑操纵、支配存在，把逻辑等同于真理。由于古希腊人把自己作为"万物的尺度"，使人成为凌驾于自然的主人，忽略了存在的真正本性。我们应该向苏格拉底那样去寻找失落和未知的本源，他认为存在是事物一切意义和必然性的根基；存在的优先性使哲学找到了它的新的开端。

海德格尔在说明存在时，不是从主体或意向性出发，而是从"人"出发，他为人赋予了"此在"的概念，因为在它与存有发生联系时，对存有的理解始终是人之所以为人的特点。并且认为"此在是能理解存有的存在者；它是可能性的存有，在这样的存有里以自己的存有、以这一个存有为标的……此在可与它自己的存有本身建立这样或那样的关系，而且始终保持着切不断的关系。这个存有，我们称为存在"。但此在只是它自己的可能性，它在实现自己时，便是在存有的方式下存在，因此，要了解此在，必须从它的存在开始。

海德格尔要超越康德的先验范畴，因此，他反对把思想强加于自然，强调只有存在使思想成为可能。他主张建立新的思维方式，而这种思维方式不仅要注意存在本身，而且要注意诗，这种思维方式已经在诗中得到体验，诗能够揭示未见、未思、未表达的东西。所以，最好的方式是向存在的根本真理敞开，在存在的真理之光中找到自我根基。这种本源意识就是所谓理解，理解就是存在本身的存在结构之可能性。他在《时间概念史导论》中写道："我把称为开觉状态的那种存在可能性之形诸存在的过程标识为理解。"理解有"策划"的性格，而解释是把"策划"可能性揭示出来，解释是理解的实现方式，是所有认识的基本形态。他强调不可以把理解看作认识，因为存在先于我对他的认识。

存在是本源性的，它自我显现，并且显现在语言途中，故理解总是通过语言来理解。语言不是人类自己发明的产物，而是人类本来就置身于语言中。人类说的话发自语言，不是语言因人类而有。语言是存在的房屋，是栖居的家园，人住在这里守护他身在其中存有的真理。因此，人应该倾听语言带来的"消息"，这就是"说"的意义，"说"应该理解成"使其出现"。最清晰的显示方式是诗的原初话语，诗就是语言的开端，探究存在之源就是探出存在的路向——语言之源。语言的本质就是语言的起源。

一、知识——寻求意义的理解

哲学的目的是"逻辑地解释思维"。语言是严格地界定思维的界限。我们知道一个词的含义（意思），并非知道它的意义。费雷格认为，孤立的词没有意义，词在句子中才有意义。语句的意指是它的真理价值（即真或假），它的意义是它表达的思想。卡尔纳普认为，语句的意义等同于我们如何断定它的真假，语句只有在做这样的断定时才有意义可言。维特根斯坦说，句子之所以有意义是因为它表达了事态的存在或不存在。他列举了两个极端语句，即任何情况下的皆为真的恒定句和皆为假的矛盾句。例如："现在有雨或无雨。""现在有雨且无雨。"前一个句子令我们一无所知；后一个句子无论哪一种情况都是错误的。有意义的言说在两个极端之间。塔尔斯基把语句意义看作它的真值条件。语言哲学都是在表明，事物的本质存在于事物的关系之中，只有关系才产生意义。从地球和太阳的关系中，人们可以看见哥白尼革命；从罗密欧说的"朱丽叶是我的太阳"的句子中，语言学家分析出了隐喻结构。当然，这是关于语言的一份辛苦的工作，语言的目标就是"帮苍蝇找到离开玻璃窗的出路"，世界被语言贯穿和厘定。

　　寻求意义的理解是走向事物本质和本源过程，这样的理解既是一种方法，又是展开的世界存在方式。

　　词语、概念、范畴是诠释思想的"结"，这个"结"仅仅是思想的入口。句子与思想世界的关系是结构关系，句子内部各种成分的结构与表达对象的关系是一致的。我们的语言正是因为想用它来表达思想才有意义，而这种思想意义的来源就是世界。尽管语言能使人明白，但语言有双重性，在引导读者明白的同时，也实现了对思想的自然遮蔽。由于概念、范畴、语义的丰富性、模糊性、复杂性等诸多特点，以及语言表达式和语言之外对象之间的关系，使文本结构关系更为复杂，于是文本本身具有了层次性的分布，要深入到文本的思想深处并不是一件像玩游戏一样容易的事。

　　每个作者的身上都打着时代的烙印，人不能超越他的时代犹如不能离开自己的皮肤，每个作者的语言也脱离不了自己时代的语言。虽然作者与读者之间存在着时代的间隔，但在阅读过程中却能产生视界的融合，正因为这样的历史性关联，作为文学，一端是历史（事件），一端是哲学（思想或精神），其意义就在阅读中生成。由于语言的单义、多义等特点，作品的内涵就具有了多义性，而且这种多义性是开放的，正因为如此，文学名著的不朽性在阅读的延续性中才得以实现。

　　任何理解，无论是对文本，还是对作者的理解都是解释性的。表达者的认知内容总是由外在语言结构和内在的思想结构结合构成。外在结构呈现了内在结构，内在结构规定了外在结构，彼此相似又相异，不可分割地构成了系统式的整体。这样一种结构关系，就像一个数学坐标轴系，横向看有水平意义，表达了语言的相互关系，即语法关系；纵向看有垂直意义，表达了语言与语言之外对象的指称关系。

　　反思，为我们教学提供了一种机智，让我们思考生活世界中教育事件的意义，要求我们如何构造方式，求得一个合理、可接受的方法，使文本知识的意义在理解的过程中自然生成，而不是赋予意义。于是我们会想到：作者的作品有没有原意？作为体现个人思想的原意与时代是什么关系？文本意义是唯一的还是多元的？是自闭的还是开放的？文本的意义是文本自有的，还是在阅读中生成的？要回答这些问题，我们就需要深入探究每一个句子表层结构与深层结构的关系，这就是我们要寻找的理解的原则和方法。

　　知识是一种表达和陈述，语言是一种思想的符号，传达知识势必从语言或文本开始。首先是范畴，即存在物之间的区别，构成事物的界限、轮廓和规定性。通过范畴，我们能够把握事物与事物之间的区别与联系，范畴是建立结构关系的条件。其次是结构，结构是事物的结合方式，事物的本质存在于结构关系之中。

事物拥有外在的结构和内在结构，就像一首诗外在结构表现为语法关系，内在结构是诗人和思想关系，而诗的意义隐喻在结构关系中。有了这种结构意识，理解才能开始，理解必定要遵循文本，理解的过程是从外部走向内部，从语言走向内容的过程。当我们从词语的意义开始，经过阅读活动最终到达意义之深处时，我们所从事的正是理解。

当理解结束后，意义才会生成出来。生成的意义都是什么？自然是文本意义，但更重要的是学习知识的过程中所得到的意外收获，它是高于文本意义的意义，这就是求知欲，求知欲就是对主体性的解放。

我曾经以课堂教学的方式探索过学生理解方法缺失、分析能力不强的现象。如何才能提高学生的理解能力？我利用"实践周"的人文课去讲理解文本的原则和方法。我认为保持课程的开放性，才能还给学生思考的权利、给学生自由的空间，才能架起沟通的桥，才能激发学生对文本深层意义的主动探究意识。语言如果是可选择的，心灵就是自由的。选择什么内容去讲，要看学生在分析问题时所遇到的还没有突破的问题是什么，困惑来自哪里，于是讲解的内容就从哪里开始。文本中遇到的问题不是字、词、句，却又源于字、词、句。就文字表意性而言，每个字都是比喻，每个短语都是隐喻，由词组成的每个句子都一一对应着作者的思想片断，语言承载着思想。

理解需要通过语言这个中介物，语言的意义是感性的，引申意义是精神的、思想的。当我们叩问文本的意义是什么，就等于在问事物的本质是什么。本质有不可把握性，即不确定性，因而需要确定。本质是什么？本质是一种关系，一个交会点。例如，当我们问石头的本质是什么就无意义，而当我们说《石头记》里讲的石头就有意义，其中既有金陵城代表的历史沧桑，也有炼石补天蕴含的拯救意识，还有宝玉的象征意义，也就是文本中深层的思想关系。

例如，李白的《将进酒》和舒婷的《致橡树》，在理解这两首诗时，我们首先需要建立文学的范畴，有范畴才可以分析结构，理解才开始。《将进酒》仅开头两句"君不见黄河之水天上来，奔流到海不复回。君不见高堂明镜悲白发，朝如青丝暮成雪"中"不复回""朝和暮"之间的关系就隐喻了时间的流逝、宇宙的永恒、生命的短暂，以及这种强烈对比中产生的无穷的人生慨叹。而《致橡树》里面的橡树、木棉树等事物在"紧握在地下的根""相触在云中的叶""像刀像剑也像戟的铜枝铁干""像沉重叹息和英勇火炬的红硕花朵""分担寒潮风雷霹雳""共享雾霭流岚虹霓"的诗句中传达出的女性的阴柔之美、男性的阳刚之气、地位的平等、爱情的真诚，这些动人的情感却是通过对树的描摹来完成的。这种曲折的表达给人无穷的美的联想：两棵树伫立在大地上，一种感动流淌在心中。

上述分析是想说明，提高理解能力存在着原则和方法。问题在于教师如何把对这些东西的思考当作"观念"来思考。无论你讲什么知识，知识本身都不是目的，教师的任务不是发现真理，而是"贩运真理"，是怎样把知识以一种可接受的方式转达给他人，并且让接受者最终拥有这种方式。

知识是理解的中介。知识的表达式是由词构成的语言来完成的，文本所用的语言是"共同"的语言符号，语言的公共性、共识性使其与我们交流成为可能。我们通过语言中介能够把体验与理解链接起来，通过语言关系的表意和所指能深入到作者的思想世界，以及为了理解寻找与思想有关的背景的东西，即社会结构。

语言的分析正是我们借助知识的形式，但不为了知识，而是利用知识寻找理解的对象，意义就是理解的对象。当我们发现文本内在的思想结构总是一一对应着外在的句子结构时，我们从内在关系返回外在关系时，就会发现我们体会出来的思想正是作者文字中隐藏的要说的"不可说者"，那个表面上不存在的真实"存在"。

理解的天性是解释，阅读是理解的开始，在阅读中我们最先感受到的是对文本的体验，但我们感受到的完全是被触动的属于我们自己的主体感觉、情感和心灵，这种结果要多于文本。除了获得文本内容外，我们也赋予文本我们的思想，这有可能就是所谓"一千个读者就有一千个哈姆雷特"之说的缘故吧。而在这个过程中，很重要的问题就是我们需要拥有一定的知识储备才能完成对文本的理解，因为作品既是作者情感、思想的寄托，更是作者文化修养的呈现，许多词句就像一个个情感的密码，传达着微妙而深沉的思想，而当我们拥有的知识不能够达到这种高度时，我们就很难从文本的外层结构顺畅地深入到文本的内层结构，完成对文本的全面理解。

例如，贾岛的《寻隐者不遇》，句句明白如话，字字平淡无奇，似乎并没有什么可以值得挑出来推敲、玩味的。然而，正是这"明白如话""平淡无奇"形成了这首诗最大的特色——含糊其词，妙在其中。明白如话的诗又怎么会是含糊其词呢？它的妙处又在何处呢？

全诗只有20字，却涉及3个人物——寻者、童子、隐者。从诗题可以看出诗中的主角应该是隐者，因为他是"寻"的对象，是诗歌主要描述的人物。可是，诗中的前两句写诗人与童子的一问一答，后两句寓问于答中，四句诗对隐者身份、气质、品格等没有一丝一毫的明确交代，都深深地隐在诗句的背后。

然而，正是这含糊其词给读者留出了发挥想象的空间。只要细心地品味诗句，你不难发现隐者若即若离、时隐时现，活跃在诗句营造的画境深处。深入一想，诗中的古松、白云、青山、童子、草药哪一样不与隐者有着密切的关系呢？他身居云山，远离尘世，与青松做伴，与童子相依，采药为生，济世活人，其超凡的隐者身份，高洁脱俗的气质，闲适高雅的品格，在含糊其词的诗句之中、在隐隐约约的画境深处飘然显现。可见，写人不见人，却又在字里行间飘忽闪现，正是"含糊其词"的妙处。

诗人写人物含糊其词，表达自我感情时也颇为"含糊其词"。按照常人的心理，寻人不遇多多少少都会在心里激起情感的波澜，或渴望，或失望，或激动，或怅惘，而诗人面对"寻"而"不遇"，诗句中没有一句明确表示情感话语，淡淡而入，淡淡而出，仿佛一切与己无关。古人云"诗言志"，志者，心声也。没有诗人的感情能成为一首诗吗？当然，诗中不是没有作者的感情，只是表达得"含糊"而已。

其实，诗人的内心并非古井之水，波澜不惊。"松下问童子"，一个"问"字就透露出诗人饱含仰慕之情，满怀希望而来。而童子的"言师采药去"答非所想，满怀的希望一下子坠入失望，感情起伏跌宕，真如从沸点降至冰点。继而"只在此山中"一句又使失望之中萌生了一丝希望，隐者没有远去，或许还有见面的可能。可是"云深不知处"又让人迷茫，云海漫漫，深远缥缈，隐者究竟在什么地方呢？一问一答，几起几伏，曲折地表现了诗人的内心波澜。最后，借助"云深不知处"的画面，任读者去眺望，去探求，去咀嚼……从迷蒙的画面中，去体会诗人心中那一丝寻而不遇的惘然若失之感，得出自己的感受。这岂不是含糊之极又清楚之至吗？

在理解这首诗时，我们需要知识作为媒介，才能够深入理解诗人隐藏在诗中的情感和品格。"松下问童子"，我们可以想象到郁郁青松下，贾岛站在那儿向一位小书童问话，但为什么不可以是"树下问童子"呢？"云深不知处"，我们可以想象到悠悠白云飘荡山间，隐者若隐若现的身影，但为什么不可以是"山深不知处"呢？这样就使"松""云"这两个词或者事物超拔出来，演化为两个特殊的概念。"松""云"有了与历史文人骚客的关联，有了贾岛人格以及与"隐者"的关联。这样，意义的结构性指向人与事物的相似性，"松""云"的自然品格与历史文化特征有了亲密性，因而"松""云"的确隐喻了"坚贞""高洁"的风格，显现了隐者的人格特质，理解中的文化成了进入文本世界打通历史视界的"时光隧道"，实现了与作者的"对话"。因此，理解是对知识的积累，理解也是对结构的理解，只有在知识积累的基础上，从外部结构进入内部结构，理解才会更深刻、更彻底。

知识欲是理解的激情。理解的最终指向不是对一个词语、一篇文章的解读，而是通过理解实现对思维品质的培养。但这不是理解的开端，理解的最初动机也不是知识，而是知识欲。虽然也有从对个别文本的理解上升到普遍意识，发现规律，但培养发现的意识才是理解较高的追求。理解规律体现着从现象到本质的深入、从感性到理性的升华、由常式到变式的演化、由此及彼的联想、由个别到一般的归纳、由一般到个别的演绎、由量变到质变的飞跃、由知识到应用的迁移等诸多方面。牛顿从一个苹果的落地发现了万有引力定律，瓦特从被蒸汽顶起的壶盖中得到启示，发明了蒸汽机，弗莱明在一个受污染的试验器皿中发现了青霉素，这些改变世界的发现似乎都有偶然性，然而，我们没有看到其中的必然，那就是这些科学家都有一种善于思索的习惯，都有一种探究、归纳的意识，这是理解的较高境界。

理解的规律是我们应该在阅读中培养一种思维方式。而在教学中许多知识在展开之时就被硬伤化了，概念展开需要条件，那就是概念在展开的过程中需要有一个个环节，而不是把知识"制造"出来，或者降为"目录"，变成僵死的东西。知识如果不能在理解的过程中自然产生，知识如果被停留在表层的解读上，知识的意义就会被伤害。知识停留在表层，人的思想得不到"陶铸"，也就终止了对知识的疑问。因此，知识不是目的，而是手段，知识作为手段才能使知识意义得以扩展。

知识是连接学习体验和理解的中介物，是媒介。那么，知识去向何方呢？是通过知识指向知识欲。凡是知识展开的地方，激情就起作用，凡是知识成功的地方，就终止了激情。当自由圆满性带来幸福感时，爱知识的根源性就显露出来。所以，教师是通过知识唤醒人的精神，产生激情，唤起知识欲，使人主动求知。

这就有了较高要求，不是仅仅找到一种转达知识的方法，而是要找到一种通过知识直达知识欲的方法。这样的方法关涉情境，情境不仅仅是入课的需要，不是简单的课程背景，情境是知识展开借以创新的鲜活事物。情境贴近学生生活才能激发兴趣，情境直达时代文明的前沿才会更给人以震撼。情境不是入题后退到知识背后的东西，而是一个知识的运载物，并成为课堂上始终的东西。情境设置有技术问题，但技术处理不是使用简单或复杂的手段与方法，而是努力思考逻辑与语言表达式如何被运用的问题。如果在教学中使用具体事例，那么，所运用的例子，不是一个被采用的不得已而为之的附加物，而是课堂上知识的必要补充。因为教材、知识承载着真理，而真理总是被抽象地陈述，它需要被我们转换为具体的东西，力求通过具体的东西表达抽象的真理，如同那抽象的宗教教义总是使用故事、譬喻传达一样。例如，当问到觉悟是什么时，佛陀用譬喻讲道，这就如同心中的一个湖，湖水纯净、澄湛，有人站在岸边，他不是瞎子，所以可以清楚地看到水中的珍珠贝和其他珠蚌、卵石以及一群群的鱼。这个譬喻要传达这样的意思：洞悉者可以认识到世界的最初原因以及最特别、最个别的现象，因此，"出家人洞悉了这一切，获得般若智，从中解脱出来，变得敏锐、沉着"，就是说通过直观领悟到苦的根源。

情境需要的具体事例不是附加物，而是技术处理后以语言的逻辑方式对抽象东西的展开，是情境的具体化。习题的目的是什么，并非巩固知识，也不是为了应用，它仍然是为了理解，理解的过程就是建构的过程。建构知识不同于熟悉，而是生成，知识没有变，是认识升华了。用什么样的观念统摄教学意味着教师对教学方式的选择，教学方式关乎学生的思维品质，这也是一个教师能力高低的重要区别。高水平的教师在这个过程中给予学生的不是有限的知识，而是能生成无限知识的思维方式，即学习知识的知识。

课程知识的典型特征是客观真理。在理解这些真理的过程中，教师的任务不是发现真理，而是维护真理，并在传播真理过程中避免发生错误，因而教学的有效性造就了灌输意识，这个观念决定了最简单的单向传递方式，这种方式是指向明白，而不是指向自省。

知识作为手段，其意义在于"陶铸"人的思维方式，培养思维品质。对于一个较难的问题，可以有多种方法获得对它的"明白"，通过"解惑"，或者通过制造"困惑"都可以达到"明白"这样快乐的结果。不同的是，前者是轻易得来的快乐，后者是"探究"打捞出来的艰苦的愉悦；前者没有探讨的环节，后者有"陶铸"成分在里面；前者是从外面获得真理，后者是从内心获得真理。

知识帮助人实现内心自由，人就有反求助于自己内心的高度理解。求知欲一旦启动，那个最初源泉——主体就涌动出激情，求知就会被当作一种快乐的事情，而实现自身完满的幸福立即成为一种动机，因而求知欲的膨胀是知识的指向，是新课程追求的目的。求知欲是个体最深刻的生活体验的结果，生活体验恰好是个体在主体反思中的收获，就是说从反思中得来的知识不同于课程知识或其他知识，它是复活了的真理，也就是认识真理包含了自己的思维品质，如同一个人知道《红楼梦》与他用自己的方式理解的《红楼梦》是不同的。

在理解的过程中，透过文本的字句，联系作者的人生和时代的背景，就能更深刻地领会文本的含义，会有自己的发现和惊喜。这是理解的规律，也是学习的规律，更是一种思维方式的体现。

教学中，把知识转化为认知标志着承认知识的建构性、重构性，因此，讲授并不是传授静止的知识，而是动态生成性分析。怎样才算传授静止的知识？在教学实践中表现为一种历史的、相似的、一贯的、示范性的解读，转换为学术视角就显现为一个"经典"的、"权威"的、"历来如此"的解读。前者是一个"样品"，后者是一个"共有的框架"。由于所有人紧随其后的缘故，标准化成为模仿、重复、千篇一律解读的根源。标准化解读，既是教学中对文本解读的"样板"，又是根深蒂固的束缚真正理解的障碍。对标准化解读的认识既是我们发现缺乏的开始，又是促使我们寻求希望的理由。

教学意味着对知识的认知，认知是获得理解的手段。教学中，对知识的认知一般经历这样的过程：从生活知识到概念知识，从理解知识到反思知识。生活知识作为体验构成基本理解，通过规范和深入转化为学科语境的概念知识，然后通过反思知识将认知、评价和追问的事物勾连在一起，形成认知运动，这个运动显示为结构的、系统的认知过程，进而构成一种世界观。

这种认识过程不仅把事物作为认知的对象，而且把事物作为情感的对象，在体验的、心理的、生成的互动方式中显示出对具体生命的关怀。认知过程使处于静态的知识化为动态生成的分析，由此感悟到生命由陌生通向理解的无限张力。

教学也意味着解读，解读意味着一种认识论和方法论。解读文本需要全方位的表述方法和描述策略，意味着要穿过浅层的阅读，深入内在的逻辑，深入文本的内在意向性和动机中去，这只是一个深入下去的方向，因为解读文本的过程就像穿越一条荆棘丛生的小路，我们看不到这条路的整体，却需要我们最终了解这条路的全部。所以，解读文本的过程既要有微观的精细，又要有宏观的视野。在复杂的分析中，既要留意具体部分，又要关注整体框架；既要重视基础构造，又要胸怀整体图画；既要看到外在形象，又要洞悉本来面目。

这样，我们就需要找到一条途径，也就是结合语境内外的词语关系和思想关系，建立起一种从外在到内在的不断组合的动态结构关系，使文本分析具有重构的特点，这种方法论意义上的重构将使我们对文本的分析从静态的接受转向动态的生成。

理解意味着重构。解读的依据在于必须把文本放在中心的位置，围绕文本而展开解读，然而，文本中的思想是逻辑上、体系上的发展，不一定是时序上的发展，而且文本作为一个整体的结构必须显现为表层、深层、水平等的层层组合，因此，在解读的过程中要做许多拆解、重构的工作，才能达到文本本身的高度或深度。解读意味着重构，这也正是展示文本不竭生命力的所在，因为文本的生命力在于其能产生何种意义，而这意义恰是我们解读文本时要寻找的对象。文本作为文学，一端是历史，一端是哲学，当我们看到历史时，会发现文本中历史事件的关联性，当我们看到作者思想时，会发现文本中思想价值。文学的生命力正在于与历史、哲学的结合，这一结构的复杂性正是文学的生命力和解读意义之所在。

理解是为了生成。对动态的、生成性的解读而言，知识是运动的、建构的，文本意义是开放的、变化的，解读过程是历史性的、连贯发展的，因此，任何解读对文本来说，都不是最终的解读。如果我们想知道文本作为一幅整体的图画是如何构成的，我们不仅需要整体把握它的目的，而且需要知道它是以何种方法完成。每一种方法总是有一种特有的力量，提供一条指导线索，并产生不一样的结果，因此，动态生成的解读应该是一种方法论。

当下，有谁知道于丹老师就有谁知道孔子，虽然这样，她也没有把自己当作解释孔子的权威，她认为自己的解读只不过是借助媒介，与大众交流一种学习心得，事实上，她以一种神奇的手段，把孔子与大众拉近了。她以激活局部、一处细部的方式，全面勾勒出生活化的圣人形象，确立了一种古今相融合的视界，使孔子、解读者、大众在被消解了历史隔离性之后共同站在与时代对话的平台上，使孔子不再远，于丹不再高，才有了那么大的时代受众群体。而受众群体的广泛性、时代性自身就是意义，于丹老师对孔子解读正是动态生成性的解读。

对经典的成功解读说明：只有一种方法论才会把静态解读转化为动态生成解读，我们能够发现一种方法，但无论哪一种方法都不过是对文本生命力的理解罢了。于丹的心得其实在告诉我们一种方法，那就是把自己对孔子的理解与时代的思想相结合，站在时代的前沿，消除时代的隔膜，把生活化的孔子推到大家的面前。

一种分析方法可以使人从文本的一面看到另一面，进而让读者看到作者的整体构图，使人的眼光从局部扩展到整体。

理解寻求思想的基底。文本是作者思想的沉积，早期思想总是后期生成思想的守护者，是后期成熟思想的"草图"、基底。思想的发展充满历史的发展，它不完全是时间顺序，也不完全是逻辑序列，却有可能是时序的，也有可能是逻辑的。文本虽是分析作者思想的依据，但即使是代表作也只能使我们把握作者思想的一个较长片断，故而常常使我们一叶障目，对作者思想表现为"不忠"。

我们了解作者思想的工作，是个有深度的工作，这种工作在方法论上是动态生成的解读，体现为一个层层剥离、显示不同层次的过程。观照不同层次，以便通过不同层次看到作者思想在不同层次之间的区分，透过不同思想层次会让我们看到作者思想不同的运动轨迹。思想运动可能是由基底向上的伸展，也可能是反向的、向下的渗透或水平方向的形成。这好比地质学上的地层：大多数情况下，由于外力沉积作用的时序性，早期地层埋藏在地壳的深处，构成基底层，最新形成的地层暴露于地表。但由于地壳运动的复杂性，岩层发生褶皱变形，断裂错动，造成地层的倒转，形成倒序，早期形成的地层基底却暴露于外，显露成为地表层，成为峰峦之巅。泰山顶部古老的岩石就是一例。有时，地层也会发生倾斜，垂直于地平面，从而形成表层与基底层在空间上的水平关系。

作者思想总是建立在稳定的基础之上，对思想的分析总是要寻找思想"草图"的出发点。有序的工作是去披露那些层层的沉积，寻找托着基础本身的那个基底。因此，对思想的分析或是从基底开始，或是反向地向基底的渗透，或是水平方向的平稳过程，但绝没有唯一性。

分析是复杂的，但方法论恰好告诉我们没有唯一方法，而是寻找方法。同时，分析方法总是类似地表层一样在外力情况下对不同层次的剥离，而要完成的工作是不停地寻找基础得以成立的基底。因此，分析是一项拆解与层层重构的工作，而不是拼凑的工作，要知道水和油是不能混合的。解读意味着是一项建立逻辑体系的探查和建构性工作，这不能不说是一项有深度的动态生成性解读。

透过文本的表面层、浅层的词语表意层进入内在的结构关系或内在逻辑，把握作者内在动机和意向性，即把握作者意识和对象之间的"构造"过程，有利于我们进入作者的另一个世界，寻找作者的另一个自我。例如，对沈从文的研究，如果以《边城》为代表指向他的"湘西世界"，我们看到的是"边地桃源""是梦的现象，便是说人的心或意识的单独话"，而在他的《长河》中，却引入大量的具有标志意义的现实社会事件。这是社会现象，便是"说人与人相互间的种种关系"①。这种由田园情怀到对现实的关注，体现了作者内心世界的多样性，更体现了作者对自我的否定和超越，展示了作者深层的思想变化，这说明作者的内心里是有动机和意向性的。从"边城"的桃源梦到"长河"的冰冷的现实，表面上是作者思想的对立与矛盾，但是如果我们真正理解了作者思想的表层与深层的变化，我们就会了解一个全面的、真实的沈从文。

教学作为一种知识解读，把我们牵进标准化解读，这种解读是静态解读。然而，我们一旦从中感觉到了"缺乏"，我们将渴望创新，寻找动态生成性解读。但是，必须把教学作为认知的过程，而不是以传授知识为前提，从而认识到我们需要寻找的正是一种方法论。

二、理解——寻求一种课程观

理解始终寻求着一种方式。新课程的本质在于承认主体的需要是本源的力量，自身是本源的主体，理解是自我理解，是个性的实践过程，因而有个人的意义。由于知识的公共性使理解过程完全可以成为"对话"活动，然而，"对话"的条件是什么呢？处于同时代的孔子和苏格拉底都是伟大教育思想家，他们共同的教育方式都是"对话式"的，区别在于孔子的对话是"解惑"式，而苏格拉底是"困惑"式，

---

① 关秀明、张翼：《沈从文的另一个世界》，载《文学评论》，2008（3）。

我个人认为"困惑"式教学方式优于"解惑"式，因为它有助于理解并保持思维的开放性。以"对话"为主要模式的新课程理念源于人们对课堂上师生地位的深入思考。保罗·弗来雷在《被压迫者教育学》中提出对话关系是教学作为自由实践的精髓。他指出："对话是人与人之间的接触，以世界为中介，旨在命名世界，因此，对话自身就成了他们获取作为人的意义的途径。对话又是一种创造行为，对话不应成为一个人控制另一个人的狡猾手段。对话中隐含的控制是对话双方对世界的控制，对话是为了人类的解放而征服世界。"① 从这个意义上说，只有把教育看作对话的时候，主体的价值才能得以彰显。这里的对话不仅是人与人之间的对话，也包括人与文本的对话，这就有一个"用教科书来教"的问题。传统教学是"教教科书"，那是一种灌输和控制。"用教科书来教"的前提是"理解文本"，教师按自己的理解与学生对话，学生按自己的理解来自主建构，教科书只是一种凭借，学生获取的意义是在特定情境中对话的产物，绝非文本内容原封不动的移植。

新课程对学生和谐发展目标及自主建构学习方式的诉求蕴含着传统的学科中心课程向体验课程的转型，这意味着课程的意义从强调学科内容到强调学生在学校所获得的经验和体验，这样一种课程概念从本质上说是一种开放的、民主的、科学的进程，与之相适应，课程意识就是开放的、民主的、科学的意识。所谓开放的意识，就是学生的课程必须是开放的，因为学生的生活是丰富多彩的，决定学生发展的因素也是多种多样的，意味着课程源自生活、指向生活，是与学生的经验相联结的，是学生能够体验的；所谓民主意识，就是学生的课程必须是民主的，因为学生既是社会的、民族的、学校的、家庭的，也是他们自己的，学生应该学什么，需要课程共同体的协商、对话与审议，意味着课程实施的过程即师生对话与合作的过程，是教育主体互动的过程；所谓科学意识，就是学生的课程是科学的，因为学生的成长与发展是有规律的，课程的发展也需要遵循规律，意味着课程创设是一种师生协同的探究活动，意味着教育自身的创新。因此，课程意识本质上是一种主体价值张扬的意识，是师生创造力彰显的意识。

课程意识所支配的教学始终关注学生的心理发展，主要表现在根据学生心理发

---

① 保罗·弗来雷：《被压迫者教育学》，顾建荣译，37 页，上海，华东师范大学出版社，2001。

展的特点来组织课程内容，按学生的兴趣、需要、经验背景来设计和实施教学活动。学生是课程的中心，促进学生的发展是目的，一切学科的目标、任务及要求都处于从属地位。作为使学生了解自然界和人类社会的学科体系，要符合学生的认知特点，首先考虑的是能够为学生所接受，有利于学生的自主发展及心理成长，且能激发学生的学习兴趣。作为学生学习引导者的教师，要把自己看作学生的对话者，能够在与学生的互动中创设情境，满足学生的学习需要。

教学实践活动从本质上说，是教师和学生以课堂为主渠道的交往活动，是教师和学生在特殊教育情境中的自主探究活动，是教师的教和学生的学的统一活动。教师每时每刻都面对复杂而多变的事件，需要充分调动自己的知识储备和智慧潜能，进行有创意的工作；学生每时每刻都面对着各种信息的刺激，需要梳理自己原有的经验，寻找有效的生长，建构具有个性的意义世界，因此，教师和学生作为教学实践活动的两个主体，是教学实践活动固有的性质所决定的。基于这样课程观构建的课堂才是真正促进学生理解知识的课堂，才能真正促进学生的发展。

基于对知识的超越和对知识作为手段的关注，教师把更多的智慧投入到对传统传输式教学模式的反思与优化中，于是出现了协同教学、讨论教学、创意教学、探究教学等新型教学模式，这些教学行为都是教师在特定教学情境中的个性化创造，极大地丰富了学习的情境，也极大地提高了学生对知识理解的水平。

对知识的深刻理解不仅是培养思维品质的需要，也是实现"做人"的需要。1990 年《世界全民教育宣言》指出，普遍低下的教育质量应该得到提高，并建议使教育可以被所有人接受和有更多的相关性。1993 年初，"21 世纪教育委员会"成立，该委员会在其向联合国递交的报告《教育——财富蕴藏其中》中指出："教育应该围绕贯穿于一个人的一生，并且在某种程度上将是知识支柱的四种基本学习进行组织：学会认知，即获得理解的手段；学会做事，以便能够对自己所处的环境创造性地采取行动；学会共同生活，以便参与和他人合作进行所有的人类活动；最后是学会做人，这是收益于前三种学习成果的一个重要进展。这个报告对学习给出了一个整合性的理解，也构成对结果取向的教育质量的新理解。"[1]

---

① 秦玉友：《教育质量的概念取向与分析框架》，载《外国教育研究》，2008（3）。

　　把"学会做人"作为评价教育质量的价值取向，把"学会做人"作为教育自身的目的，为我们建立一种正确的课程观提供了认识的基石。杜威曾经通过"四个损失"表明他对教育发生故障时将导致的结果做出终极关注："获得了所规定的地理和历史知识、获得读和写的能力又有何益？假如在这学习过程中，个体失掉了自己的灵魂，假如失去对有价值的东西的欣赏和对于这些东西有关的价值所有的欣赏，假如他对于自己所学的东西失去了应用的欲望，最重要的是，失掉了抽取将来经验所有意义的能力。"① 这些来自灵魂的如此伟岸的感叹，无论什么时候让我们触及它，都能感知到他对教育的命运每时每刻的担忧。

　　把"学会做人"作为一种课程观的核心价值有着重要意义。"一个目的就是我们有理由去促进的东西。"这个目的就是理由之源。目的与手段不同，手段仅仅因为对其他东西有益才有价值，有用性是被限制的。把"做人"作为教育目的是把它本身当作有价值的。

　　"学会做人"这一教育目的使得家庭、学校、社会取得了育人的一致性，为"以人为本"的课程观提供重要条件。那么，"学会做人"这个目的是如何被体现出来的呢？我们应该从哪里开始认识它呢？

　　我们知道是教师控制教材、组织活动，但是这只是它的外部形式，控制内部的最终管理者是思维本身，逻辑上它是"先决"的，所以，我们从思维开始。结构主义认为，思维结构和运动轨迹可以表达为"水平的、垂直的或者椭圆形的"。水平思维是指当对已知的或刚刚说的内容逐渐增加新内容以拓展思维领域时，这种思维活动是水平的。有些连词，例如，"也""此外""另外""再有"，作为逻辑铰链，把并行的思想联结起来，标志思想扩展。垂直思维要求一般性质或极限，旨在向上超越自我或者相反，向下渗透直达根基，这样的思维活动是垂直的。表现它的词是"最重要""基本上""根本""最终""首先"，这些词在接近终点过程中常用。康德还用"内涵"和"外延"标志垂直与水平的区别。椭圆形思维是限定或纠正已经做出的断言，思维返回又重新开始，如同在椭圆轨道上旋转一样。像"不过""但是""然而""尽管如此""相反"，这些关键词或短语，预示着思维的转折点。教师是沿着这三个

---

　　① 菲利普•W. 杰克森：《什么是教育》，吴春雷、马林梅译，71 页，合肥，安徽人民出版社，2012。

通道来传递思想的，这是教育的先决条件。

第二个先决条件是教师和学生必须具有相同的信念。信念与教师工作价值成正比例关系，缺乏信念，教学将会承担较高风险，有效教育是基于一种信念之上的。然而，由于教学是判断性的，学生常常会疑窦丛生，即便是自明的问题，仍然要求给出理由、论据，这使得教学必须延伸至理性。

理性始于家庭，发端于母爱。小孩子模仿母亲教导，使理性开始就建立在爱的基础上。以后进入常识，但常识的缺点是依赖于感觉。正规教育要有超越常识的明确任务。康德区分开了知性和理性，他认为知性是单一判定，它是将一个可识别的对象放入一个更广泛的类别中，理性会自然利用这个判断，将它提高几个层次，通过演绎建立起推理结构，这些结构承载着思想，构成思想的理性形式，形成理论、论证、主题、解释这些不同的结构。

从理性到思辨思维是教育更高的任务，思辨思维的主要特征是包容性，它包括肯定和否定、赞扬和批评；而理性是排他性的。理性是二者择一，思辨是二者兼顾。培养思辨思维，否定作用十分重要，否定是思维的道路，它通过自己的破坏性和建设性活动推进自己进展。对教学，它是一把双刃剑，一方面促进思维进步，另一方面又容易造成伤害。所以，否定的作用应该通过扬弃和改善来实现。具体来说，教师要处理好"取消""保留""提升"三个概念，因为它涉及情感、兴趣、价值、策略、评价、自我批评、洞察力培养等问题，因此，正确地使用否定，关系到创造性思维培养和回报。由此出发，教师还要关注学生的思考和感悟。

"学会做人"的教育，决定教师从事的是一项道德事业，他"总是上帝的代言人"，是"贩运真理"的人。教育的目标是改善，让每个人比现在好，让世界成为比现在更好的地方，它的最终受益者是整个人类。教育的目标是无限的，它要塑造人向着无限和完美的目标努力。所以，杜威从两大方面向我们提出如何思考教育：一方面，教育"应该是什么"；另一方面，教育"实际是什么"。教师的作用正在于调和这两者之间的差距。

教师必须清楚：自然发生的、非形式的、非专门的学习不是教育，学习能力只是教育成为可能性的条件；只有经验，算不上教育；只有特殊经验，才是教育性的。完美的教育存在于人类的经验之中。

杰克森认为，本质和存在，崇高和世俗，沉思和实际，这三组概念是处理教育

"应该是什么""实际是什么"的重要词汇，并且认为"如果分离对待其中任何一个，那么，这三组词语将会招致灾难"。他要求处理好每一组词语的关系。

本质和存在就是抽象的东西和实际存在的具体的东西。本质不能由经验体验到，只能通过推断产生出来，因此，它是抽象的、关系的、必然的或实在的东西。本质是指纯粹的真理。存在是本质的和非本质的，必然真理和偶然真理的混合体。区分这两类真理的唯一方式是什么令一些事物成为本质的，给出什么是包括的或不包括的要素的理由，也就是真理成真的条件。这是超越已知、达到极限的终极追求。

对课程而言，专家们关注的是抽象知识结构（我们称为本质），教师虽然也关心知识结构，但他们也关注传授知识，因而他们更要面对知识中正确和错误的混合，他们注意分化和世俗。所以，教师在课堂上要关注使用"保护""转变""调整""扩大"这些词汇的内涵。即"保护"文化遗产；"转变"是观念性的、精神性的；"调整"是处理错误问题；"扩大"是增长问题。这四个问题代表了学问和知识前沿问题。它让知识增加，并成为知识体系。本质和存在的分离和统一的任务并不简单，本质是崇高的、没有终极答案的问题，是我们正在探索的（真理）东西。存在是教师日复一日地做的一件世俗的事情，是脚踏实地、不断接近本质和分离非本质的工作。因为真理和非真理总是不易分辨，对它的分离需要进一步的关注和论证。最终得到全部真理或黑格尔所认定的"整体真理"也只是认知的幻想，只是一种可能。

从教学工作上说，教师有两种形象：一个是崇高的，另一个是世俗的；一个是幻想的，另一个是实事求是的。这两种形象几乎是矛盾的，但是，整合和区分这两种形象是很重要的，整合使教师的工作和形象成为神圣的或示范性的；区分在于看看它们在均衡教学中的各自位置的重要性如何。

这项任务之所以崇高，是因为教师和学生从事着一个不可能完成的任务，这一任务是揭示事物的真理、分离本质和存在或者分离真理和非真埋的混合体。对最终真理的探索只是一种可能或一种追求精神。这一任务之所以崇高，还因为它指引方向，朝向人类高峰。它的目的高于我们能够达到的地方。它让我们的思维和情感力量发挥到最大可能。

教师的世俗形象在于他所从事的是平淡无奇的、要求不高或有限的任务，他回答学生的简单问题，纠正不正确的答案，管理着基本的生活习惯。工作没有太多困难，几乎每个人都能做。他们的工作是机械性的，不过是日复一日地重复着年复一年的事情。

如何调整这两种教学形象呢？我们不能肯定一个或否定一个，或者认为哪一个需要、哪一个不需要。杰克森认为，人必定需要一种崇高的教学观，人类自由的充分行使要求所有教师都要考虑自己职业的总体目标的崇高思想。只有崇高的思想才是真正进步和知足的关键，这是圣人和先知传递给我们的历经百年的真知灼见。"一切美好的事物之难得，正如其稀有一样。"这是一个古老的信念。如果放弃对纯粹教育本质的实质性的东西的思考，只坚持实用主义，那么虽有可取之处，但它过于短视。必须把两种观点结合起来，并且阻止对其中一个观点做出片面选择。

有一种机械式的解决方案可以把两者结合起来，即"结合实际与沉思"。一个人在大部分时间里做实际的，但偶尔是理想化的或好沉思的。在特殊的时间和地点有意识地使情绪更为庄重，精神更为沉思。在这孤立时刻通过典礼和仪式，使它的意义朝向终点，因而变得神圣和高贵；使活动涉及爱国的忠诚和情感，从而暗示教育的使命；使参加活动的人得到象征性的和审美意识里的认可，甚至证书、彩带、徽章和照片等这些有形的提示物都代表无形的超然标志而指向未来目标。一种动态的解决方案是培养超然习惯，让问题超越思维和行动极限，即"发散性思维"。这些方案可以使沉思和实际拉近或重合，让教师和学生处于一贯的背景中，使教育成为整体教育。

这三对概念是把教育"应该是什么"和"实际是什么"统一起来和分离开来的方法。此外，杰克森又谈到另一组对教师有特殊意义的概念：保罗·蒂利希提出的"把握""塑造"世界；杜威提出的"做""经受"。杰克森主张用"接受""塑造"表达，认为这样语气柔和，适合教师的职业。这些概念没有什么根本性的区别，都是表达理性结构的。

蒂利希的"把握"具有直入深处、洞察事物或事件本质的含义；"塑造"具有将给定的物质转化成具有内在力的完型、存在结构的内涵。"把握""塑造"不仅刻画了理性结构的特征，还代表了两种根本不同的认知策略。一种策略是"把握"或"接受"，基本上是赞赏性的，它要求两种本质的创造性联合，即认知和已知联合；另一种策略是"塑造"，基本上是独断性的，它要求控制已知的内容和认知过程。两类活动情感语意也不同："把握"更具同情性和情绪性；"塑造"策略采用知识的和技术性的，因而更加超然和客观。

杜威把他的"经受"解释为：当面临经验问题时，人先是调查形势，考虑所有相关事实，这就形成了初始的"经受"阶段。然后，解决问题的人采取补救措施，将计划付诸行动，就是"做"的阶段。他说这个过程是周而复始的。杰克森认为杜威的两步模型过于简单，无法适应社会和人际需要。他主张教学中好的表达是"接受""塑造"。"接受"是用倾听、观察、欣赏和理解的眼光看待学生，把学生的所作所为看作自己的努力，让教师产生亲密的个人认识。这是一种从根本上产生移情作用的真理，移情是参与到另一个人生活中的一种方式。"塑造"主要有两种方式，即显和隐。明显的塑造是纠正学生错误、用文字和各类视觉展示工具传递信息。它形成直接教学法的基础。不明显的方式是教师发挥着被推崇和被效仿的作用，教师的素质具有塑造力，它以教师应该是什么样子和不应该是什么样子的观念形象"塑造"并产生对学生的持久影响。

杰克森还将"塑造"理解为一种特殊的"做"，认为它旨在以对个人和整个社会带来持久好处的方式改变接受者。塑造所采用的知识是客观的、技术性的，并且可以用机械方式编纂、证实和实践，他称为"控制知识"。但是，它需要调和，这样知识就只能通过经验获得，只有接触和密切地参与他人生活才能获得。这部分知识称为"接受知识"。教学是在联合控制和接受要素的知识的基础上展开的。

对于教师来说，还有更"重要"的。短期教育目标面临选择"主题"或者"重要"（有兴趣）的内容。说某些事情重要，可能与人的兴趣或爱好有关，教师如何让学生热爱、渴求自己教的课程就显得十分重要了。但是，教师应该明白任何内容都是因其内在价值而重要，而不是有权力的人要求或者对现实其他目标有益，比如，为了获得高分数。

在"重要"方面，还有两个转变需要重视。首先，教育作为整体，公开宣布更高形式的知识是"历史遗产"，即杜威所称的"我们最珍视的文明中的东西"的无限性，它是世界"商品"，具有最高层次的普遍性和认识上的规范性以及知识的强制性。世界遗产的多样性会使学生大开眼界，并唤起一种精神觉醒。简言之，会使别的更多事情变得重要。

其次，教师运用多样化的教育方式，弄清楚一个人在追求重要事情上可能还有多远的路要走。在一些观念性课程上，例如，数学和语文需要花大量时间，即使是教师也很少栖息在离前沿知识最近的地方，总是需要学习，而且有一些东西是没有学过的。

在这些"重要"内容的处理过程中，"体现出来的学习的开放性促进了我们的思考，教育题材的展示为我们打开了指向未来追求之路的大门，打开了探索之路的大门，其中蕴含了它们的前途、希望"。在努力追求对一个人最重要的东西时，经过一段时间后，这种努力会变成一种生活方式，它确定了这个人的认知。坚持这一艰巨的追求的人最终将会在"学会做人"的自己创造的世界里巍然挺立，最重要的东西将会变成他们的职业。

教人"学会做人"的教学观念和行动如此严重，教学，犹如船航大海，一次次地从此岸驶向彼岸，可一位"非常"的教师的感觉却可能使彼岸离我们一次比一次遥远。我们渴望达到完美，然而绝对的完美无法实现。无条件的东西是高不可攀的，因而是无限的。但是，那永恒的东西和无限美好的东西或者最本质的东西正在于人类发现的高不可攀之中，而我们会在依据知识的基础考察它的过程中体会到一种向它的靠近。

走进课堂

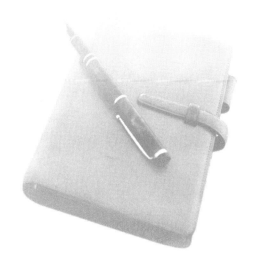

觉醒寻求知识，借助知识的力量实现意识自身向前的发展，并最终指向自由的完满性。而作为客观性的知识又反求助于觉醒意识，实现自身的形成和发展，并指向真理的绝对性和知识的无限性。觉醒意识与知识的关系是本质的、绝对的贴近关系，二者互为前提，互为需要，构成了意义贴近的关系，在这个结构中展示出意识不断求新求异的特征和人终身学习的意义。

觉醒意识从启蒙到成熟所经历的每一个阶段，都会显现出不可僭越性，却又在每一个阶段实现对自身的超越。这种意识觉醒的现象，亦即意识觉醒品质提高的成果在具体的知识体系——课程中，被我们真切地感受到，并能理解到觉醒与知识的本质关系，派生出意识觉醒与课程之间的约定关系。理解这些关系的双重特征，有助于我们感知新课程的终极目标和意义，就像我们知道了一个词的字面意义之后，再进入确定的隐喻意义一样。如同进入"爱"的深处时，才发现它在那里向人呼唤！又犹如一幅画，它图像的意义隐喻了文字意义，一幅画外在不是文字，却早已深藏了"解释"。

什么是课程更根源、更本原的东西，我不能回答，但知道其"存在"，存在是真理的本源，是思想的第一源泉，是真理第一所指。理解课程之深处，不断贴近本源，就会更贴近理解教育课程的所指——觉醒教育，而贴近的途径只有诉求于实践活动。

第一章　我的课堂，我的思索

思维是知识的天空，只有为学生用思维编织起美丽的天空，知识才能振翅高飞，领略到生命的深邃与动人。

一、我的课例

1. 学科：政治
2. 内容：事物都是一分为二的
3. 课型：对话、探究课

（一）事物都是一分为二的

师：我想问问大家，通过上午对《事物都是一分为二的》这一节的阅读，你们还有哪些问题不太明白，大家说一说，这样我们就会有了研究的话题，这节课也有了意义。

生：我觉得我们平时的矛盾就是有时吵架，不过这里讲的矛盾，是对立统一的。

师：我们这里探讨的矛盾跟我们平时的矛盾有什么相同，又有什么不同？

生：我觉得矛盾有对立的一面，没看到统一的一面。

师：很好，这位同学能联系自己的生活，这是学习哲学的重要途径。其他同学还有没有问题？

生：我不明白，是不是一个事物所包含的矛盾越少，这个事物就越完善越先进？

师：好，请坐，这位同学提出了矛盾的一个重要特征。

生：我们应该怎样看待矛盾？矛盾对我们的社会发展和世界上的一切事情有什么作用？

师：这就是辩证法的价值。

生：书上对矛盾下的定义是"事物自身包含的既对立又统一的关系"。"事物自身"是指单一的事物个体，还是既包括事物个体又包括整个事物系统？

师：好的，这是每一个事物和整个事物的矛盾关系问题。

生：矛盾的斗争性为什么是绝对的？矛盾的同一性为什么是相对的？

师：你提出了辩证法自身的问题。

生：我看到书上对"对立"和"统一"下定义的时候，都说到它们的属性和趋势，对属性和趋势两个意义，它们指的是什么，我不太清楚。

师：属性关乎事物性质。

生：他说"对立"指矛盾双方相互排斥、相互分离的属性和趋势，在定义"统一"时也提到属性和趋势，这两方面为什么会下这样一个定义？

师：好的，向哪个方向的问题。

生：书上说一切矛盾的双方在一定条件下出现相互转化，这句话是不是太绝对了？

师：这是转化的必然性问题。

生：既然矛盾是既对立又统一的，那我们该怎样正确解决矛盾？

师：辩证法就是要回答这个问题。大家读得很仔细，现在我还不能一一回答你们的问题，看看通过我们一起探究，能不能把大家提出的这些问题回答得清楚。下面轮到我问大家一个问题，这堂课我们要讲的是"事物都是一分为二的"，我问的是这"一分为二"你是怎么理解的？可以用书上的话说。（板书：一分为二。）

师：其实这个概念不是很神秘的，很多复杂的事物都存在于简单之中，我们用"对立统一"这个词能替换吗？

生（齐答）：能。

师：既然能，我们就加上"对立统一"，这就算标题了。（板书：对立统一。）也就是说一个事物有两个方面，也就等于说这两个方面是对立的两个方面，然而，它们在具体事物中又是统一的。现在，我们分析第一个问题——对立。对立在书中说的是什么意思？谁能解释一下对立是什么意思，如果把定义中两个最主要的词抽出来那是再好不过了。

生：排斥，分离。（板书：排斥、分离 。）

师：我刚提问一个问题，你马上就理解为排斥。如果我们在对立这个概念上不把排斥弄清楚，我们就无法理解对立。谁能用例子说明？

生：我觉得排斥就像磁铁，它既有Ｓ极，又有Ｎ极。

师：谁还有别的理解？你可以用别的语言来解释这个排斥，别用排斥自身来解释排斥，就像她那种解释法就挺好。

生：我觉得排斥就是一方的存在要以另一方的消失为趋势。（板书：消失。）

师：你说的"消失"这个词是从哪来的？你怎么理解这个词？

生：我觉得消失是·种趋势。

师："消失"这个词是最古老、最伟大的哲学家黑格尔提出的，那么在矛盾中的这个"消失"，假如用一个浅显的例子来解释，比方说，在教师和学生对话中，如果一个教师总是说话就等于剥夺了学生说话的空间和时间，也就剥夺他的权利，所以，"对立"这个词等于在表达这样一个特殊、严格的含义，只要一方存在的时候，另一方必须是消失、不存在了、灭亡了。杜甫的"国破山河在，城春草木深"，大家理解一下这里的"草木深""国破"有什么关系吗？司马迁说"国破，国无人矣"，杜甫这句诗是指一个国家灭亡之后国人的感慨，但这句诗确实隐含着国家灭亡的最主要的象征就是人民流离失所、弃城而走，那里没有人烟了，"草木深"就是对"国破"的肯定。

生：刚才解释的对立，就是一方的存在必须要求另一方消失，像刚才同学举的例子，磁铁有不同的两极，不是把两个同极放在一起，其中一个就会消失，而是相同的两极放在一起就会相斥。

师：你这个问题总结得太好了。对立、统一只是讲在事物中的一种关系，我们在看待任何一个事物是否有联系、是否存在对立的时候，要看它是否处在同一事物中，它是同一事物客观存在的两个方面。只有两个方面存在的时候，才可能出现消失、分离的特征，不是主观的，而是客观的存在，我们研究事物对立统一，就是从一个事物的内部的两个方面开始。为了更清楚地了解对立，下一步我们看统一，统一也是同一。"同一"这个词怎么理解呢？用哪几个词可以概括出来呢？（板书：同一。）

生：吸引，连接。

师：还有什么？有依存吗？

生（齐答）：有。

师：有排斥吗？

生（齐答）：有。

师：有互为前提吗？

生（齐答）：有。

师：依存、联系、互为前提，这几个词都是一个意思，唯一不同的就是使用了我们对立中的一个词——排斥。统一是什么意思呢？就是一方依赖另一方而存在，失去一方，另一方就不存在了，和对立恰好相反。如果用"吸引"最恰当不过了，当然用"依存""联系"也都行。事物要依赖对方而存在，比方说你们刚才举的例子，磁石的两极，它就是最古老的哲学开始引用的例子，磁石两极的表现即相互依存、对立统一，这成了对立统一哲学观点最伟大的证据。相互依存既然是这样，为什么还说排斥呢？那么我们就看一下，排斥和依存是怎样形成矛盾同一体的。例如，疾病和健康，大家最主要看一下排斥和依存的含义，没有疾病，健康存在不存在呢？

生（齐答）：不存在。

师：如果用对立的观点看，没有疾病才能说这个人健康，也就是说健康是疾病不存在、消失、离开，人才能健康；可是在同一这里，不仅仅有排斥，还有依存。这个问题，你们有什么解释吗？事物以否定对方而肯定自己确立它的性质。我们否定健康时就相当于肯定疾病的存在。辩证法的依存是通过排斥别的事物来肯定自己，依存是通过否定一个方面来使自己这一方面存在。比方说，人之所以是健康的，是相对于疾病而言，恰好他身上没有疾病，因而他才是健康的，健康因疾病的消失而被确认，但没有疾病这个前提，健康就不是个概念，就没有意义，所以又是依存关系。再比如善和恶的关系，用同一的观点说，没有善就没有恶，没有恶就没有善，但这样的表述似乎让人接受不了。大家还有别的表述办法吗？现在我们用一条线来说明这个问题。如果把左边看成东的话，右边就看成西，当我们肯定这条线都是东的时候，那还有西的存在吗？

（板书：东————————西。）

生（齐答）：不存在。

师：假如我们肯定这条直线左边是东的话，那么右边必然是哪个方向？会是北吗？

生（齐答）：不是，是西。

师：肯定在这里就是同一最主要的概念。而在排斥里，否定就是最主要的概念。

（板书：肯定，否定。）当我们肯定西存在的时候，那么那一方是什么呢？是东。假如我们把东擦掉，西也擦掉，肯定这条线是东的时候，那这条线就是东。是不是呀？

生（齐答）：是。

师：现在我们用这条线来表示善和恶，假如在线的两端加一个限制，承认善的时候就意味着恶存不存在？

生（齐答）：存在。

师：承认恶存在的时候，意味着善存不存在？

生（齐答）：存在。

师：我们在善和恶中间画一条竖线，把善和恶分成相等的两部分，现在我们把中间的这条竖线从恶的方向向善的方向移动。

善（S）　　　　　　　　　　　　　恶（E）

师：看看发生了什么变化？

生（齐答）：善减少了。

师：可见，这条划分的线移动了，善和恶的天平就倾斜了，也就是恶在一个人的身上表现的是很大一部分，善是小一部分了。那我们在评价这个人的时候，说他是好人，还是坏家伙？

生（齐答）：坏家伙。

师：善的缺乏便是恶。大家看这条线移一下并不重要，画成这样才重要，我们来分析一下善：做点好事 → 有点特别好的行为→ 给社会做了特别大的贡献→ 一生全都给予别人了 → 到了老子所说的至善至美的境界，善到了最高峰。这个曲线表达一个什么问题呢？大家思考，我们再来分析恶：做点坏事 → 骂人 → 帮人打人→ 拿刀子了 → 杀人了，那么这个曲线表达一个什么意思呢？这是不是人思想行为的渐渐地演变过程？

善（S）　　　　　　　　　　　　　　　　　　恶（E）

生（齐答）：对。

师：这条曲线里包含着你们将来要学的一个重要的概念，即"量的变化"（板书），最后引起什么呀？

生（齐答）：质的变化。

师：所以"善"和"恶"这两个词是非常难懂的。在善和恶之间，在我们说非善即恶这种简单说法的时候，就是因为它们之间有质的差别。但事实上，善和恶在人的一生之中不断变化，这个演变又多是量的差别，所以当我们用对立统一的观点看待善恶时，实质上这种肯定、否定不是一步就到位的。

它显然有两种状态，一种是质变，另一种是量（渐）变，只有这样看待事物、善恶关系的时候，我们才真正进入生活的辩证法。这里，我还给大家得出一个结论，同一性有一个特殊的表示，同一在哲学里有个"同生同灭"（板书）的概念，如果事物没有对立这一方面存在的话，自己这一方也不存在了，就像我们刚才对比"东、西"概念一样，当我们没有"东、西"概念时，我们只肯定都是东的时候，这条线就没有西了，那东还存在吗？不存在吧。当我们把这条线都看成是西的时候，会有什么结论呢？质的变化。

生（齐答）：东也不存在了。

师：只有我们把它看成东，有"东"这个词是因为有什么呀？

生（齐答）：西。

师：因此必须是相互依存的，要不然就同时没有，要不然就这样相互依存着，而在相互依存中必须存在排斥，排斥就是相反，但不一定是消灭。比如，树叶的正面和反面，就是相互排斥，这样也才有相互依存的可能。下面我们进一步分析一下对立和同一，融为一体的话可以称为对立统一了。现在我问大家一个问题，我们研究对立统一的目的是什么（找学生到黑板画四面体）。大家再想，我给你们讲课，这里包含着几种关系？在我看来包含三种关系：有我——教授者；还有你们——学习者；还有一个不会说话的思想者，是作者的代言人。

生：书。

师：也可以叫文本。我们要把作者请出来，和我、和你们一起对话，在这个时候，作者、老师和同学是不是出现了三位一体的关系了？这个三位一体可不可以称为一个整体呢？

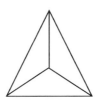

生（齐答）：可以。

师：与平面三角形相比，这个三维的组合更具有立体感，我们就暂时把它看成对立统一中的统一体（板书），我们研究对立统一的关系就是为了确立统一体，这个统一体有什么意义呢？如果把统一体转化为一种观念就重要了，我们已经研究了善和恶，现在我们要把它们连接起来，大家想：善、恶的主体是什么？也就是善、恶发生在谁身上呀？

生：人。

师：对，人的概念在这里太好了，人就是生命啊，当我们把善和恶从对立统一关系研究到存在于人身上的对立和统一时，我们脑海中支离破碎的观念都变成了系统的概念，在生命、人这些概念里存在着多少对相互依存的矛盾？仅仅是善和恶吗？

生：爱和恨。

生：善良和邪恶。

生：庸俗与高贵。

生：肉体与灵魂。

师：仅仅人这个生命体就包含着这么多对立统一的关系，所以我们要分析一个事物的时候，我们就会发现在每一个统一体中涵盖着很多对立统一的关系。在写作的时候，尤其是在高考作文中，我们有很多的视角去看待话题，从很多角度去阐释文章的主旨，所以，当我们把所有这些辩证关系都上升到"统一体"这个概念的时候，这样的分析岂不深刻！

师：现在我再提一个问题，谁能分析一下美德？假如这是高考作文的一个话题呢？

生：我觉得善其实就是一种美德，刚才您讲的善就是美德中最主要的一部分，但我一直有一个问题想说一下，善和恶在一个对立统一的过程当中，是不相等的。中国有很多话，比如：千日行善，善尤不足；一日行恶，恶常有余。刘备也说过："勿以善小而不为，勿以恶小而为之。"这些都可以看出善和恶在从量变到质变的过程中是不大相等的，对这一点，我不太理解。还有刚才您说的美德问题，我想如果人是善的，他就具有这种美德；如果人是恶的，他就不具有这种美德。所以，善和恶就可以是区分人有无美德的重要标准。

师：人的自然属性和社会属性是怎样把"人之初，性本善"和"人之初，肉一团"解释通的？这里简单说，是社会造成的，人就是社会的一部分。你想在写文章时，先找到事物的两个方面，对不对？

生（齐答）：对。

师：你想到的角度很好，把善和恶拿出来比对。另外，有理性的美德，有非理性的美德。非理性的美德有情感、激情、感觉，理性的美德有与情感相对应的识别、智慧、知识，那么两者的差别在哪里？非理性的美德是一种不自觉的行为，而理性的美德是在理念支配下的一种美德。比如，有一年春节的时候，广州出现一些小孩拖着溃烂的腿，在大街上要钱，最后警察发动很多人施舍。事实到底是怎么样呢？是人贩子故意把孩子的腿弄伤的，还天天用刀子在他们腿上割，天天让孩子们在大街上要钱，造成有的孩子大量流血，有的甚至失去知觉，这个时候我们去施善，是不能从根本上解决问题的，这种美德是不是叫非理性的美德呀？

生：是。

师：很多人施舍了之后，找警察跟踪，拿摄像机隐蔽拍摄，最后把人贩子找出来一看，讨饭的五六个孩子都躺在湿漉漉的床上，每天能给他挣很多的钱，这样当然要把人贩子绳之以法。这个叫什么美德呀？

生：理性的美德。

师：所以，哲学不和现实联系起来，哲学就枯燥了，最后就会枯死了，我们就不会分析问题了。写文章也是这样，当我们看到作文题目时，必须找到它的两个方面，甚至更多的方面，这样才可以找到很多角度，这就是对立统一，是统一体的概念在我们生活中起到的作用。普遍规律都有哪几个词呀？

生：是、事、实、时（板书）。

师：还有一个词是什么？

生：始终。

师：那么，"时、事、始终"概括起来是什么意思呢？

生（齐答）：时间、时空贯穿到每个事物中！

师：刚才有的同学提出的问题，我们讲的这些能不能回答？这是事物内部的矛盾还是事物整体的矛盾呢？只要我们知道每一个事物都存在着这种对立统一的关系，就说它具有普遍性。辩证法告诉我们：正因为事物内部有始终，而且事物的外部、事物之间也存在着矛盾，这也就是"时、实、是、事"。下面我们看大屏幕。（多媒体展示关于研究哲学目的的一段文章，请同学朗读。）

谁能概括这段话？

生：普遍性。

师：大家看结论（多媒体展示）。关于"是、事、实、时"就讲到这里。下面我们看两个问题（多媒体展示节选文章）。用概括性语言表达节选文章中作者的论点。（学生给大家朗读《灵、肉、文学》节选。）这是真正的哲学，这是真正的哲学散文！如果我们把它的文学性抽去的话，就是我们这节课纯粹的、很贴切的实例。

生：人之所以为人，就是因为他存在着灵与肉的矛盾。

师：好的，非常好的一句话，多么有哲理啊！这是她读出来的观点，是读者的意义，也是文本的意义！

生：人生是短暂和永恒的矛盾统一。

师：好，非常好。这可以作为一个讨论的题目，因为肯定了生命中肉体的短暂和生命中的精神永恒。

生：生命的喜剧在于它具有无法调和的悲剧。

师：为什么活着不去奋斗呢？

生：是叔本华说的一句话，我这里借用一下，人是在满足和不满之间徘徊的动物。这种满足就是精神上的满足，不满就是肉体上的不满。

师：好的。大家说得非常好！我也概括几句：一切的永恒源于永恒的生命；生命是真正的人性的代表，生命因精神的追求而永恒。那么，下面我们再换另一段（多媒体展示《孤独的辩证法》节选），你们能从这里看到对立统一吗？

师：灵与肉是对立统一的，我们看这段（学生为大家朗读节选），大家思考作者的论点？

生：我觉得这段主要说的是人的一生是生和死这对矛盾不断发展的过程。

师：很好，她提出了自己的观点。

生：它让我想到一位作家曾经说过：当你驾临人世的时候你在哭，爱你的人在笑；当你即将离开人世的时候你在笑，爱你的人在哭。我觉得这两段相比，共同的一点就是我们的生命要面对的是生和死，我们为生而生，我们也为死而生；为对立而生，也为统一而生；为哭而生，也为笑而生。

师：很精彩！

生：我们在生的一瞬间活出生的精彩，在死之后留下完美的一瞬。

师：太精彩了，这都是哲学，这都是对对立统一的表述啊！

生：我记得有这样一句话：无雨将看不出晴之可爱，无夜亦看不出昼之光明。一天的天气包括雨和晴，生命就是这样一个过程，包括死和生。

师：很好。下面说说我的一点感悟：生与死都是一个模糊的现象，只有生命的过程才是最完美的状态。只有对生命充满爱，生命的过程才是美好的，一个把生命过程看得最美好的人才无所谓生，无所谓死。今天的课就上到这里，给大家留一个思考题（多媒体展示《面朝大海，春暖花开》课后问题）。学习了对立统一的观点，分析了善和恶，解读了生命的含义，请大家重新审视一下诗人海子！

（二）关于板书设计

<pre>
        一 分 为 二
      对 立 统 一（关系）
对立：排斥、分离、消失
         否定 消灭
统一：依存、排斥、肯定
       同生 同灭
</pre>

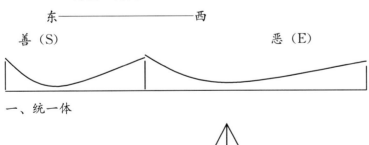

一、统一体

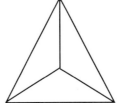

二、普遍规律：是、事、实、时、始终

（三）补充材料

《小逻辑》节选
（黑格尔）

我是一个人，并且在我周围有空气、水、动物和种种别的东西。这样，每一个事物都在别的事物之外，与此相反，哲学的目的在于扫除这种各不相干涉的（外在性），进而认识事物的必然性，所以他物就被看作与自己相对立的自己的他物。

结论：矛盾的普遍性是推动世界的普遍原则。

《灵、肉、文学》节选
（埃内斯托·萨瓦托）

新哲学的这种具体性一直是文学的特性。与许多文学理论家荒谬的想法相反，文学从来都是以人为中心，这种具体性使人真正具有悲剧性。生命的悲剧性在于它无法调和的两重性，它既属于自然王国，又属于精神王国。就肉体而言，我们属于自然的王国，因此我们不是永恒的，而是相对的；就精神而言，我们是抽象的和永恒的。我们的灵魂因追求永恒而升腾，又因其具有肉体而注定要死亡，它是人性的真正代表，也是造成我们不幸的真正根源。作为动物或纯粹的精灵，我们或许会幸福，但是，那就不成其为人了。

《孤独的辩证法》节选
（奥克塔维奥·帕斯）

生与死都是孤独的体验。我们孤独地降生并孤独地死去。降生就是初次落入孤独之中。没有什么比这更严重的事了，如果不算另一次，即落入死亡的未知世界。死亡的经历很快会变成死亡的意识。儿童和未开化的土著人都不相信死，或者说他们不知道死亡存在，虽然死亡在他们体内悄悄地运作。对于文明的人来说，发现这一点从来都不会太晚，因为一切都告诉我们，并预示着我们必有一死。我们的生活就是一部学习死亡的日记，它更多地教给我们死，而不是教给我们生，然而它教错了。

我们的生命在出生和死亡之间流逝。我们被排出了子宫后，开始了一次真正痛苦的历程和精神的飞跃，这个过程直到我们死亡才会结束。死亡是回到生命之前的生命状态中去么？是重新经历那种出生前的生命状态，即静与动、昼与夜、时与恒不再相对的生命状态么？死亡意味着生命终止并最终消失么？也许死是真正的生呢？也许出生是死亡，而死亡就是出生？我们对此一无所知。然而，尽管一无所知，我们全部的灵魂却在寻求从撕扯着我们的这两种对立物中逃脱。

因为，假如一切（自我意识、时间、理性、习惯、习俗）都趋于将我们变成被生活放逐的人，那么一切也会将我们推转到原处，降回到造就我们的母腹之中。我们要求爱情——爱作为一种愿望，是对志同道合的渴求，是对牺牲和死亡乃至再生的渴求——赋予我们一段真正的生，一段真正的死。我们并不要求幸福以及宁静，而只要短暂的片刻，仅仅一瞬间的真正的生。那时，对立消解了，无所谓生与死，时与恒。我们模模糊糊地知道，生与死只不过是同一个现实当中的两种互相对立而又互为补充的运动过程。创造和毁灭在爱的过程中融为一体；在那一瞬间，人隐隐约约看到一种最完美的状态。

面朝大海，春暖花开
（海子）

从明天起，做一个幸福的人

喂马，劈柴，周游世界

从明天起，关心粮食和蔬菜

我有一所房子，面朝大海，春暖花开

从明天起，和每一个亲人通信

告诉他们我的幸福

那幸福的闪电告诉我的

我将告诉每一个人

给每一条河、每一座山取一个温暖的名字

陌生人，我也为你祝福

愿你有一个灿烂的前程

愿你有情人终成眷属

愿你在尘世获得幸福

我只愿面朝大海，春暖花开

二、学生评价

那一课的记忆

高二（17）班　吴　缇

哲学在我眼中一直是深奥的、抽象的学问。直到开了哲学课，才揭去它那层神秘的面纱，原来它是那样通俗、易懂，我就觉得它也不过是那么一回事罢了。上了校长的那堂课，我突然感到它既不是深奥莫测，更不是浅显易懂，而是一个博大精深的领域，需要我们不断地去追寻、探索。

我觉得这堂课最难得的是思维的创新，政治课的这种讲法使我们大开眼界。校长从教材导入，一步步深化，最后完全逃脱出书中内容的束缚，使本质的、深层次的哲学（这里主要是矛盾）精神在广大的范围流动——从生活到文学。而书本与其相比，便成了最基本的框架，而矛盾的深层挖掘使我们对它的认识有了升华。

还有一个特征是充分的师生互动。校长的讲解起了高效引导和深层挖掘的作用，把交流、感悟和收获的机会留给了我们。尤其是后来对两段深奥文字的分析，把时间给了我们，这是对学生的信任和鼓励，而且后来也没给出"标准答案"，只是把自己放在和我们平等的位置来交流，这才是我们学生眼中"互动"的真正含义。

但是，我们刚刚涉足这门学问，有的地方太深刻，理解起来十分吃力，而且难点集中在一起，思考时间又有限，我们就难免有些跟不上校长的思路。

还有一个建议，校长的课结束在一个思维的高度——生与死，灵与肉，这样有意犹未尽的效果，固然是好的，但以课本开头，却没有收束于课本，基础稍差的同学会感到缥缈，难以理解，难以形成链条，也许会影响基础知识的掌握。

听校长的哲学课有感

高二（17）班　闻静超

这是一堂别开生面的哲学课。

我们的教育有着几千年的传统，传统教学只看重一个"授"字，教师们很少询问你需要什么，你有哪些问题，你的观点是什么。如果说师生互动没有在以前的课堂上得到充分体现，这节课却是个例外。

高考指挥棒引导莘莘学子走向他们梦中的校园，却也严重禁锢了无数希望者的想象力和思维。有个很形象的词来形容高考后的学生——木。从很早的时候，教学便实施了分科制，数学不是化学，语文也不是政治，地理更不是历史，我们有不同的课程，有不同的老师来教。每位园丁只是在自己的小花园里耕耘，如果说学科间的渗透没有在以前的课堂上得到体现，这节课还是个例外。

讲来讲去，这不像是为了学生讲课，而是融汇了诸多教学思想，思维跳跃性很大。怎么让一名普通学生在 40 分钟内完全理解吸收呢？反过来，老师们应该认真听一听，仔细揣摩一番，想要改变教育现状，提高学生的素质，就需要师生共同解放思想，寻求教育理念的"同步走"战略，大胆地向创新迈进！

这，就是我——一名普通学生的一点见解。

三、对这堂课的思考

（一）学生提问与"预设"的矛盾

先让学生提问题的目的是判断学生在哪些问题上理解有困难，使教师有一个解决这些困难的准备，同时也让学生能带着问题听课。但事实上，由于问题缺少指向性、引领性，扩大了发散思维，缺少了集中引导，问题不能集中到教学的初始目标，这样，发散思维产生的问题无法返回到初始的教学状态，就出现了问题与预设目标的矛盾。

调整后的"预设方案"是强调问题的指向性。开始这样设计：通过预习，请大家先考虑两个问题：如何理解"一分为二"？对"对立"一词应该怎样理解？这样，可以引出对立统一，并使得我们有机会具体理解"对立"的科学含义，根据学生对"对立"理解的程度，这里似乎并不存在太大的困难，因此可以进一步深化。对立可以表述为"一方发生另一方消失"，并引出毛泽东对"对立"的"特殊解释和使用"，进一步比较说明"差别"也是对立，使概念更贴近生活，进入现实世界。

在现实世界，里有许多是学生感兴趣的事物，但他们又从未理性地考虑过，如果我们能筛选出有代表性的问题，会给学生一份喜悦，起到激活思维的作用，也有利于培养学生的观察力。

（二）讲授与互动的取舍

在讲到同一性时，讲授过多，互动时空太少。在讲完对立之后，不是有利于对同一的认识，相反，增大了学生理解的难度，等于是从抽象到抽象。原本是想抓住关键词，再经过比较认识引出重要的信息——否定和肯定，然后进入对具体问题的分析，但还是因讲解过多失去了讨论机会。反思之后，我觉得应该在课堂上只是提出"同一"，让学生产生困惑，然后直接画出"直线"，返回到"对立"概念，以东、西方向为例引出"失去一方，另一方就不存在"，并同时引出"同生同灭"的结果，用以强化对依存"互为前提"的理解，有意识留出空间让学生研究。重点讨论"依存"，经过分组交流达成共识之后，提出"善与恶"的关系问题，从二者的对立、同一关系中看善恶的变化，让学生树立一种思辨意识。这种研究方式使哲学回到思维方式中，概念不再是被说明的东西，而是思考现实的一种思维范畴。

（三）教材的使用与重组

教学的出发点和归宿是能否满足学生的需求。教材不只是载体，还是用语言对话的作者，在教者、读者、作者三者之间不仅存在着对话关系、对话空间，而且存在着某种对话方式。对话方式在某种意义上决定着对话关系融合的程度、时空的大小，对教材重组、开发、利用有多大可能性，也就是教师、学生和作者在多大程度上用互相听懂的语言进行沟通、解读，进一步说，就是教师对学生认识水平的了解和学生对教材认知程度的自我度量。在这节课里，我增加了"为什么要研究对立统一关系"的问题，目的不仅要说明事物的具体关系，更主要的是想通过建立"统一体"概念，说明概念、理念的形成。这意味着要把哲学原理放到具体关系中去描述，进一步展示哲学的魅力和哲学的生命力，使学生懂得如何分析问题，因此，我进一步把善与恶的关系上升到统一体——人的概念去分析，但是这里的跳跃性较大，又缺乏必要的讨论方式来建立起对话结构。反思后的课程，是从善中抽象出美德，把美德分出理性和非理性两个方面，使学生从一个新的高度建构知识与能力的体系，并达到教化的目标。

（四）哲学课的实质——思维品质与精神

改编后的新教材仍有两大缺陷：第一，编写体系依旧，还是二十年前"概念——实例"的编写方法，只是个别章节多了些图画。有些实例看来很新鲜，是帮助学生理解"原理"的，但我们仍可以理解成是说明、证明原理的。无论是说明，还是证明，都是对概念的解读，总给人一种僵化、模式化的感受，无非"自然界、人类社会和人类思维"，真让人觉得哲学快要枯死了。有人说哲学抽去概念不就没什么了？我不是说概念不重要，概念是抽象的真理，当然很重要，但概念的重要性不能决定它是这门学科的目的。这门学科正如它本身描述的那样，是培养学生唯物主义的世界观和辩证的思维方法，但是教材不能完成这个任务，因为教材中的东西都是普通的道理，没有具体的东西，它还是抽象的，因而是呆板的。第二，教材中缺少挑战性的问题，这就大大削弱了它培养学生思维品质的功能。比如，为理解原理而设定的例子没有什么批判思维的引导，也没有值得思辨的问题，甚至可以说在告诉学生你只有这样想才对，这是一个模式化的思维定式。你不这样想就违背唯物论、辩证法。哲学作为一门在批判中诞生的学说，在这里已经由思想变成了一种工具。黑格尔认为，人的见解愈是把真理与错误的对立视为固定的，就愈习惯于以为对某一现有的哲学体系的态度不是赞成就必是反对，这种人不能把不同的哲学体系看作对真理理解的前进和发展，而只是在不同的体系中看见了矛盾。人发展所需要的哲学头脑、哲学概念本身对生长着的学生来说并不重要，重要的是他们只有受到这种思维品质的培养，才能用这样的世界观去支配这种思维能力，所以，哲学课应把培养思维品质作为目的。概念、原理只是载体，而概念中的道理也不是目的，它只是在培养思维品质中被融入的东西。当我们把具体的内容纳入课程中，并对它进行思考时，学生才能运用思维方式中的许多原则，一旦他们的头脑拥有哲学思维，他们就能发现哲学的生命和意义，哲学将被他们当成自身的一切。哲学就可以定义为对事物思维着的考察，哲学课只有达到这个思维目的才不会枯死。

第二章　教师的课堂，我的再思索

人文是滋养生命的大地，在人文精神的关怀下，知识才能真正成为孕育真、善、美的养料，美德的种子才能生根发芽，生命的大树才会枝繁叶茂。

一、教师课例

学科：语文

类型：合作探究

内容：作文指导

抒情散文的创作

——材料的积累和构思

师： 出示两组幻灯片。

第一组

1. "天若有情天亦老，人间正道是沧桑。"——毛泽东：《七律·人民解放军占领南京》。

2. "衰兰送客咸阳道，天若有情天亦老。"——〔唐〕李贺：《金铜仙人辞汉歌》。

第二组

1. "落霞与孤鹜齐飞，秋水共长天一色。"——〔唐〕王勃：《滕王阁序》。

2. "落花与芝盖齐飞，杨柳共春旗一色。"——〔南北朝〕庾信：《马射赋》。

师： 今天我们一起来探讨抒情散文写作的第一讲——材料的积累与构思。请比较屏幕上每组的两句诗之间有什么关系。

刘辰宇： 每组诗的前一句都是仿照后一句写的。

师： 同学们再比较一下哪两句诗名气更大一些？

生（齐答）：毛泽东和王勃的诗。

师：当然，我们不能单凭名气来评判诗歌的优劣，但是我们从中可以看到，即使是著名的诗人，他们也善于借鉴前人的知识加以推陈出新，创造出更动人的诗篇。这种创作方法，我们可以称为点化之美，这是诗歌的创作方法，也是文章写作的重要途径，因为我们亲身经历的事情有限，而知识为我们创作提供了经典的素材和成熟的方法。

师：下面我们拿出我们课前发下去的 6 篇作文，请同学们从中找出作者所运用的不是自己亲身经历的素材？

白洋：我找到的是张老师你的那篇文章《追求》，后两段都运用了大量的名言，这样既可以显示出深厚的知识功底，同时也使文章具有很强的说服力。

高萌萌：我觉得侯小溪的《牵挂》，让我想到了小学时读的童话《小蝌蚪找妈妈》。

师：那么她找的那些人都是生活中作者亲历的事吗？

高萌萌：不是，应该是作者想象创造出来的。

闫明灏：我觉得《风可以穿越荆棘》分别引用了狄金森的诗、梭罗的话、苏轼的事例和凡·高的画。

吕化南：我觉得您写的《花样人生》用菊花来表达自己追求高洁的心志。

师：还有没有写到别的花？

李燕薇：还写到了佛祖的菠萝花和高尔基的鲜花。

师：如果把文章中前人经典的事例都换成我们亲身经历的事、我们自己说过的话，这样好不好？

关玉：我觉得引用前人的知识可以使文章更有说服力，当然也不能一味地引用，那样就缺少了自己的情感与个性。

闫明灏：我觉得我们亲身经历的一些事往往缺少典型性，而引用前人的、古人的、圣人的事例与语言可以显出很有深度，很有内涵，读得东西多。

师：也就是说见多识广、博学多才。我记得以前跟同学们说过，写一篇好文章需要才、识、情三个方面，其中哪个最重要？

生：才、情、识（学生意见不一）。

师：实际应该是"识"更重要，而见多才能识广，可见读书、积累、运用是多么重要。

师：如果在牛奶中加入巧克力，那么除了有牛奶的香味，还有巧克力的香味。因此，如果散文中引用了诗歌呢？引用了哲人的话语呢？

李扬：还有了诗歌的意境和哲学的高度。

师：可见，积累、运用前人的知识是写文章的重要前提。古人说"积土成山，风雨兴焉"，看来写文章也是这样。

师：我在课下给同学们布置了一个话题，让同学们积累有关宽容的材料，但需要对材料进行加工，就是给每一则材料选一个角度，例如，"成功、价值、人格"等。也就是说，你需要对原始材料进行加工，用思想来加工，选择一个角度对材料进行阐释。

王晶晶：一个抢匪敲开了一个女子的家门，他从包里拿出一把菜刀，这时那个聪明的女子微笑着说："我家里正好缺少菜刀，你们推销东西很辛苦，先到屋里喝点水吧。"那个女子最后买下了那把菜刀，临走时男子含着泪说："是你救了我。"从中可以看出宽容是多么重要，它可以改变一个人的命运。

师：是一个人的命运吗？

王晶晶：是两个人的命运。

师：可见宽容是一种智慧，受益的不仅是别人，还有自己。

关玉：秦始皇的"焚书坑儒"和汉武帝的"罢黜百家，独尊儒术"对文化、对社会都产生了消极的影响，这是他们不宽容的结果。

师：我们学过房龙的《宽容序言》，假如无知山谷里的人们采取宽容的态度，不处死先驱者，那么他们就可以少一些损失而走向文明的世界，可见不宽容阻碍了社会的发展，而宽容却是一股促进社会发展的力量。

李骞：为什么海明威一个拥有一切的人却饮弹自尽，而他笔下桑提亚哥的原型——那个一贫如洗的老渔夫却享尽天年？最后是老渔夫的儿子揭开了这个谜底，他公开了海明威临死时写给老渔夫的信："一个人最大的满足不是友情和爱情、社会和家庭，而是满足自己。"我觉得满足就是对自己的宽容。苏轼在人生最低潮的时候写下了"多情应笑我，早生华发"的诗句。这就是他宽容了自己，每个人都是自己心灵的守护神，如果在前行的路上带着一轮宽容自己的明月，那么心灵的空间将不再黑暗。

师：听了李骞情深而理浓的发言，我想起了一首小诗："我喜欢我，一个不完美的我。由于不完美，那才是我。完美的我不是我，那只是一个雕像。"可见宽容自己同样重要，因为只有宽容自己，才有可能宽容别人，宽容自己是宽容别人的前提。

王丹阳：雅典奥运会单杠比赛时，俄罗斯选手涅莫夫出色的动作，却被裁判给了很低的分，因此观众台上嘘声四起，影响了下一个参赛的选手，这时涅莫夫走向赛场朝观众鞠躬致敬，并用手做了一个下压的动作，意思是让观众安静，这样比赛才得以继续。我认为涅莫夫的宽容体现了一种伟大的人格。

师："人格"两个字阐释得多好呀！涅莫夫后来得到冠军了吗？

王丹阳：没有。

生：得到了！

师：的确，不是成绩上的冠军，而是观众心中人格上的冠军。

杨洋：我记得这样的一个故事：一个小男孩经常发怒，他的父亲告诉他，发怒的时候就在木板栅栏上钉上一个钉子，而当自己能够控制的时候就从木板上拔下一个钉子，后来男孩逐渐能以宽容之心来看待这个世界，慢慢拔光了木板上所有的钉子，然而他却悲伤地告诉父亲，光洁的木板上仍留下了钉子的伤痕。父亲告诉他，当你不够宽容别人而给别人造成伤害的时候，就像木板上留下的伤痕，永远不会消失。可见人与人之间应该互相宽容，因为你给别人打开了一扇窗，你也可以看到完整的天空。

师：杨洋谈到了人与人之间交往的准则，这也让我想起了一个故事。孔子的学生子贡问孔子，人生有没有可以一以贯之的准则。孔子回答说，如果有，那大概就是"恕"吧。人生的准则有千万条，圣人却钟情于宽容，可见宽容是人生一条多么重要的准则呀！

芬雪：光武帝刘秀打败王莽后，在公文中发现许多歌颂王莽、辱骂刘秀的奏章，刘秀一把火把这些奏章都烧掉了，正是因为刘秀这样不计前嫌，化敌为友的宽容胸怀，才成就了他一代帝业。

师：宽容的确是一种宽阔的胸怀。海纳百川，有容乃大，人更应如此。

闫明灏：我发表一下不同的观点，同学们都谈到了宽容是一种美德，但我认为有时宽容却是一种祸患。项羽在鸿门宴上本来可以杀掉刘邦，一统天下，但他采取了宽容的态度，最后形成了楚汉争霸、自刎乌江的悲剧。

师：这是一个千年的遗憾，但是如果我们不以成败论英雄的话，我们又怎样看待项羽的宽容？

胡亮：我觉得宽容应该讲究对象，例如，日本在第二次世界大战中给中国人民带来那么多伤害，这么多年来却拒不认错，还反咬一口，因此，对待日本，我们到底需不需要宽容？

李骞：我觉得宽容的人宽容不珍惜宽容的人是一种浪费，宽容不值得宽容的人是一种姑息，宽容丧尽天良、不知悔改的人是一种放纵。

杨国帅：我觉得对于善良的日本人民来说，我们应该宽容，但是对于日本的右翼分子，我们应该予以针锋相对的回击。

师：忧国忧民的胡亮一石激起了千层浪，我觉得原谅但不应忘记，因此，宽容应该分清对象，应该有度，宽容不是懦弱，而是一种发自内心的善良。

吕洋：我仍然认为宽容很美，因为我常常想起一个动人的故事。第二次世界大战中，两个盟军士兵和大部队失去了联系，迷失在森林中，挨了几天饥饿，他们终于打死了一只鹿，在饱餐一顿后，他们留下一只鹿腿，而以后的几天，他们同样没有任何食物。一天，前面背肉的士兵肩上突然中了一枪，后面的士兵惊慌地跑上来替他包扎。那一夜，受伤的士兵听到另外一个士兵在梦中一声声呼唤妈妈，随后他们得救了。三十年后，受伤的士兵才说出了真相：开枪的不是敌军，而是他的同伴，目的是为那块鹿肉。但他原谅了开枪的同伴，因为他之所以要开枪是为了能活着回家，赡养年迈的母亲。可见真正的宽容不只是原谅生活中的点滴琐事，而是能宽容别人对自己深深的伤害，这样的宽容已经升华为一种人生的至高境界了。

师：人生的高境界是多么令人神往呀，我记得金庸笔下的独孤求败有三把重要的宝剑：一把是无坚不摧的利剑，一把是大巧若拙的重剑，还有一把是轻若蝉翼的木剑。同学们想一想是哪把宝剑让他称雄武林？

生：木剑。

师：可见武术的最高境界也许不是刀光剑影，血流成河，而是化干戈为木剑吧。

当然，人生的最高境界也不是针锋相对、睚眦必报，而是拥有淡然从容的宽容吧。

师：同学们从智慧、力量、前提、人格、准则、胸怀、对象、尺度、境界的角度，积累了有关宽容的素材，不仅增长了知识，获得了感动，更提升了思维，因为我们叙述的材料已经不是纯粹客观的材料了，而是经过我们心灵的过滤，经过我们思想的洗礼，给材料打上自己的烙印，材料因我们的阐释而与众不同。

师：那么拥有素材就可以写好文章吗？同学们知道石墨和金刚石的关系吗？

李扬：同素异形体，都是由碳元素组成的，但是形象却迥然不同，一个又黑又软，一个又硬又亮。

师：那么造成这种反差的原因是什么？

李扬：结构不同。

师：可见排列是多么重要。其实写作也是这样，也需要排列的艺术。拥有了素材之后，我们怎样排列呢？下面我给大家讲一个故事，也许对同学们有所启示。那一年在寒山寺，人们都在排着队摸一个人的手指头，就是张继那根金手指，我紧紧攥住不放，直到后边有人大喊"是不是要掰回家呀！"我才恋恋不舍地松开手，一步三回头地离开那个点石成金的手指，离开那个落魄而又得意的张继。我之所以对这个金手指一往情深，不是想升官发财，只是羡慕那根手指的神奇，你看几个司空见惯的景物经那根手指的排列就排列出那样千回百转的哀愁，排列出那样震撼古今的美丽。其实作文也是这样，当我们占有了材料后，关键就在于你拥有的是点石成金的手指头，还是收购废品的麻布袋。下面我们就从我发下去的作文中寻找一下"金手指"的踪迹，也就是总结一下文章排列的艺术。

魏文扬：《风可以穿越荆棘》这篇高考满分作文，通篇以"风"为意象，引用古今中外的事例来揭示风的内涵。

师：假如把"风"这个意象去掉好不好？

魏文扬：不好，这样文章就显得枯燥乏味，缺少文采。

张龙宇：《牵挂》采用的是层层递进的方式，由源于血缘的亲情，超越亲情的爱情，超越爱情的真情，这样层层升华，阐释真情的可贵。

王天放：张老师的《追求》这篇文章，先写自然的追求，然后写到人的追求，再写到社会的追求，这种步步递进的结构符合人的认知规律。

王梓桐：我也谈张老师的《追求》，我到现在还没有真正读懂，因此只能做一些肤浅的分析。我觉得从多个角度谈，很多人都能做到，但是能够自然地排列在一起，让人从中感受到一种思维的力量，我是望尘莫及。

师：但是从中看出你比我要深刻。

闫明灏：我觉得《风可以穿越荆棘》不但使用了意象，还使用了层层递进的方式。开始是自然的风可以穿过荆棘，接着说穿越困难，接着说可以穿过生死，最后说可以穿越时空，通过这种排列，深刻阐述了意志的重要作用。

师：分析得的确精彩，我把这篇文章读了好几遍，都没有理解这么深刻。

孙昌飞：刘男的《生命的神曲》这篇文章写的是音乐，虽然我们读的是文字，但是流畅的语言和华美的文字让我们感到了音乐的存在。

杨国帅：我也谈《生命的神曲》，该文把音乐的美、音乐的精华、音乐的精神比喻成形象的春夏秋冬，把抽象的音乐形象化了。

师：作者把音乐比喻为形象的四季，再把四季抽象为各种精神，分别是什么？

杨国帅：春天的爱、夏季的坚强、秋日的关爱、严冬的宽容。

师：的确，在这样一次次转化中，文章的主旨得到了升华，意境得到了拓展。

王冰：我谈您的《花样人生》，文中写了三种花，分别象征高洁、理解和关爱，从这三个方面来诠释人生，特别是结尾，用生命的花园来点题升华。

师：下面我谈一下我写的三篇作文的构思。（幻灯出示并简介。）

《清纯的角度》，并列式。

让我们看花去：美。

男子汉的母亲节：善。

《追求》，层进式。

是什么？追求。

为什么？自然——→人类——→社会。

怎么办？高远。

《花样人生》，意象式。

陶渊明的菊花：高洁。

佛祖的菠萝花：理解。

高尔基的鲜花：奉献。

师： 其实写作就是这样简单，这就像编织毛衣。大学的时候，我第一次收到我爱人织的毛衣，密密的、柔柔的，上面还有美丽的图案，穿在身上暖暖的，我一直觉得那件毛衣就是爱情，一针一线织进多少柔情呀！如果今天有人问我什么是爱情，我会毫不犹豫地说："爱情，就是一件毛衣。"拥有了许多上好的材料后怎样才能织出让人心动的文章呢？这就需要用思想的针来编织。帕斯卡尔曾经说过："人只是一根芦苇，全世界最脆弱的生物，但却是一根会思考的芦苇！人的全部高贵之处就在于思想。"而写作就是思想呈现的方式。

师： 下面我们能不能也尝试着用我们的思想来编织一件能够温暖我们心灵的毛衣呢？我选择一个话题就叫"宽容"。首先我们需要收集一些毛线，也就是素材，这个任务课前已经布置下去了，但是现在我有个要求，就是不要原原本本的素材，不是要羊毛，更不要把绵羊牵来，我需要大家加工好的毛线。

师： 同学们精彩的阐释给人启迪，令人感动，但我们要想写成一篇同样精彩的文章，还需要把这些感悟的碎片用思想串联起来，排列起来，列一个提纲，要求有每一层的角度和例子。（学生在投影上展示自己的提纲。）

（意象式）宽容三喻
（王丹洋）

(1) 宽容是金，闪烁着人格的光芒。引用纪伯伦的话："一个伟大的人有两颗心：一颗心流血，一颗心宽容"；引用雅典奥运会涅莫夫的例子。

(2) 宽容似花，散发着智慧的清香。引用"送人攻瑰，手留余香"；引用光武帝刘秀烧毁奏章的例子。

(3) 宽容如海，敞开着包容的胸怀。引用"海纳百川，有容乃大"；引用林肯和政敌的事例。

（意象式）宽容食谱
（孙昌飞）

(1) 微笑炖苦瓜：生活中应该以宽容为生活准则。引用孔子回答子贡的话。

（2）爱心鸡汤：拥有爱是拥有宽容的基础。引用鲍叔牙对待管仲的事例。

（3）幸福炒饭：宽容别人也是拯救自己。引用楚王宽容酒后大将的故事。

（意象递进式）宽容的天堂

（李骞）

（1）宽容是生命之香。引用"一只脚踩扁了紫罗兰，紫罗兰却把香味留在了脚后跟上，这就是宽容"。引用雨果的话："世界上最宽阔的是海洋，比海洋更宽阔的是天空，比天空更宽阔的是人的胸怀。"

（2）宽容是人生的阳光。引用将相和的例子说明宽容是处世的重要原则；引用白水禅师宽容人们误解的例子说明宽容是一种人生的境界。

（3）宽容是理解之风。拥有宽容，需要有仁爱之心；发挥宽容的作用，需要换位的理解。

（并列式）拥抱宽容

（王建新）

（1）宽容是沟通心灵的桥梁。引用西班牙一位父亲宽容出走的儿子帕科，结果有200多名等待宽容的"帕科"前来。

（2）宽容是成就人生的基石。引用曼德拉宽容曾经折磨自己的监狱看守的例子。

（3）宽容是哲学思索的果实。引用哲学上认识论的观点，强调出现错误的不可避免和宽容的必然。

（教师用投影打出自己的提纲，并且叙述文章的内容。）

（意象递进式）走在向往宽容的路上

（张宝童）

（1）我遇到一个长着翅膀的天使。

天使的话："把别人对自己的伤害写在沙上，把别人对自己的好处刻在心间。"

讲述：冉阿让和主教的故事。

角度：拥有宽容之心，你就可以成为拯救堕落灵魂的天使。

（2）我听到一首温柔而伤感的歌。

歌词："相爱总是简单，相处却太难。"

讲述：廉颇和蔺相如的故事。

角度：拥有宽容之心，就可以谱写社会和谐的交响。

（3）我登上一座开满鲜花的山。

讲述：和尚与小偷的故事。

角度：拥有宽容之心，生命的沃土才能孕育出夺目的人性之花。

师：同学们想一想，我的文章是怎样排列材料的？

吕化南：我觉得张老师这篇作文采用了层层递进的形式：为什么要宽容——可以拯救别人，可以和谐社会，可以展示人性；怎样宽容——应该有爱，应该有度。

杨薇：我觉得文章还运用了意象式的写法，一次朝圣，一个天使，一场戏，一朵花，一个路标，一只蚌都象征了宽容的各个方面，形象生动，引人回味。

二、学生评课

王晶晶：我觉得这节课有两点让我感受最深，首先，在课上通过同学们和老师的交流，我获取了许多新鲜的例子和独特的阐释，丰富了我的知识，提升了我的思维；其次，张老师这节课中传授的知识不是张老师自己说出来的，而是引导我们感悟出来的，所以我印象很深刻，也觉得很有意思。当然，我非常敬仰张老师的才华，特别是最后张老师读的文字非常优美，可惜我没有完全记下来。总之，我非常崇拜您。

李扬：通过这节课，我认识到了作文个性的重要性，在以后的写作中，我们一定在遵循写作规律的前提下展示自己的个性。

闫明灏：通过讨论宽容的话题，我们深刻认识到了宽容不是懦弱，而是一种力量。当然，由于张老师风趣幽默，知识渊博，我们获得了许多知识，感觉很充实。还有，这节课和平时上课一样，都是我们特别喜欢上的课。

吕化南：这节课我们不仅学会了抒情散文的写作手法，更重要的是我们学会了宽容，这将对我们终身受用，谢谢张老师。

杨洋：在每次作文课上，我们不仅学会了一些优美的语句，更重要的是我们学会了写作的方法，一种传达情感、呈现思想的方法。

张双翼：这节课张老师帮我解决了一个问题，就是偶像的问题，我一直喜欢武侠小说，而且只喜欢金庸的，一直不知道为什么。通过这节课我知道了我喜欢金庸的原因，就是他笔下大侠都有宽阔的胸襟。

齐艳阳：以前我不喜欢上语文课，是张老师引导我发现了语文的乐趣和美。我想送给张老师一句话："张老师，是您让我们思想的花朵在作文这片沃土上灿烂开放。"

王冰：张老师知识非常丰富，出口成章，让我们非常佩服，而我的作文就比较枯燥，没有力度，看来以后我要多读书，丰富自己。

王丹阳：我觉得写作文最重要的是学会一种思想，这样才能够把我们的思维片段联系在一起。

三、对这堂课的思考

写作是语文教学的重点，也是难点。一直以来，作文教学流于一种低效的状态，学生厌恶，老师厌烦。一名教师如何把课堂变成一方人文的沃土，滋养学生的心田，而不仅仅是知识的生硬传递，这样，知识在人文大地的滋润下也才会变得活泼可爱，像一条潺潺的小溪欢快地淌入学生的心田。

（一）人文精神是课堂的灵魂

所有的知识只有经过高尚思想的引领，才会向真理一步步靠近，否则有可能成为罪恶的武器。在这节课中，张老师引导学生探讨了一个很有意义的话题——"宽容"，老师和学生一起通过对一个个典型例子的分析，从中寻找宽容这种美德的踪影，品味那些令人感动的细节，在寻找和品味的过程中，心灵得到了净化。我看到许多学生在叙述时，在倾听时，或眼含热泪，或凝神沉思，我知道那是心灵的悸动。我一直觉得这样的时刻是课堂最美丽的时刻，我们仿佛看到了生命和生命对话，心灵和心灵交流，被一种高尚的情怀引导着飞翔。而知识的细雨在这样的感动中已经把生命的大地打湿，宽容的种子在知识传递的过程中已经在学生的心田生根发芽。特别是张老师能够用自己真实而深刻的感悟，与学生一起把那些例子加以剖析、升华，让这些例子超越自身的使命，成为一个个跳动的情感的音符，一起奏响人文的乐章。更可贵的是张老师在感情注入的同时，引导学生理性思索：宽容不是懦弱，而是善良；宽容不是退缩，而是大爱，因此，宽容应该有度。

（二）合作探究是资源共享的前提

合作探究不仅是学习知识的需要，也是培养学生互相交往、和谐相处的途径。这节课，张老师把学生分成一个个学习小组，为了突出小组的学习效率，每个小组都有组长，在讨论、交流的基础上，每个小组充分吸收每个学生的意见，参与到全班的教学活动中。于是一个个有关宽容的故事被叙述出来，而老师也通过自己生活化的例子，不但活跃了课堂的气氛，也让知识和现实接轨。这样，文本资源、教师资源和学生资源充分融合在一起，课堂真正成为资源汇集的平台，学生的主体性和创造性也得到充分发挥，培养了学生高品位的思维，真正使学生了解写作的思维流程，掌握写作的基本方法。

（三）高效的规律总结是课堂教学的归宿点

写作对学生而言，最困难的地方往往不是拥有的材料少，而是不善于对材料进行提炼加工和组合，而这种能力需要在教师的引导下不断培养。因此，教师在这节课中贯彻了"要想挣脱'套子'，先要模仿学习'套子'"的作文教学主张，在感悟模仿中体会创作的规律，进而创新。此设计重点在于突破传统作文教学"只可意会，不可言传"的神秘化倾向，通过有效的引导、感悟、交流，进而生成和创新，使学生认识到作文不是缥缈难测的，而是简单的、情感的、个性的、快乐的，是有规律可循的。

第三章　建构一种课堂的生命形式

一、关注生命的课堂

　　课堂是学生生命生长的大地，是探究知识的论坛，是接近艺术圣殿的阶梯，是不断变换角色的舞台，课堂教学的无穷魅力就在于其中涌动的生命活力，因此，建立课堂的生命观是探索课堂教学生命力的根本前提，是促进学生走向觉醒的必经之途。

　　建立课堂教学的生命观首先应关注课程改革的总目标。《走进新课程：与课程实施者对话》把课程标准表述为"以促进学生发展为宗旨，确立了知识与技能、过程与方法、情感态度与价值观三位一体的课程标准，这个标准既是新课程的编写和

在美国考察

高考的标准，又是教育大众化的最低标准"，此标准自然也是课程实施者的依据。我国目前的课程标准是依据"要把应试教育变为素质教育"的方针，解决课程内容"偏""难""繁""旧"的状况；不仅是基于个人理性的远见，更是迫于社会进步的压力、民族振兴的压力与学生发展的压力。新课程标准力图全面反映教育目标的主旨和国际教育发展的趋势，在知识观、教学观、课程观、文化观、价值观上综合了各国的优势。例如，它的综合性课程理念来自英国的"综合教学"、德国和瑞典的"合科教学"、美国的"超越学科的学习活动"、日本的"综合学习时间"，因而就有了构建以素质为中心，变学科体系为结构课程，使学生发展为自由的人、完整的人、一个幸福生活的创造者和民主社会的建设者的目标理念。不止于此，课程的结构、综合意识也得到外国教育理论的支持，课程内容从分科走向综合，从体系走向结构，分别得到后现代教育学"知识的不确定性""建构性"的结构课程理论的支持。

　　课程的长远改革目标是终身学习，教改理念是课程、评价、教师专业化，课程的发展趋势是基础性、开放性、生活化、综合化，课程理念是课程对象、内容、目标、评价的不确定性和结构性，但任何课程改革都应得到自己理论和本国文化的支持。美国20世纪90年代的新课程标准运动在教学原则上达成共识，例如，"学生为中心""体验性学习""学科学习的整体性""促进学习""反思学习"等理念，目的在于改进低效率的教学方法，提高教学的效率与质量。事实上，西方每次教育改革都得到了理论支持，例如，斯金纳的"程序教学"导致了电脑在教学中的应用；布鲁纳的结构主义"发现教学"引发教材结构化和模拟探究；奥苏伯尔的"意义言语学习"认为材料有意义，学习一定有意义；布鲁姆的"掌握学习"将学习内容目标具体化，重视形式操作；巴班斯基的"教学最优化"主张教学结构的整体和优化；罗查斯的"非指导教学"主张不是指导学生，而是帮助学生进行对话、交流；桑戴克的"实验主义"认为学习的实质是联结，主张建立情境、分析刺激，形成联结；杜威主张实用主义，认为"教育即生长"，主张"做中学"；赞可夫的"教学与发展实验"主张在学生发展上取得尽可能大的效果。从上述分析中，我们可以看到西方教育改革推动了理论的发展，同样也得到了社会文化制度的支持。

　　我国新课程目标的表述十分抽象，它本身就使我们的认识二元化，这正是当前人文教育观与自然科学教育观之间调节的结果。远比"标准"更为多元的标准存在于更为人们熟知的各个层面：课程——作为"法定文化"体现的国民利益；高考——为了国家利益而保持的选择性标准；教师——迫于升学压力的标准；学生——继续深造的标准；大学——有利的就业理由标准；社会——对学校资源、升学率的评价标准。这些来自社会评价的以"自我为中心"的价值标准，都是新课程本身和实施中将遭遇到的困扰因素。

上述情况说明，新课程标准在理念、理论、文化等方面缺乏本土化的支持，相反，还遭遇制度、机制、教师、文化观念等方面的遏制，处于十分尴尬的境地。出现这个局面更有其历史原因。古代中国的传统教育以单一的儒学为中心，鸦片战争后，西方文化逐渐在中国渗入和传播，东方文化无法化解西方文化，使西方文化趋于大众化而取得合法地位，"民主""科学"成了西方文化东方化的口号和旗帜，致使西方文化与科学之间难以分辨，并对中国社会包括教育产生巨大影响，促使科学主义在中国兴起。1902年4月，蔡元培等创立的"中国教育会"的章程便是"开发其知识而增进其国家观念"以达到救国之用，新中国成立后依旧是"重理轻文"。随着"经济全球化""知识经济"的到来，人们的自然科学观和人文观都发生了重大变化，一方面，重科技、信息、外语的倾向与文化价值失去了平衡，人们不得不呼唤拯救人文的流失；另一方面，大学生就业也受到"知识"的挑战，在教育受到责备的同时，优质教育则迅速摘取了皇冠，"教育质量"登上最高领奖台，人才纷纷告别贫困并按照资本的流向运动着，广大农村出现教育荒芜，由原本贫困的教育转向教育的贫困。当然，如果把这些问题归于教育标准就离开真理了，但改革的本质让我们看到关于人的发展标准从未被抛弃过，这说明关注人的发展是一切课程的共性，并非新课程的特点。

应该说，这个标准以一种民主、开放、宽容的姿态给课程实施者以积极的指导，这样，新的课程也如一个刚刚出生的婴儿那样，存在着这样的现实：动力与障碍、澄清与混乱、吸收与排斥并存。当然，障碍可能正是探索出现的问题，混乱是争论深入的表现，对立表述着文化的多元性。在解读新课程中产生了许多对立的观点，例如，"情感说"悄然兴起，他们的观点不是把情感纳入学习和教学中，而是强调知识与情感比，情感是第一位的；另一些是为知识鸣不平的人，提出谨防"轻视知识"的教育思潮；还有一部分专家认为，如果任凭新课程把知识推崇到极致，甚至达到唯知识独尊的地步，那么教学目的在一定程度上被异化了。在"教什么""怎么教"

的问题上分歧最为明显，"怎么教"的问题要比"教什么"的问题更为重要，"教什么"在本质上是永远的，因此，关注学习的过程和学习的方法就被摆在突出的位置上。与之相反的观点是教师应该关注的远不只是课堂教学行为，有效教学策略、课堂教学模式等问题更应该引起我们的关注。

这些观点都不同程度地反映了课程观、知识观、教学观。他们或许只是反映自己的价值观，但并不能完全表述新课程的目标意义，对课程标准来说也称不上什么澄清。那么，为什么会出现这么多几乎完全相反的解释呢？根源正在于新课程目标自身。新课程是时代的产儿，由于教育本质上是一种文化现象、一个民族的时代精神，这种时代精神贯穿各种文化，所以，课程也不能站在时代以外，它只以自己的特殊形式表现时代的实质。

我不主张对新课程标准进行批评，正如一位思想家说的那样，我们盼望看见一棵树干粗壮、枝叶茂盛的橡树，如果看见的不是一棵橡树，而是一粒橡实的时候，我们是不会满意的。科学作为精神世界的王冠，我也不希望看到把课程解释成碎片一样的场面，绝不能把课程引向另外一个标准的领域，使这个领域与知识领域对立着。

我们应该保护我们的精神家园，而要做到这点，就必须认识我们文化思维的缺陷。我们文化思维总是从抽象原则出发，又从抽象的范围一下子过渡到具体，不经过思辨的思考，直接按照直观的形式、感觉的形式表现出来，没有思想必然性的证明，对具体的东西又不能概念化，因而内容缺少丰富的内涵，不能给思想一个范畴。黑格尔把从最抽象的范畴一下过渡到具体的这个原则称为"这是中国人的智慧原则，也是一切中国学问的基础"，认识这一点也许对我们如何理解课程标准有一个思想的借鉴。

课堂改革不是改头换面，而是教育理念、课程体系资源、文化建设的整体改革。新课程改革在结构上更重视基础，更重视知识的多样化、多层次性、综合性，这也为学生学习的可持续发展奠定基础。改革关注的培训目标是公民责任、个性的充分发展，生存能力、创造力、批判性思维能力、交流合作、信息素养的培训，以及开放的国际视野和世界公民意识，这些都可归纳为"做人"意识的培养。

建立课堂教学的生命观应关注高考改革的方向。新课程的目标与高考目标即使在理论上表述完全一致的时候，实践上仍会出现观念、行为、结果上的矛盾。高考的选拔性必然引导教师、学生的趋利性，从而改变课程的价值取向，使课程改革实践带有局限性。课程改革关注人的发展，人的根本性的发展是个性的发展，个性能否得到充分发展，既是价值目标，又是最终目标。个性发展需要个性化教育，个性化教育是个很重要的概念，其本质是自由发展的教育和全面发展的教育，但这也是一个从教育观念改变引起一系列概念改变的问题。例如，个性发展与人才标准的问题、个性发展遭遇到的体制问题、个性发展与"大小班制"的效果和效益的问题、创造力培养受高考统一标准制约的问题等。

对于一个已经建立起新课程理念的教师来说，完全可以做到让新课程与高考保持一致，只有那些认为自己"传授"的是知识，还没有自觉地意识到教育是关注人的发展的人，才会极力维护传统意义上的课程。但当我们带着改革后的新课程理念走进新课程时，还会遇到各种困难。新课程的许多观念对教师而言，都是以知识为表征的，这是职业的专业化"习惯"。就知识、知识范畴、获得知识的方式来说，新课程的知识观由知识的工具性扩展到知识的社会性和实践性；知识的范畴由师生关注的文本内知识延伸到生活实践，使知识具有动态与开放性特征；知识获得的方式是在互动中，在与思想以外的关系中主动建构，关注的是知识形成而不再是单一传授知识的结果。

高考改革已从知识立意向能力立意转化，由定式思维向思维品质转化，考题中所渗透的科学意识、科学思想、生活感受以及文化性、人文性、多视角、多切点已日益凸显，我们已经模糊地发现新课程与高考的一致性。

建立课堂教学的生命观呼唤一种创造精神。新课程的产生无疑是中国教育发展史上的一次重大变革。这次课程变革不只是它自身的变革，更是由课程变革而引起的课程理念、文化观念、教学观念的变革以及由此引发的一系列变化。课程改革的必然性并不意味着必然性的发展，新课程带来的问题首先是与新理念并存着的困惑。

新课程理念基本上是西方教育思想的体现。从传统的自由教育到现代教育，整个教育思想的发展史中产生的理论精华，在新课程中都得到了暗示或展现。例如，皮亚杰的建构主义、施瓦布的探究式学习、阿尔波特的合作学习等教育理论，不仅受西方哲学影响，也得到了西方文化的支撑。他们的教育理念不仅被一个时代的整个教育界所认同，而且得到全社会的支持，这些理论是建立在自由、民主文化基础上的普遍性的观念。

　　与西方课程理念相反的中国课程观念，虽然历史上受到过西方教育的影响，并产生过"兼容并包"的先进思想和实践，但受单一的苏联式教育影响较为深远，课程体系和集权体制都是一元化，课程成了国家单一的"法定文化"，这样的弊端恰好又与我国历史上的文化教育和宗教哲学结合着。中国宗教哲学表现是抽象的，内容是枯燥的，没有个性，个体的主观精神得不到任何发挥。而儒家的文化教育又都是"具体"的伦理规范和国家礼制等，并没有理性思辨的哲学概念，只是被用来代代"传道"的"法理"，文化是统一的国家文化。这样，教育的一元化就成为最能得以延续的古代教育传统。

　　上述分析证明这样一个结论：我们的教育观念既受到历史传统观念的束缚，又得不到整个民族的文化支持，其传统观念根深蒂固的程度是可想而知的。

　　建立课堂教学的生命观，遵循教无定法的理念。中国历史上就有"因材施教"的教育原则，这一原则体现了针对不同个性进行教育的生命观，但在方法上仅局限于教，中国现代教育理论基本上"拿来"的是苏联教育方法，但苏联的教育理论已发展了。从世界的范围讲，涌现出的许多崭新的教育理念体现了教育的多方面需求。例如，巴班斯基提出了教学过程最优化理论；美国心理学家凯利提出建构主义，认为知识不是被吸收而是由认识主体主动建构的；美国著名小提琴家伊萨克·斯特恩认为一生中永葆一颗好奇心是至关重要的，"提出问题就是学习"。这些都说明，无论是哪种教学思想，最终目标都是让学生发展，让学生在教学过程中生长，让学生获得可持续发展的能力。这样的目标需要我们常常问一问自己，学生到底学到了什么，我们教给他们多少东西。一个好教师更应懂得如何创设教学环境，意在言外，境在象外，志隐味现，不应拘泥于哪种形式，而取决于学生学到了什么。到底给予学生什么，有时这种思索本身就是课堂生命的精华。

　　激活学生的思维是一种有生命意义的情怀，也是一种高超的艺术，需要教师有心理学、哲学、计算机等多方面的综合知识。课堂教学应提出"乘法"观念，但这个观念不能仅仅以传授知识的数量来衡量，对于自然科学知识的学习来说，不仅应包含知识的数量，更应包含各种科学意识、科学思想、科学方法等。因为课堂应该是讨论知识，享受艺术的地方；应该是心灵碰撞，产生思想火花的地方；应该是好奇探究，充满无穷想象力的地方。课堂的生命力源于授课方式的根本变革，首先，教学活动的性质是一种有序的创造性的文化活动，是一种生命活动，但这种生命活动又不是适应性的生存活动，而是创造性的文化活动。这种活动是为了满足人的需要，即人自身发展的需要，它包含着人的欲望、情感、意志、理想，既是人发展的内驱动力，又是人发展的有意识的目的。这种具有超越自我生命本能的特征与素质教育的创新本质是一致的。其次，新课程体现了时代气息，为教师提供了自由、自觉展示创新教学的舞台。其标准着眼于未来社会的公民素质，关注学生学习的过程、方法、情感、态度及价值观等方面的发展，定位于终身学习的要求，从目标、结构到探究都蕴含着素质教育的理念。

建立课堂教学的生命观，需要教学的反思。当今社会，教师的责任变得多样化，不断增加的信息资源和教育手段使教师对学生需求的不可预测性增加，劳动强度增大，而课程变革对教师提出了更高的要求，要突破课堂教学的局限性，在完成知识目标的同时，还要关注道德目标、情感、态度、价值取向、自我评价等。教师面临着巨大的压力和挑战，只有不断反思自己，才会使教学更有生命力。斯登豪斯认为，没有教师的发展，就不会有课程的开发。

那么教师遇到的主要困难究竟是什么呢？就是对自身的否定，或自我反思。斯宾诺莎受到黑格尔肯定的一个观点是"否定同时是一个肯定"，否定自己是困难的，因为否定什么就等于肯定什么。批判自身传统的东西意味着要吸取新的东西，传统的东西哪些是应该摒弃的，哪些是应该保留的，不应该持全盘否定、一律批判的态度，吸取新的东西也不是全部"拿来"的态度，这种辩证法的困难之处在于遇到困难时如何进行具体分析，因为这涉及求实态度、文化水准、思维高度、客观标准等一个人的全部理论素养和实践能力。因此，如何对待否定与肯定、批判与继承是我国历史上一个教训十分深刻、值得每个人深思的问题。

教师的自我反思也是有条件的。它的前提是教师具有了解东西方文化冲突，并且有进行融合的意识。既要知道东西方文化在政治制度、经济规律、社会意识形态、文化形态、教育文化方面的矛盾与冲突，又要了解东西方在这些方面的普遍性与共性以及教育的优劣，在此基础上进行有意识的批判、选择和融合。另外，还要同自己的教育实践相结合，这样才能体味到反思后的成果，而不是"苦果"。对东西方文化教育进行比较，不是中学教师的事情，但新课程所体现的人本理念、个性发展、互动方式、多元文化的价值观等已经把教师推到课程前面，没有这些方面的学习，就很难把握新课程的意义。

新课程给教师带来了难题，而解释新课程难题的人也造成许多误导，甚至许多提法放在一起比较时也让人如坠云雾。自我认识失实、自我体验失衡、自我调节失控是儿童自我意识发展中的最主要问题。儿童就是儿童，儿童除了"天真"，主要是模仿，过度强调自我意识是不恰当的；在高中教育中对情感教育的过度强调也是不恰当的，青年就是青年，青年时期主要应该培养理性对情感的主导，是真正自我意识培养的最佳阶段。

因此，教师在观念上也应改变一下，不能一味地讲情感，如善、恶、仁爱、谦恭等伦理秩序，这不是一个民主社会的全部准则。我实在是想表达一个被忽略的内容和意义，那就是对理性思维的呼唤。因为理性修养比情感修养更重要，这是向法制社会转型时期一个应被高度重视的问题，更何况我们的课程改革对教师的理论要求也是十分迫切的，教师在新课程改革的实践中遇到的困难与自己思想理论上存在的困难是并存的。

有的文章列举了教师要读六类书：传记、教育家、专业、科技、当代文学和学习方法。美国一位教育家认为教师必须学习哲学、心理学、教育学和计算机科学。且不说哪个更有道理，但教师的文化修养和理论修养应是课程改革过程中最重要的方面。

教师必须有勇气走进新课程。就教材而言，它不只具有"教科书"的意义，它更允许教师通过重组或整合课程，为人的发展目标服务。在这样的理念下，教育通过反思已有的教学实践经验，就能够发现新课程的思想，这些可贵的发现都可以帮助我们在认识上澄清混乱，使优秀的东西在推进新课程的过程中得到继承和发展。

新课程的本质在于它是历史发展的产物。它既体现国家需要，又有它存在的客观基础，因为它既是国家意志的体现，又是科学技术发展和社会进步的结果。由于学校的任务是培养、塑造未来的人，因此，它必然反映人的发展需要，教师既要关注国家的需要，又要关注个人的需求。教学上对这两个方面的关注都是通过对人的学习、发展的关注和高考变化的关注得到体现的，我们必须有这种自我觉醒的意识。

教师在总结新课程的教学实践中应体现下列原则：自由原则，自由是人类的特性，个体的解放集中体现主体自由性的发挥，这是主动发展的前提；整体性原则，整体是结构或系统，在这里，首先指三位一体，即教师、学生、文本的作者，三者为一个统一体，整体、个性作为人的本性是情感与理性的统一，因而个性发展是人的整体性的发展；激活问题的原则，教师善于通过提出挑战性的问题培养学生创造性思维；效益最大化原则，以最优的方式获得最大的教学效益。

从这些原则出发去关注人的发展，应有如下教学特征：学习上有主动性；培养能力上有素质要求；教学内涵上有空间意识；互动方式中有资源意识；需求观念上有满足需要意识。

建立课堂教学的生命观，彰显对生命的关爱。现代社会是货币经济和都市生活的时代。货币无孔不入，像蜘蛛一样把社会关系、人与人的关系重新编织起来，没有什么比货币更能象征世界的动态性的了。人们一方面享受着都市生活，另一方面变得傲慢冷漠、精于计算、表现自我，人在心理上的困境是可想而知的，人在物欲横流的社会面前日益失去了反抗力量。在人性的力量被削减的今天，应从人的发展，从人与社会、人与自然的关系出发，重新审视人文关怀的价值，增加使命感。

正如余光中所言，生命里面光有真理、美德还不够，好像还缺少什么，生活里面还应该有艺术，有美。现代人的毛病就是什么东西都知道它的价格，而不知道它的价值。小提琴家斯特思说过，在每个人拥有的富有创造性的美的背后，不管是在音乐、绘画、舞蹈、雕塑中，还是在思想中，都有完整的生命，一部有文化积淀的历史是世界上绝无仅有的财富。

教师的价值在于把爱给予学生。学校是生命的园地，学生是在呵护、关爱中成长起来的。正是这一批批把爱留下来的教师、一批批把爱带走的学生共同创建了这富有生命的校园和厚重的校园文化，这是学校的生命力之所在。

学校的生命意义在哪里？在于促进学生的发展，而不是以牺牲这种发展为代价，珍惜学生的时光、珍惜学生成长和发展的潜能，这是和生命的意义相关的教育。传统教学模式的缺陷是注重"教书"，复制文本，是一个教授化的课堂，"教书人"把知识点当成教学目的，把课程当成教材，把教授当成学习，把知识和技能当成课程目标，像拥有所有权一样去占有时空，教与学的关系成了奴役化的关系。如果不能超越这种教学模式的束缚，那么，我们的素质教育将是一个"悬案"，学生学习的发展将是一个遥遥无期的等待，课堂教学终将是一个复制文本的行为，尽管我们界定了"教书"与"教人"是两个不同的概念，在课堂上仍会出现理论和实践剥离的现象。

高度决定视野，角度改变观念，如果转换一个角度，我们就能发现问题的所在。课堂教学活动是在已被设定的时空中进行的，这种特定的时空有需要完成的具体内容，客观上存在着对教师和学生的外在限制，容易形成一种思维定式。作为先生的教师有先学的体悟，而教学活动也是一种经验和体验活动，教师熟悉课程重点和难点，也知道学生在哪些知识上学习起来有困难，当这种经验、体验和特定的时空、任务结合在一起时，就很容易产生一种本能意识，即自己对自己的崇拜，把自己确立在神圣的地位，原有的经验、体悟和方法不再成为重新探讨的东西，而变为直接传递的经验和方法，导致教学模式化，这种现象是教师的一种异化。黑格尔解释为："主体在一定发展阶段分裂出它的对立面，变成外在的异己力量。"

教学活动上出现的矛盾，是教学活动中生命活动的内驱动性与课堂教学客观限制性的矛盾。一方面，它是积极的，表现为生命活动具有的内驱动力，我们称为向上取向；另一方面，它又是消极的，是制约自身发展的限制性，我们称为负向取向。前者具有驱动性，后者具有制约性。可见，教学过程是一个永不间断的扬弃必然性的创造过程。因此，教师的教学过程应是一个张扬向上，把握负向，不断认识和解决矛盾的过程。

归纳上述问题，其实质就是"教书"还是"教人"的问题，这个问题从不同的方面反映了"旧大纲"与新课程标准的区别，传统教学与素质教育的对立。为了界定素质教育的范畴和保持对传统教学扬弃的态度，我把"教人"的课堂称为素质教学，素质教学关注人学习的发展，表现为一个学习化的课堂，在本质上，素质教育和新课程标准是一致的。

我常有感于教师在课堂上作为一个听众时的真诚，肯定时恰如其分，褒扬时激人奋进；学生在教师创设的情境中得到充分展示，师生在互动教学中获得契合之美。贝多芬在创造《F大调第八交响曲》第一章诙谐快板时，听力已完全丧失，正当他痛苦万分之时，有人把发声的节拍器送给他，他把真诚的情感与节拍器充分地结合在一起，让伟大的智慧与心灵像天地一样契合，创造出了不绝于世的伟大乐章，可见每一个创造都是生命力的展示。

尊重学生，你会感受到青春的涌动，会有始料不及的发现，在教学中凡是给学生陈述权的人大都有过这种收获。有一道关于折纸的高考数学题，在网上发表答案的周树刚同学的见解有独到之处，这说明学生本身就是庞大而丰富的教学资源库，需要我们进行信息整合。

新课程作为一种创造性的文化活动，体现着对生命的关怀和对生命价值取向的指向性，教师关注的实质是通过对课程的关注去实现对生命发展意义的关注。因此，教师的文化观就是生命观、生长观，是关注生命发展的课程观。在课程的实施进程中，教学过程是一种对人的发展的生命体验的过程，自然包括知识与智慧、情感与理性、欲望与理想等。这些理性、非理性观念的产生，都是文化的碰撞与融合，也是人的情感沟通与升华的过程，所以，教师不仅是掌握科学思想和科学知识与方法的理性的人，还应是具有人文精神的文化人。

知识是过程还是结果？处在开端"教"的教师与处于终端"学"的学生有一段既近又远的距离，而两端之间就是一个神奇的教学过程，一切快乐与压抑、轻松与沉重、需求与发现、成功与失败都隐含其中了。这个过程充满生命的灵动和思想情感的流程以及思想的碰撞，无不展示着生命的意义。

二、聚焦微观的课堂

（一）新课程推进与高考指挥棒

新课程从人本理念出发，以关注人的终生发展为理想目标。新课程围绕人的成长、知识的形成、情感的需求、价值评价、方法运用提出指导性方向，也为每个热情探索的教师提供了一个更为开放、民主、自由发展的空间。很明显，新课程是在以自身发展的理念，引导教师告别传统教育的思想，努力推进素质教育的进程。

随之而来的是高考指挥棒，亦是以条件隐蔽、视觉独特、立意新颖、创新明显的特征让人耳目一新。它引起广大教师的高度重视和深层研究，促使教师改变教学视觉，重新思考新课程的价值，并对教学实践进行积极反思，高考方向、策略的这种调整无疑对新课程改革起着助推器和引领方向的作用。

新课程与高考的结合，是一种古典美的思想艺术的呈现，这种思想一旦被广大教师所掌握，进而转化为实际行动，就可以冲破阻碍，形成新课程所需要的生态环境，新课程就可以真正起到强化素质教育的作用。

我们许多人认为大力宣传新课程可以推进素质教育，很少想到高考的引导作用，并企图回避它，甚至把高考置于同素质教育对立的一方去批评。这种回避矛盾的行为不仅阻碍了新课程的探索，还设立了自己的对立面。新课程的作用是告诉教师如何做，高考则告诉教师必须这样做。前者是理性的，是通过理念、方法、价值等呼唤教师；后者是非理性的，通过社会评价、个人目的、学校升学等对学校、教师进行综合提示。前者是引领作用；后者是强化改革。

高考的强化作用关系到新课程改革所遇到的阻碍势力。我们的课程改革不能只看作教师和校长的事情，以为校长、教师才是决定因素，这是对新课程的"简读"。新课程改革不仅是一个时代的大事件，而且是一个民族能否屹立于世界之林的未来战略问题，可许多人对高考不这样解读，他们认为考试只是一种选拔，甚至是一种数字统计。

高考的神秘性造就了许多人对它的误读。高考无论如何选拔，终不能超过"科举"的指令，所以指令性目标都暗示着"科学"的目标，这种目标如果具备教育的公正性、均等性亦可，但这种公正性、均等性又淹没在差别里。差别属于一个独立的世界，在这个世界里，只有百分点是真实的百分数，与新课程没有任何联系。可见，单纯的知识性考察对具有灵性的人而言是不公平、不均等的，更何况地域的差别、名额的不均衡等诸多因素加剧了这种不公平。

虽然失去公正性就仿佛失去了指导性，但指导性仍然存在，有新课程无法比拟的指导作用，这决定于公正性背后的客观性，而这个客观性是农民、工人、穷人的差别，以及户口等地域性差别，它已经发展到金钱的差别，即高考的指导作用被金钱的作用所替代（"高考移民"），所以，高考的指导性产生的后果是不公正的，新课程也仿佛走进了死胡同。在这个死胡同中，教师和校长对推进新课程的作用变得似乎不重要了，从这个角度看，新课程的呼唤在高考指挥棒下是苍白的。但这不仅是高考指挥棒的问题，又牵涉到另一个问题，也就是高考政策的问题，这个政策问题是未来的民族问题、国家问题。我们需要思索新课程的进程以外的一些问题，实在地说，深入思索新课程与高考之间的关系有利于坚定我们推进新课程的信心。

（二）教学行为和教学理念

对新课程的研究，很长一段时间，仅仅是研究其理论的层面，而没有亲身经历新课程的实践，我认为这仍然等于没有跨进新课程的门槛，但我不是通过课程去体验教师的那份感觉，而是想用一个教师的体验去认识新课程。教师的教学可以有两种情形：一种是不自觉的行为，只是完成课程的目标或任务；另一种是自觉的行为，就是有意识地去探索课程的生命力，或者说新课程存在的方式，探索它的生命力是通过一种怎样的方式显现出来的，否则，我们就无法知道什么样的课程才是新课程。

新课程首先不是一种教学行为，而应该是一种教学理念。也就是你的理念是什么，它是怎样支持你的教育思想，决定你的教学设计，和以怎样的方式去践行，这是一种理论教学，这是大师们都能达到的教学高度。我听一些大师讲课、说课、评课，他们都有自己的教育理念，他们所展示的是自己的教学思想，如果他们讲别人的思想，那么，他们就不是真正意义上的大师。

当然，这种理论教学并不是抽象的概念，而是具体的实践。以我讲的哲学课为例，设计的前提就是理念的存在：哲学是一种原理，还是思辨的能力？是培养学生对原理的解释，还是培养他们的思维品质？如果你选择前者，那么，课程的设计理念就是选择若干实例去解释原理，这无疑要回到课本的模式之中，就会出现复制文本的课程行为，教师就超越不了自己。如果选择后者，情形就完全不同了，你就会去寻找另一种教学方式，也就是通过什么样的教学方式才能达到培养思维品质的目标。用实例去说明原理是不行的，而必须设计适合我们的问题，去说明问题、分析问题，而在问题中应包含着哲学原理，分析问题的过程就是使用原理的过程、说明原理的过程，这样原理不再是枯死的，而是充满灵性的，是有生命力的，学生获得的就是观察力、发现力、判断力、逻辑推理能力等各种思维能力。久而久之，你会见到生命的生长、思维水平的提升。

但是这样理念的具体性在教学过程又羽化得无影无踪，它被融合在教学过程中，它被教学方式所替代。我们说教师展示自己的思想，而且只有能够展示他的思想时，教学才达到理论教学的水平，一旦到了这种高度，离大师的距离就不远了。

教学理念是怎样产生的呢？它不仅是对教学过程长期体悟的一种结果，更是来自于对教育对象的研究。教师应知道学生的具体需要是什么，在怎样的情况下这种需要才能达到最大限度的满足。教师在研究教育对象的需要时，视野不能仅仅定位在知识的水准或范围，更应面向生命生长所需要的更为广泛的范围，这样，我们观察到的问题就多了许多，甚至会发现不少矛盾的东西。比如，对一个单元的知识来说，教师通过何种方式能知道这个单元的知识，哪些学生自己能懂，哪些知识讲都未必懂，未懂的东西怎么样才能让学生懂。我们的教案都是一种预设，至多是一种经验，或是对教材分析的一个结果，但我们设计的重点、难点等往往不是那样，会在实际中发生不少变化，所以，有经验的教师常有另一个或几个教案，我们称之为"心中教案"，这是他在教学过程中写成的，教师对教学过程需要反思就是这个道理。

只有研究教材，才会发现有缺失。教育对象的需要是一个活生生的生命需要，每节课都意味着生命的生长，是生长的一种环境。因此，教学要研究情感、交流方式、生态关系、文化的融合，要研究对生命的关怀。我们的知识一旦成为一种生命的符号，那就是另一种情形的出现。比如，我们的课堂是否有一种解放的兴趣？我们提出的问题是否激活大家的思维？这些问题能否帮助我们建立起对话关系？这样的思考与实践可以使课堂真正具有生命意义。我们的教学就能把知识传播的渠道改变，单一的传授可以变成知识的形成、自由的建构，由一个人讲授变成整体的参与、研究，就能把学生的需求转换成一种资源，生长的动力就可以转换成学习的目的，枯燥、乏味就可以变成一种生命的激动。所以，研究教育对象，建立生命观点才能形成新课程理念，课程的价值和意义应是很重要的教育理念。新课程所体现的价值观是关注人的发展，并为人的终身学习提供学习的基础；新课程的意义体现在教学中，就是通过关注知识的有用性、时效性、发展性，达到对生命生长的关怀。

在我看来，新课程作为一个新的体系，折射着诸多理论方面的问题。仅就人本理念来说，就包含一个很大的哲学与文化、人文与科学、生命与情感、知识与价值、自由与民主、主体与解放、传统与创新种种不同的领域，这是个很大的思维"空洞"，是过去没有，或者模糊地存在着，但都需要理念的更新与重建。只有形成一种新理念统治下的教育思想，才能有新的课程出现，所以，教师与课程必须得到理论的支撑。

（三）教学过程与结果

知识的有用性不在于教师给予学生多少知识的"结果"，而在于是以怎样一种方式把知识传授到学生那里，这种方式是否使学生充分认识到知识是如何形成的，有多少学生可以参与到这个过程中来，这个方式能否把教学信息资源增加到最大限度。信息不光由教师提供，而是所有参与者群策群力，通过信息增加使教学时空变得更大，从而使课堂的知识容量增加，内容更加丰富，展示出教学的开放性。我之所以把它称为方式，意在把这个方式看成一种客观存在，以区别于形式，并表达它的必然性，进一步说明新课程与传统意义上的课程相比较，不仅仅是形式的变化，更有其价值和意义上的超越。即使我谈到它的功利性，也将是传统课程无法比拟的，假定我们把功利性定位在应试性上，那么，我们也完全有理由说，新理念下的教学效果更有可能达到高考的基本要求，高考只是被素质教育包在里面的"内核"。从这个意义上说，我们仍能看到新课程与素质教育所追求的促进人的能力发展的一致性。

把课堂作为一种公共时空，从而实现资源共享的方式是互动式教学方式。互动方式已成为课堂教学诸因素（参与人数、信息量、对话可能、讨论研究等）的重要存在形式，但这个方式不是对教师要求的降低，而是对教师教学能力要求更高了。互动式教学方式要求教师在问题的准备与引导、思维的发散与集中等方面不断发展自己。树立人本课程的理念要求教师对文化、哲学、美学、心理学、计算机知识和各学科之间的共性有相关了解，并形成自己的文化积淀和人文理念，这样才能把自己的思想更好地融入课堂教学之中，有利于形成教学个性和丰富性。

一个有文化积淀和了解各学科共性的教师更容易做到对课程的整合，比如，教学所需要的相关背景知识、在社会科学发展中有价值和意义的材料、各学科间知识的利用和共享，以及知识重建。我在讲解"对立统一"中曾借助善恶关系，从善恶关系的一个方面"善"中又分离出理性和非理性关系，从理性又延伸到生命的关系。为了让学生从生命关系中理解辩证法，直接引用了哲学散文《灵、肉、文学》，这不仅未影响教学效果，反而成为学生学习兴趣增强的一个亮点，使学生的思维更为活跃，哲学变得有血有肉，不再是无灵性的行尸走肉。

新课程尽管有许多教学方式和方法的变化，但课堂教学仍是它主要的存在方式。课程理念、内容决定授课形式，教师采取怎样的方式上课对落实新课程内容来说是十分重要的。单一的传授方式无疑是一种被摒弃的授课形式，因为它完不成在课堂上探究问题的任务，不能利用广泛的学生资源，也不能扩大课堂的时空。

然而，单一的授课方式不仅是一种传统和习惯，也是一种思维习惯和语言习惯，这种陈述式教学不仅是推进新课程的障碍，也是教师自身发展的一种障碍，这种障碍表现为教师对新课程的一种朦胧或迷茫，在课程的实践中会出现"穿新鞋走老路"的现象。另外一种极端的情形是单纯地追求一种形式，而对创新的教法一概否定，这种情形从根本上说是继承与创新的科学方法论问题。事实上，传统的授课方式中有许多好的东西，比如，必要的解释、引证会使学生立即明白一个道理，必要的推理可以认识思维的逻辑关系，这些都是应保留的东西；但有些是必须抛弃的，比如，学生已懂的东西如何少讲、不讲，或通过另一个问题去说明，使学生从明白的问题中获得一种方法，这既是一个创新的能力问题，也是一个否定自我的态度问题。

因此，如何界定哪些是该保留的，哪些是该抛弃的，是教师的自我革命性问题，是自身对自身的扬弃，这不仅需要理论的准备，而且需要实践的摸索，因此，教师应有解放自己的兴趣和勇气。新课程突出知识领域和问题中心，强调课程内容、社会科技发展与学生生活相联系，把人与自然、人与社会、人与自我、人与文化的关系作为选择和组织课程内容的基本尺度和主题。

整个改革涉及培养目标的变化、育人模式的改变、教学方法的改变、学习方式的改变，是一个由课程改革牵动的整个基础教育的全面改革。无论上面两段话涵盖多少要求，就教学实践而言，要达到新课程的要求，教师的课程文化建设将关系到课程的落实。有知识不等于有文化，我国大学的单一学科知识培养的人才是知识型的教师，这些教师对文化、哲学、科学思想的意识很淡薄，教师应有的诸多理念并未形成，由于缺乏必要的文化、哲学、人文修养，因而在很大程度上会阻碍新课程的推进。

一个时代的教育思想、教育内容、教育方式、学习方式等都是一个时代政治、经济、文化、生活方式等发展的缩影，体现着这个时代的文化背景和社会发展趋势。就教育本质而言，是塑造人的一种活动，其目的是通过人的发展而谋求社会的发展和人类自身的发展。

文化是以人自身生命存在的意向性为理由，不断地改造他周围自然界的创造性的劳动过程，文化的本质就是人的自我生命存在及其活动。课程作为一种特殊文化，是为学生生命的存在和活动而开设的，但是这种生命的存在方式和活动方式是通过学习方式而存在的，因而课程和学习都是　种文化，课程的推进和学习方式的革命都意味着文化的进步和创新。

总之，人本理念只有成为教师的灵魂并在教学实践中通过改变教学方式的形式而得到充分展示时，新课程教学才能从真正意义上实现。

（四）教师的主导作用与学生的主体地位

建构主义认为，学习者并不是把知识从外界搬到记忆中来，而是以已有的经验为基础，通过与外界的相互作用来获取、建构新知识的过程，因此，学习过程应注重学习者的主动性、社会性、情境性、协作性，而不是教师生硬的灌输，学生应该是课堂的主人。我提出一个可以讨论的问题：就一节课而言，一个好的教师是否应不断追求自己讲述的时间愈来愈少？就是说教师占有的时间愈少愈好？这个问题首先就涉及几个问题：为什么需要教师？他因何而存在？陈述的必要性是什么？在什么情况下陈述？你的教育对象的理解水平如何？他们是否具备发现问题和解决问题的能力？这些派生出来的问题如果不做解答，都可能成为一个好教师成长的障碍。

但是，我仍喜欢把问题抽象出来，并且希望作为有意义的问题讨论。所谓有意义，指的是普遍意义，如果我们研究的问题没有普遍性，那么，也等于说新课程缺乏普遍研究的意义。退一步说，如果我们对上述问题不去做具体的回答，只关注一个问题，即关于人的发展、人的学习的持续发展问题，即使这样，这个问题还是有意义的，因为通过对这个问题的探究，我们可以真切感受到学生在课堂上应该处于一个什么样的地位。

教师要追求愈来愈少的陈述时间意味着什么呢？这是一个什么样的教学理念呢？教师是唯一使学生能最优化地学习的导师，通过教师陈述可以把渐悟变成顿悟、彻悟，使学生需要很长时间才明白的问题瞬间释疑。但我们知道学生释疑的程度和教师解惑的时间不一定成正比关系，这意味着教师要花很多的精力去研究课程语言，去关注传授过程中的知识方面的问题，而不是把目光投向需要关注的学生。

教师陈述时间少意味着学生可以与作者直接对话，教师不应只站在文本作者的立场上代替作者讲话，或者帮助作者讲话，他应适时准备改变角色，甚至"中立"，这有利于教师改变位置，成为参与者，让学生直接与作者对话，这可以拉近学生与作者的关系，赋予作者以生命。教师陈述时间的减少并不意味信息量的减少，只要有一个恰当的讨论方式，学生就会有机会认识并提出问题，这些问题作为一个个信息都是十分可贵的，是我们预案中匮乏的，这是教师发现问题的最好机会，是课堂的营养源、动力源。陈述少，意味着留给学生提问题的机会增多，让学生提出问题、研究问题，教师可以发现教学的"意外"。教师备课的难点或者重点只是一个开始，预设的内容在课堂上真正生成才有意义。

陈述时间少也意味着教师教学的民主性达到了一定程度。教师有机会走近学生、接近个体、关注差别，使师生之间的情感流动起来。陈述时间少可以使教师转换成一个学习者，教师在与学生共同研究、讨论中可以发现学生对课程的满足程度，在与他们交流的过程中感受到他们成熟与成长，感受自己获得的激励和鼓励。

课堂是个公共时空，也是个可以扩展的时空、多元的时空，但这还仅仅是时空理念，最主要的它是个生命的空间、生长的空间。教师只是他们生长的致动因，而激情、愿望、主动学习、有目的的学习才是目的因，因此，教师不只要为学生提供成长环境，还要使学生获得成长动机。总之，一个好的教师最终要研究生命课堂的意义。

当然，教师要追求愈来愈少的陈述时间并不是说教师不进行讲解，但教师要讲出高度、亮度才能把学生的思维引到更高的境界。我一直认为课上最终燃烧的不仅是知识，还应是思想或思维。正如帕斯卡尔所说："人只是一根芦苇，全世界最脆弱的生物，但却是一根会思考的芦苇！人的全部高贵之处就在于思想。"根据奥苏伯尔的先行组织者策略，教师的恰当讲解可以给学习者在已有知识与需要知道的知识之间架起一道桥梁，使学生更有效地学习。先行组织者可以呈现情境，可以引起对比思考，因此，教师的讲是必不可少的环节。从这个角度讲，我觉得教师应该在课堂上扮演多样角色，应该是一个设计者，因为一个好的教学设计是成功的一半；应该是一个评价者，因为恰当的评价是激发学生潜能的动力；应该是一个梳理者，因为在纷杂的知识海洋中，教师的作用是梳理出一条通向成功的航线；更应该是一个升华者，在迷茫时指引方向，在消沉时给予力量，在偏激时给予匡正。总之，课堂上确定学生的主体地位和教师的主导地位，师生在课堂上才能演绎一段知识与情感相交融的动人乐章。

（五）课堂评价与课程方向

课程评价既可以定量，也可以定性，然而，我们传统上除了缺少定量分析外，定性的东西也大都是由专家完成的。教学评价又恰好是个很难做的事情，因此，我主张引导性评价、探究性评价。对教师、学生施以影响，共同参与，扬长避短，探索教学优势，使课程评价向积极的方向发展。

但是，多少年来的标准化知识考试已经使教师成为学生谋求升学的工具，尤其科学技术的发展对人才需求提出的挑战，使人们更加关注知识的进步，而非人的发展。这必然让人们有理由倾斜于知识，新课程被作为"新知识"去讲解是完全可能的，这样缺少文化的教师将无法推进新课程的实践。

新课程的阻碍还来自于社会评价。社会评价是社会对学校的一种质量意识和倾向。一所学校的好坏就在于有多少人考上大学，尤其多少人能考上重点大学，不能否认这是一所学校成绩的标志。且不说这个质量高低有哪些因素，单就给学校和教师造成的心理压力来说，也许会使学校和教师质疑自己的改革，而又回到教学的老路上来。

与上海位育中学签订友好合作校协议

质量评价是个极其复杂的事情，我们不能左右社会对学校如何评价，我意在说明新课程的实施应得到社会的关注，就是说课程作为国家文化、法定文化应得到全社会的认同和支持。政府，尤其是教育部门首先应该知道课程改革的趋势、目的和意义，有意识地、自觉地成为新课程的支持者，改变新课程改革只是学校和教师的责任这种偏颇的看法。同时加大对高考试题的研究，通过试题挑战传统的教学方法，改变教师的教育理念。另外，增加对学生的新课程培训，使学生成为课程的参与者；使课程不仅成为教师研究的对象，而且成为教师与学生共同研究的对象，以建立一个广泛的合作关系。推进新课程将会付出很大代价，河北承德第一中学从2002年起为实施新课程而进行的教师培训费用已达百万之巨。起初，我们带领全校教师去山西、江西、江苏等省进行学习，请专家讲课，讲课之后进行新课程实验、研讨、撰写论文以及制定评课标准等，两年后仅有一部分教师得到转变，更多的人仍停留在迷茫的状态。

其实，如果我们承认在简单概念里面包含着事物间极其复杂的关系，也可以把复杂的问题简约化。那么，作为体现新课程的一堂好课是否用这句话可以概括：有一个好问题；有一个亮点；有一个收获；有一份喜悦。

（六）教学空间的有限与无限

新课程理念下的课堂教学在课堂时间长度不变的前提下，拓展更大的教学时空，其内涵价值对人的发展有意义。

扩展教学时空如果以经济学观点来看，有两条途径：一条是外延，也就是课时的绝对延长；另一条是内涵，就是通过提高效率来减少教授时间，使课堂时间相对延长。前者侵占学生时间，不可取；后者可以使师生获得一个更大的公共时空，这就形成了对同一个问题共同探讨的共享机遇，减少教授时间涵盖着一个简约性、浓缩性、一语中的的方法论意义。我们不是完全反对传授，而是要求把功夫放在知识的形成上，在利用公共时空的基础上，通过观察、探究完成认识过程，进而把握科学方法，形成思维品质。唐江彭老师讲授臧克家的《老马》，以"经营方式"理念，从不同角度展现了一位教师怎样给予学生巨大的学习时空：从分组学习到"经营"；从"象"与"意"的板书到洞察力的培养；从学会"倾听"到体味语言；从体会文本到品味人生；从简约而富有穿透力的语言到美德；从文学形象到诗歌创意；从人生的感慨到人生境界。正如他所说："不让课堂出现一个看客，不让一个学生的思维游离。"通过课堂展示的都是认识与情感的整合、生命与人生的律动、体验与生活的契合，仿佛在一个绝对的空间里，把一颗颗心洗涤得纯净无瑕，把狭窄的思维无限拓展。通过这节课，学生怎么能不对"老马""思念""泥土"产生情怀呢！

赵谦翔老师讲授的《寻隐者不遇》一课，通过三首小诗引导学生感悟、体悟"理趣"，直达生命之境界，揭示了一个博大的哲学命题，实现了诗歌教化的目标，使人格特质和个性思维获得广阔生长的空间，展示了一位教师"一石击破水底天"的艺术造诣。小小课堂展示一个巨大时空，其内涵如同商品这一细胞包含着一个经济规律，如同华夏文明中的"一"包罗万象，演变出千变万化的规则。

新课程为教师留下了更大的创造空间，并赋予课堂教学以生命力，而课堂教学的生命力在于教师的创造力。创造力不仅是一种创造能力，也是一种创造过程。在传统意义上，课堂教学就是理解文本，如果我们把视角转换到哲学上，我们就会发现，理解是在课堂这一广阔的时空中进行的文本、作者、解释者、读者的对话过程，并且由于历史的时间间距，解释者与文本的对话在不同的历史视界和现实视界的不断碰撞中融合。这一过程不仅具有理解文本的意义，而且会使我们获得有关创造力生发于文本"内外"的启迪。

课堂是个语言的世界，所有的理解都包含在语言交流之中。语言是解释者和解释对象之间的中介，正是借助语言，才使解释和文本之间相互作用、相互沟通。没有语言对话，理解就无法进行。课堂教学是对文本的理解过程，其实质是解释者和解释对象之间的对话过程，是我们通过解释让文本出来说话，文本只有用读者懂得的语言才能进行对话，但文本的历史已经成为过去。这就是说，与文本的对话不再依赖历史的客观环境，而只能依赖对话情境，这个情境是现实的。或者说，它离不开我们真实的世界。因此，文本的意义就不可能是唯一的，而是开放的，即解释者和解释对象间的相互重叠和融合，这就是解释学的"视界融合"。新解释学强调通过交流与融合不断完成对文本的理解和创造。

课堂是展示多层面文化视界的空间。文本、学生和教师因历史时间的间距性而形成不同的文化视界，在思想、心理和时代环境上处在一个不同的视域，即"观察范围"。文本的视界和解释者的视界所形成的历史间距性会产生"见仁、见智"的差异，在文本的不同层面上会因解释者总是与文本相关联，而又因个人的认识不同，不断产生文化碰撞，然而，这种文化的碰撞却是十分有意义的。

碰撞是视界融合的前提，碰撞使我们同文本进行对话成为可能，解释过程就是对话过程。教学的解释是为了实现对文本原意和文本意义的理解。新解释学认为，根本就不存在文本的原意这样的东西。理解文本的原意，知道文本作者要说什么，设身处地地体验、恢复作者原意，应是教学的意图。但这不等于说我们的教学只为追求"原意"或"唯一解释"的客观性，更不等同于教师灌输预设好的对原意的解释，而是通过对话，不断地去接近作者的"原意"，并在"恰当理解"文本本来面目的基础上，赋予文本以意义，即超越文本作者的意义，这样才能展示出文本的生命力量和时代意义。

解释的目的是使事物的真相从神秘之处显露，即揭示出文本的意义。解释学认为由于历史时间间距性的存在，解释者的主观"成见"不可避免地参与到文本的理解之中。旧解释学认为只有消除偏见、克服历史距离，才能恢复作者原意；新解释学认为"成见"必然要参与到理解文本之中，它不仅是理解的组成部分，更重要的是，它是理解发生的前提，就是说解释者被"成见"束缚在当前的视域，恰好形成一个历史视界与解释者视界的融合，理解就是不断形成新的视界融合的过程。

"成见"为我们的全部经验、能力指定最初方向。许多传统、权威的东西，包括教师的个人"成见"都可能是排除了自己的历史时代的限制，达到一定程度上对文本原意的解读。它代表了一种"保存"的意义，并参与到对它理解的统一体中，构成更大的"视域"。因此，对"成见"应保持开放的态度，就像我们保持了事物的属种概念或"前理解"，再去认识它的属种关系一样。

教学中多种"成见"会构成更大范围的理解与对话，这种沟通的存在方式会成为教学的理解结构。一个问题对另一个问题的碰撞，会引出更具有挑战性的问题，从而使文本的意义更为开放。

把局部的知识纳入更广阔的历史知识领域，把文本范例与"类文"教学结合起来构成"相关链接"，形成整合文本，就能展示出一个方法论的功能，并使我们产生一种对创造力的根本激动，我们的发现就不仅仅是相关资源的意义，而是更有可能帮助我们关注教材的使用意义，甚至产生一个更大的文本"内外"的思维空间。

无论是文本的原意，还是文本的意义，都会隐藏在不同的视界中。就文本原意而言，它具有作者思想的历史层面和原初特征；就文本意义而言，解释者因历史时间的间距不可能重现文本或作者的原意，而只能是相互作用下的视界的重叠或融合；就"通感"而言，因兴趣、动机、关注对象不同也会有"南腔北调"。在毕加索眼里，一个完整的句号曾变成过骷髅，这种文化视界的差异会使文本原意"走调"，而文本的意义会在理解中生成。因此，文本的原意或意义无论是潜在的，还是显现的，都反映了文本的隐蔽性，但这恰好是我们教学的目的，也是我们教学的魅力。比如，政治课本在普遍性和特殊性关系中引用了公孙龙著名的"白马非马论"，如果从逻辑关系的属种关系出发，进一步对墨家的"杀盗非杀人"的命题进行分析，并延伸到学生熟知的生物属种关系，去解读哲学的共性与个性，就会使问题链接起来，达到思想沟通、知识迁移，完成由逻辑到哲学的思辨教学过程。教学实质上是教师对教学体验的叙述，教学目标最终反映教师自己的教学思想。例如，引导学生聚焦国内外热点问题，筛选大家关注的素材直接进入"文本"教学，更能体现政治课的鲜活和优势，会推进探究式教学的发展，促进学习方式的转化和思维品质的升华。这样，政治课就不再是乏味的解释，而是有价值取向和意义的研究，会让先理论后实例的呆板的教学方式，转变成用材料引出问题、通过分析再展示理论的有生命的教学方式。

文本的隐蔽性表现为原意和文本意义的隐蔽。这些原意和意义不只隐蔽在作品、作者的思想中，还隐蔽在特定时代和特定环境中。因此，文本链接是把局部的解释纳入更广阔的历史知识领域，使读者与文本的对话在兴趣、目标、准则等方面更具有"协同性"，让文本与时代的关系通过语言而得到充分解读。我们在"大语文"观指导下所实施的"类文教学"就表达了这种价值取向，通过同类文体、同类主题、同类背景、同类技巧等相关文章进行整合，比较异同。例如，讲苏轼的《赤壁赋》时，引入《后赤壁赋》《念奴娇·赤壁怀古》，链接辛弃疾的《永遇乐·京口北固亭怀古》、王安石的《桂枝香·金陵怀古》，使学生思想和情感在更大的历史知识领域畅想、生发、碰撞与融合，在教学过程中完成知识的建构意义。

韩红英老师在讲《巴尔扎克葬词》时，通过鉴赏该文的情感与哲理，链接所学文章《祭十二郎文》《悼念玛丽·居里》《柴桑口卧龙吊丧》《江城子》等，比较异同。通过葬词的共性与个性之比较，引导探究，体味情感，品味哲理。在这里，有意义的链接意味着一个新信息场的存在，展示出一个更广阔的历史时空和一个更大的视界融合。

在理科教学中，内含的知识层面和思想深度就更为系统，与其相关联的学科交叉与渗透的情境就更体现时代的特征。例如，边江老师的《机械能守恒定律的应用》这节课就体现了文本内涵与思维品质培养的关系。他先以学生熟知的过山车引入，将其简化为质点来研究，简述在其下滑和过圆轨道的整个过程中机械能总量保持不变，但"守恒"不是不变，而是有物理量的变化，是动能和势能在相互转化中达到一种价值上的对称，形成一种和谐之美。在学生引出来机械能总量不变的方程后，教师追问"还有没有其他求解方法？""若过山车初始位置是任意的，可不可以？"从而引发出了竖直面内的圆周运动问题。"若轨道不是固定的，而是可以在光滑水平面上自由滑动，又当如何？"这就涉及研究对象由单一质点到多个物体构成的物理体系变化等问题，并联系动量在水平方向守恒的应用。这一双重"守恒"思想是从学生熟知的现象几经变化得到的，更重要的是，这一过程深化了学生物理认知程度和在"守恒"应用上的理解。

"理论是灰色的，生命之树常绿。"如果我们转换一下观察问题的视角，更多地关注教学实践，我们就会跳出局部，关注整体，把自己纳入一个更加广阔的历史知识领域。这样，我们所感悟到的课堂空间将是无限大的，我们作为解释者的视界和历史视界的不断碰撞与融合将使我们与作者不断接近，我们的"成见"将使文本复活，并建立起对话结构，而每一个文本与读者的对话窗口都会成为链接起来的整合资源，创造力将会从文本"内外"涌流出来。我们的解释就不再是他人背后的思想重复行为，而是自己思想存在的根本激动。

（七）问题的预设与生成

教学是一种创造性活动，这种活动能使问题不断产生和不断整合，思维不断发散和集中，方法不断选择与求新，这意味着互动活动本身能创造出更多的具有新价值的东西，达到群体交流、个体共享的目的。同时，作为资源开发的方式，它能使课堂成为无数的信息源和不停传递的信息网，使教学素材更为丰富、广博、生动。

问题的恰当设置是课堂交流的前提。交流已经标志着一个信息时代的到来，确认了需求个体和互动群体沟通之必然，成为课堂教学中满足不同层面的人的需求的一种共享文化。交互活动应该具有促进知识的形成和拓展的意义。赵谦翔老师让每位学生写出不超过一百字的短文，鉴赏诗歌中的理趣，然后进行讲评的教学，我们可以归纳出：写是对信息的开发；分类讲评是对信息的整合和利用；给出专家鉴赏则是准确发送信息。在这里，互动活动使知识形成具有积极意义，其内涵展示了知识总量的增长。

问题的品质决定了教学的品质。记得有一次听《米洛斯的维纳斯》一课，教师讲得很好，但在提出问题时出现了失误："假如维纳斯是个老太婆呢？"学生反问老师："假如这位老太婆是为了他人而牺牲的人？""假如是你的母亲？"这样的问题不仅游离了对艺术美的鉴赏，还混淆了自然美、艺术美及伦理美等许多概念。有价值的问题应能激活问题，引起思考、探究，满足学生内心兴趣和发展需求，并具有创造性的意义。

　　问题设置的延展性体现教师对课程宏观视野的理解，表现在教师对教学资源能自由、自觉地合理配置和分布。信息经济表现在信息劳动方面是开发成本的提高，这是知识价值规律的表现。教师成本开发（如继续教育、智能培训、个人信息设备配置以及资源整合，还包括无形投入，如情感、经验积累等）是教师角色从根本上得到转换的条件。只有实现这种转换，教师才有能力处理好课程中整体与部分、个体与全体、知识与学习、情感与方法、设计与目标等要素的关系，合理配置教学资源，更好地把握课程体系和标准，并持续促进学生学习的发展，教师的成本意义应成为这个时代关注的焦点。任勇老师从演示数字开始到以图形终结，从圆的四等分的微观变化衍生出质的变化，揭示出数学的"发现、发展、有序、高效"的规律。整个推理、论证过程都充满观察、想象、探索、发现、创新的逻辑，也在"现实之中"，更能见到教者源于生活情感，对学习价值的追求。

　　问题设置的层次性是教师思维深刻性的自然流露。我在金陵中学听到的一节语文课或许能给我们启迪。这节课包含的内容是魏晋时的五言诗，有《迢迢牵牛星》《行行重行行》《白马篇》，如果不是身临其境，真不敢相信教师是这样讲课的：领读《迢迢牵牛星》之后，直入主题，第一个问题是"给这首诗起个名字"，发言同学有三十多人次，"心很近人很远""望到老死""相思不相见，可望不可即""望眼欲穿"等。第二个问题"作者为何要写这首诗"，第三个问题"这首诗的语言特色如何"，要求用学过的与之相近的诗回答。最后，要求学生根据诗中意境想象、叙述一个故事。在这节课中，教师还运用了大量激励语言，使用了发散、集中、推理、联想、逆向等各种思维形式。如此之大的课堂容量，如果不是交互活动，不是教学中各要素合理配置，讲评详略得当，是不可能完成教师的设计目标，并将教学时空拓展得"无边无际"的。

　　教师根据课文重点、难点选择切入点，适度地设计问题是促进学生发挥的关键。上课时不能以自由为借口，让学生"随便讲"。学生的发挥是在教师引导下层层深入，才能形成有效的发挥，因此，教师应以导演的角色定位自己。

（八）概念的展开环节

　　概念展开的关键在于用什么方式不让最好的东西继续隐藏在事物内部，而要让它从矿井里被运送到地面上，显露于日光之下。下面我引用关于"摩尔""原电池原理及其应用"的课来看概念的展开过程。第一个案例：教师在提出已知相对原子质量概念后，继续提出"为什么要引入相对原子质量？"学生回答出"原子质量太小，书写、表达都不方便"。教师引入问题"1 亿个氧原子只有 1 厘米长，18 克水放在杯中大约'三盅酒'的体积，约有 6×10^{23} 个水分子，说明什么问题？"学生通过活动得出结论：原子、分子的质量和体积都很小。那么，"一筐萝卜、一堆土豆所含的分子个数多少？"（学生笑。）结论：十分庞大。"如此庞大的数据，书写、表达很不方便，如何解决？"教师幽默而恰当地引入新单位"堆"，并板书拉丁文 moles 和课题"摩尔"。接着引入阿弗加德罗常数，然后由学生用"摩尔"造短句。第二个案例：教师分别将一条锌片、铜片放在稀硫酸杯子中，让学生观察出现的现象，并分析电子得失的情况，然后设疑，在锌片和铜片之间连接上导线，观察还会出现什么现象。再用电流计指针偏转释疑，引出化学能转化为电能的原理及电极反应式。

在这两个案例中，前者把模糊的、难以琢磨的、微观的、抽象的概念转化为宏观的、可见的生活经验，把概念"制造"出来；后者则是通过实验、观察的过程把内在规律"外化"出来。

科学陈述就是概念内容的展开，展开的形式中有着丰富的内容，但它不是把成熟的东西搬进认识中来，也不是对概念做简单的重复，更不是把外向的情感放到要素里，而是从主体自身生发出丰富的内容。展开的目的是要认识事物的本质，而科学规律正在概念内在的本性里，因此，知识展开和形成的过程就是它自身的目的性，正如学习游泳的过程已经就是游泳。

思辨逻辑性提供给我们的基本方法是分析方法，就是把知识结构分解为它的原始元素。但这种分解和还原不是解剖学那样把身体的各部分如神经、肌肉、骨骼等变为僵死的部分来取得知识，分解不同于这些知识的堆积，而是指对分解为具体东西的一种高度的改造和重构的主动性活动。这样的认识都是在"概念是一切生命"的原则下进行的。

现在我们看看《雨巷》的教学设计者给了我们什么启示。教师的设计思想是"整体把握、感知体验、认识细节、呈现全诗"。导入："我以为一首好诗就是一曲优美的旋律……让我们走进《雨巷》，倾听一下那优美的旋律。"播放配乐朗诵（要求：不看书，用心听）。教师："谈谈对音乐和朗诵的感受（可以讨论）？"结论：压抑、伤感、愁绪、无奈、凄美等。教师："好不好理解？"学生回答："太朦胧。"教师："为什么有一种朦胧的感觉？"引出"意象"的概念。教师："现在请一位同学读，其他人在书中找出诗歌的意象。"结论：雨巷、油纸伞、篱笆墙、丁香一样的姑娘、我。教师要求学生坐端正，闭上双眼，展开想象，教师把上述意象转换成"散文"。充满深情地背诵着，展示着一幅幅画面："长长的青石板路，悠长，悠长的巷子，它如此幽深，如此空寂，加上蒙蒙的细雨，更添了几分凄清、几分朦胧。油纸伞，一副普普通通的灰色雨具……"教师让学生谈体验，学生的感言是：配乐朗诵吸引了我，意象也在吸引着我。教师：理解诗歌内容的关键是诗中主要意象的象征意义。

只在这时，教师与学生才迫近作者、时代背景和主题，于是教师再次设计问题：作者为什么要说"丁香一样的姑娘"？教师展示两首诗《浣溪沙》《代赠二首》。对"丁香空结雨中愁""芭蕉不展丁香结"鉴赏后得出"丁香象征着愁怨"的结论。我们不难看出，教师将学生引进朦胧和带出朦胧的过程是绝不等同于"作者、朦胧、读讲"的"教书习惯"的。

从这节讲授课中，我们更清楚地感受到：整体运动的效果、整体概念的展开都包含着否定的环节，每一个否定都是接近朦胧，又是为了否定朦胧，而肯定走出朦胧，从而构成整体目标终点的实现。对意象词语的分解给予了较高度的改造，表现了在主体积极参与重构思想的过程。每个环节的逗留都是有内容的，都牵连着整体关系，情感也不是外在勉强放进去的，而是在扬弃的过程中自然地滚动出来的。这种教学虽然是"不省力气"的"绕道"活动，但却是逻辑过程的必然性，是思维发展所必需的。概念展开的过程才是概念之生命，教学本质并不在目的和结果，它的本质在于它整体运动过程本身。

科学方法之必然性在于有这样一种性质，即知识内容和形式的不可分割性。知识的展开是向着认识它的方向发展，它的形式就是它的过渡和呈现过程，它不需要再构造另外一种形式。如果把表面一些现象捏合在一起，把外在的情感拉进去，就如同油和水只是混杂在一起，却不能混合在一起，就等于把智慧变成伎俩。

如果把对知识的陈述弄成中医的药架子，都贴上标签，这种图表式的表述虽然能把知识在表面上弄得明明白白，但那就像骨架一样没了血肉，不但没了生命，也把知识活生生的本质抛弃掉或掩藏起来。如果再让学生去反思这些图表，那等于单凭秕糠去充食物，就会把灵动的智慧降低为僵死的条目，知识注定要被夺去生命，夺去精神。也许因为"花红热闹"能获得一种畅快或喜悦，但是那就像重复一种已被看穿的戏法一样无聊，而知识的厄运就已经展开或形成了。

（九）课堂上的知识与情感

知识与情感是有区别的统一，它统一在内容里，但它是内在的统一。黑格尔在读到柏拉图的《斐多》时是这样描述那个情形的：这篇对话首尾都很美丽，很令人向往，而中间却放进了辩证法。在寻求它的知识时，我们会被那美丽的景色所吸引，为了理解作者的精神，就必须放弃这种热情，甘心为荆棘所刺。如果你用思辨的兴趣去读它，那么你就会忽略它美丽的方面；如果你的兴趣在那鼓舞、教导人的地方，你就会忽略那思辨的方面，所以需要各式各样的心灵品质，并且需要对各种不同的兴趣一视同仁，这里表达了区别的统一。

黑格尔在讲到教育、学习是怎样一种性质时说："那些人以为知识不是包含在灵魂之内，而仿佛是被放进灵魂之内，就好像把视觉放在瞎子的眼睛里面。每个人在他的灵魂内都潜伏着一种内在的性能，他本身具有学习的功能，教育是转向真实存在的艺术。也就是用什么方式可以使这一转向来得最容易最有成效，并不是把视觉放进人里面，而是使视觉发挥作用。"[1]

谈到情感，我们很容易想到作者、编者，他们也是文本中"对话"的对象，是与我们同一的整体。但他们与其他的知识一样，以物化的形态存在着，并没有给予人什么，我们也根本不知道他们的心灵世界。只有进入教学这个特殊化过程并被展开之后，知识才转为知识教育，原本的物化开始复活，成为活生生的人物，彼此沟通着问题、情感和心灵。一切矛盾都从这里开始，又从这里消失，但不是被推翻了、湮没了，而是被吸收在主观意识中了，变成了自己的感情和财富。

情感与知识的关系只是特殊化的教学过程中的亲和关系，这种关系促进思维自我产生能动性，并形成美德，从而对感情行为起支配作用，帮助我们担负起道德责任，认真思考用什么方式使教学变为最容易、最有效的教学活动，改变传统教学的低效益状况，努力提高教学质量。情感与知识的关系就是在教学这个特殊化的认识

---

① 黑格尔：《哲学史讲演录》第二卷，194页，北京，商务印书馆，1959。

活动中展开的。"知识必然是科学",这种内在的必然性出于知识的本性,它的本质性只有以科学的方式,才能被陈述出来,而陈述是对思辨东西的本质认识,因此需要保持辩证的形式。

教学过程与前人研究不同,它不是通过对每个生活细节都做详尽的考察,把事物内在规律和概念"产生"出来,而是把内在东西"外化""制造"出来,但是要把知识内容浮现出来不是一件容易的事情,因为这需要把僵死的概念变成思想的流动。

总之,知识需要情感的浸润,才会更鲜活,更动人,更容易走进学生的心里。听两位教师讲柳永的《雨霖铃》,一位教师细致入微地分析诗歌的情景交融的手法,却不能引起学生一点感动;另一位教师让学生联系自己的生活,体味"执手相看泪眼,竟无语凝噎"的真挚动人,学生想象、描摹、体味,特别是联系外出求学时和母亲的离别,深深体验到那份无法用语言表白的真情,许多学生感动得流泪。

第四章　"实践周"——令人格升华的课堂

一、每一周都是美

教育是一个国家的基础，从根本上说，它关系到国家未来的政治秩序，昭示着国家未来的命运。学校是学生未来生活的准备，学校教育最终要立足于培养学生做一个合格的国家公民甚至世界公民的目标。正是从这种未来目标需求着眼，我们把德育课程从双重价值上予以设计，一方面，强调德育课程的实践性，注重行为实践；另一方面，把德育纳入课程，开设人文课和动手能力培养的课程。

柏格森区别了开放的道德和社会形式，他认为封闭的社会将集体的处事模式强加于个人身上，让道德成了非个人的、为团体需要而制定的规范。反之，开放的道德要求的是自由、爱、以身作则。这需要我们审慎地对待和持有怎样的格律化与创造者的培养态度。

"实践周"是依据教育部文件中规定的每一年参加为期一周的社会活动的指导精神，结合创办"清净学堂""生命校园"的目标进行的每年每班一周的校本课程教育活动。实践活动设置 10 个岗位，让学生从学校和社会各个领域体验生命和生活的本己的东西。人文课程由学校或社会上有各类专长的人员兼职，课程内容涉及的深度和广度符合校本课程的要求。"实践周"结束时，班级交流体验并组建好档案。

自 2002 年探索"实践周"活动以来，它走过了 13 年路程，一届又一届学生心中留下了课程之外的文化符号，并且有可能对他们日后的生活产生不同的影响。"实践周"是美的创造：它创造了心灵美、环境美、人文美，展示了人的美的意识、美的情操、美的境界。"清净学堂"使百年学府呈现出底蕴；"人文关怀"让世俗虚骄重返宁静。实践活动改变了他人，也改变了自己。这正是"实践周"的预期目标，是"实践周"的实质和意义，是"每一周都是美的"本质呈现。

不只如此，"实践周"是在寻找失落的传统，是在抢救历史的残片，是在倾听母

在加拿大考察

校的远古的神话时的觉醒，是在呵护曾经的文明中的升腾。百年的力量改变，陶铸着人们的习惯，人们重新习得、积累的文化和德行激活了历史的活力。我们感受到的是，道德修养非通过自己的实践不能获取，实践是参与、锤炼、感动和享有的活动，实践是改变他人和自己的共识共生课程。

每一个人都有故事，但没有人能替代别人讲述别人的心灵路程，倾听让人们透过心灵得知那些支配心灵的东西。

学校自 2002 年探索"实践周"活动以来，已有 1 万多人次、160 个班级参加。"实践周"简直是美的创造，创造了环境之美、心灵之美、和谐之美。每一周都是美的统一，每一周都是美的创意，美的律动，每一处环境都像画，每一句"老师好"

的问候都像诗。它既是自然之美，又是艺术之美。当美接近我们的审美意识时，我们感受到，只有心灵才涵盖一切；只有心灵达到了较高境界，才是真正的美。每一周都是创造之美、心灵之美。

每个"实践周"的班级都要"耽误"一周课程，他们要在全校师生早自习前完成校内卫生，保证全校师生每天走进一个清净的学堂，这意味着每个人都在体验美的奉献，这已经成为承德一中这所百年学府一道最亮丽的风景线。这不仅指学习环境清净，更要达到心灵清净。一种清净环境可使秩序井然，一句"您好"能让你回到美丽的心灵世界，在这里，师生每一天都能体会到这种清净之美。

这种心灵的震撼，这种心灵的升华，参加过"实践周"的学生才最有资格谈他们的感动，谈他们的心路历程。

"当今的中学生基本是独生子女，衣食无忧。看老到实验室被打扫得干干净净，我感受到劳动带给我的快乐。每天，我们迎着清爽的风，早早地来到学校，打扫卫生，清扫地上的包装袋、烟头、花生皮、瓜子皮，心里不免产生怨恨，怨恨那些随地乱扔东西的人不珍惜别人的劳动成果。怨恨之余，自己也脸红，自己以前好像也有过这个毛病，想到这，心里便产生一个坚定的念头：'尊重别人的劳动也是对自己人格的尊重。'"这是一个实验室值周学生对"尊重"的理解。

"'实践周'活动把我们送上管理者的位置，担负起过去不曾有的责任。以前，看到周围打闹、叫嚷，我冷眼旁观，或悄然走开；现在，我必须站出来，面对他们做工作，这就是责任。作为管理者，我们必须做得出色。"这是一位负责纪律检查的学生对"责任"的看法。

"一周没有上课，我敢说比上课学到的东西多得多，我懂得了待人接物的原则，体会到劳动的艰辛，这都是人生的宝贵财富；我学会了怎样与不同的人打交道，怎样使自己不急不躁，怎样说话更得体，这些都是我以前很少接触到的。"这是一位在门卫值周学生对"与人相处"的感受。

"通过'实践周'活动，我发现了自己以前的不足。检查别的同学做课间操，我发现不认真做操是如此难看，十分影响整体形象，我下决心改正以前不认真做操的毛病；清理校园时感到很麻烦、很累，但一想到我也曾随地扔果皮纸屑，便下决心改正。不要放过自己的每一个小过失，即使无心，也会给别人造成很大的麻烦。"这是一位负责卫生管理的值周学生对于自己的反思。

任何接近我们感觉和情感的美的刺激、冲动和美的形式都表达着美好的心愿，都孕育着美德。

二、学生的话留给我永久的激情

我不想使用过多华美的词语来形容我的心情，我只是静静地翻开办公室里值过周的学生写下的一页页文字，从中摘录下几句，于是过去的时光仿佛倒流。

"我第一天走上岗位，便感受到校长事务繁忙。整整一个上午，进出校长室的人从未间断。于是，我在纸上写下这样一段话：'一个人，一个努力实现人生价值或已经实现了人生价值的人，他的地位、他的所得，必然与他的付出成正比，甚至许多时候，付出远比收获多。'"这是"实践周"中，第一个在校长室岗位上值周的学生在总结报告里写的一段话。

我在他的"总结报告指导教师"一栏的评语中写道："如果我能让你们感受到普通与真诚，我比什么都高兴。在你的文字之中，我读到了希望，生命的奋斗是彻底的，奋斗的生命是美丽的。"

在每周的实践活动中，值周的学生除了每天早上搞卫生外，还负责接待客人，接电话，做记录，转达事情，到学生中为校长调研，替学生反映问题，替校长查岗位，跟校长一起听课，组织学生评课等。"闲暇"时还会谈课程改革，我从他们那里了解学生的需求，知道了他们真正在想的问题。只要你真诚地交流，并获得他们的信任，你就会获得你不知道的许许多多的东西。有些问题让你十分惊讶，反倒觉得自己幼稚；有些想法十分深远，反倒觉得自己短见；有些思想十分单纯，反倒是自己想得复杂；有些愿望十分现实，反倒是自己有些缥缈；有些现象早已面对，反倒是自己大惊小怪。他们视界里的现实世界与我们的视界完全可以重合，但我们的精神世界少了一片晴空。

整整一周在校长室工作，不少学生都有既紧张又新奇的心理。他们不知道怎么面对这个岗位，对我来说等于是请来一个观察员。我自己也有过如何面对学生的思考，这不是一天，也不是一幕戏，面对孩子如同面对真理和上帝，除了童心，即"真""诚"，还有什么呢？"实践周"中，你能掩盖得了什么呢？"实践周"中，我得到了另外的知识和智慧，得到了理解和信任，得到了爱戴和激动。没有想到自己最终的选择原本是他们最早的梦想。这梦想都一样地与美好的未来联系着，正如学生说"我们的明天是未来，校长的明天是我们"。

是啊！说得多好！每一个明天都是学生，每一个明天都是企盼，每一个明天都是开始，明天之所以开始是因为明天仍有未来，未来是校长的职业，也是这个职业存在的原因！所以，我必须像学生在新年贺卡里写下的祝福一样："您送走一届届学生，但应有一种不变的东西，就是像我们一样年轻的心。"

与学生在一起是我年轻的原因，得到学生的爱戴是我幸福的源泉。走进校园时总听到："校长好！"总不断地回答："你好！"在办公室里，每一个早晨都会听到问候："校长，早上好！"放学了，也会得到这样的告别："校长再见！"

一周里，无论你说的还是做的，都会被他们记得。如果你忘记了，还可以在"实践周"报告里查寻，你还会被当成故事传播，家长会知道学校在做什么，你会被"塑造"得很快，自然而然地有了进步。节日里，校长既可以得到一束束鲜花，也可以得到精美的贺卡，"送你几片校园里的叶子，尽管微不足道，但火红与翠绿却使校园充满了生命力"。虽然是朴实无华的两片叶子，却让人的生命燃烧着火一般的激情，即使被压抑着的心也会律动起来。

"这一周我没想出什么办法控制您吸烟，我真的觉得很惭愧。我最怕的不是屋子里的烟味，而是您的咳嗽声，那种沙哑的声音，一听就知道被烟所害。当校长真的很累，但如果不能控制的话，我想您对自己的身体就太不负责了。"说来惭愧，几乎每位值周同学都真诚地劝过我少吸烟，每一种劝法都无不流露着善良的灵性："想抽烟时，就吃个苹果，慢慢地就不再想抽了，苹果是很有营养的。""知错不改的人是愚蠢的，我不想把这词用在您身上，因为您在我心中是智慧的、受尊敬的。"有一次，我向烟灰缸里弹烟灰时，忽然发现里面放着一朵鲜艳的玫瑰，惊喜中不知所措，只好把烟灰放到别处。这代表着美好心灵的花朵在展示一个怎样丰富而闪烁的思想呀！

几周后，我又发现烟缸里被放进了颜色各异的四朵小花，这次不是鲜花，却是学生亲手做的纸花。"您放烟的话，它会燃烧的。"他们是用智慧与美表达自己的那份圣洁的心灵啊！"我虽没有像以前值周的学生那样在烟缸里放一朵鲜花，但我以最忠实的语言说句平常话：愿您健康！""我必须回到学生的座位上，继续我的学业和人生，完成我的梦想。希望您更加用心地去完善学校教育，让朵朵花蕾迎风绽放。"

与学生在一起

　　校长不需要被拥戴，只需要被信赖；不需要权威，只需要人格。魅力并不神秘，只需有一点理念、思想、执着、童心、正义、公正、学识、胸襟、关怀和舍我的精神，而这些东西本应属于自己的"本来真面目，无须捏塑"。

　　"有些教诲，尽管无言，却能受益终生，敬佩您的人格风范。""这一周与您相处，我明白了许多道理，有的我能说清楚，有的我只能在心里体会。但我敢说，我比以前成熟了。""站在校长书橱前，看着一排排大部头的著作，我望而生畏。《资本论》等书的书皮已经破损，显然不止翻过一遍，于是，我对自己说，一种儒雅的、博学的、睿智的气质的形成需要的绝不仅仅是时间。""校长，我准备了一个'实践周'笔记本，会详细记录我的每一天，希望在我结束工作时您能给一些批语，使我真正一天天地成长起来。""能为您服务，我非常荣幸！很遗憾，没能帮您做些什么，请您原谅！您送给我的美国圆珠笔，我会珍藏起来，让它伴我走进大学的殿堂。"

　　"校长喜欢以朋友的身份和我交谈。我们谈俄罗斯、谈追求、谈写作、谈教育，在他面前，我可以毫不掩饰地说出自己的心里话，因为他总会不失时机地表扬你，增加你的信心。听你讲自己的观点时，他会静静地点燃一支烟，认真听你讲话，会很尊重你的观点。""'校长'是个很陌生的称呼，以前问声'校长好'都会心惊胆战，此次来校长室，觉得校长很平易近人，像是朋友，不必谨慎小心地思索自己的话是否恰当，也不必说假话。"

"校长的每一句话都朴实平常，实则蛮有道理，且有逻辑性。他的许多思想让我们更加体会到思考的价值、理性的重要。""这一周我真开心，校长那么亲切，主任那么和蔼，老师那么友善，多希望师生关系永远那么融洽。我会永远记住'送人玫瑰，手有余香'这句格言。"

"我第一次踏进他朴素的办公室，才切身感受到这位慈祥长辈的风采，眉眼间没有丝毫的霸气。我心里想，一中改革应该是他用无尽的爱才铸就的吧！我伫立在他书柜前，看着《西方思想三千年》，忽然明白了他深厚的文化底蕴来自何方！在我心中，他'出口尽文章'，但他桌上的《世界课程改革趋势研究》告诉我，他是怎样谦逊地学习着。"

"'琢琬，这个字怎么读？'我回答：'对不起！校长，我不认识。''来，咱们一块儿查一查字典。'校长把这个字在字典里的读法、解释念给我听。我当时感动极了，眼里含着泪水，校长这种不耻下问的求学精神、实事求是的科学态度，我永远都不会忘记。"

"改造操场、购置微机、建文体馆、与高三老师研究学生问题、课程改革问题、研究扩建校区等，我都看在眼里，这是怎样沉重的担子啊！做校长真难！"

"这几天我学会了如何做一个好人，有爱、有思想的人。现在，我依然沉浸在交谈的愉悦中，那平和、亲切、慈祥的笑容，深邃的眼神正是他深厚文化底蕴的表露，那是基于关怀与责任，多年来沉淀下来的动人心弦的本质。"

"后背的衣服被汗水浸透了，可是当我们看到整洁的校园时，那快乐、兴奋的心情，那股有所成就的自豪，充满我们的血脉。因此，我们可以自豪地说，这汗水流得值！当我们的行动换来老师、同学的微笑和理解的眼神时，我们说一切都值。"

是的，一个人把自己的劳动奉献在全体人身上，他才能通过别人发现自己，才能真正实现自我，正如他在别人身上发现的微笑是自己内心的幸福一样。校长只有把自己的情感和精力都支付和抛给他所从事的职业，他才有福气享受到别人的关爱。当他意识到这种引起他激动的爱戴与他的付出联系着的时候，他必须更进一步地懂得：只有他不是为自己而存在和生活，而是为别人的未来忙碌着，他才能从别人身上找到自己存在的根源和理由，并发现付出与保留并不只是在对立中，他的这种福气才是无限的。

三、从学生的视角审视我们的教学

为了在学生中贯彻新课程理念，推进新课程改革，我有必要通过学生的视角解读新课程。为了有针对性地进行新课程教育，我利用"实践周"的时间，通过召开学生座谈会或单独交流等形式，了解学生对新课程的理解，同时对学生进行新课程的教育。学生结合新理念与课堂实际，谈出了许多观点和需求：教师如何整合教材，如何培养发现问题的能力，如何留有思维空间，如何解决教师替代思维等。我们把学生对新课程的见解反馈给教师，引起了教师很大的兴趣。一些教师结合自己的课程与学生一起讨论，使自己豁然开朗，对十几年的教学感慨万千，发自肺腑地感叹："互动教学始于交流，终于交流！""灵感源自问题与问题的碰撞！"甚至认为："好教师是好学生'教'出来的。"

一位教师这样写道："求二次函数 $y = ax^2 + bx + c$（$a > 0$）在闭区间上的最值。解题思路是讨论对称轴与区间的关系，由于授课时最大值和最小值一并讨论，势必要分四种情况讨论才能把最大（小）值确定下来，这样就形成一个结论：含参的二次函数求最值，含参时要分四种情况讨论。很长一段时间内，我都是这样讲的，直到有一天，我尝试着先让学生回答一个在闭区间上只求最大值的问题，学生仅分两种情况就解决了问题，十分有道理，打破了我多年来一直不变的思维定式。"

发挥和利用学生理性潜能，有意识地聘请"实践周"学生参加新课程教学的评课，特别是请他们参与调入教师和新分配教师的评价活动。我们不止一次被感动，他们可以说出教师教学的第一个十分钟是怎样被白白浪费掉的，可以告诉老师没突破难点问题的理由，可以阐述为一位新老师鼓掌的原因。

以下是几位同学对新课程的想法和建议。

甲：我认为新的课程观应注意三点。首先，学习上要培养一种全面发展的成材观，不但学习知识，而且学会分析问题的能力，教师在这方面起着重大的作用，他们对于学习形式的改变，会直接促使学生学习态度的改变。其次，学校可以组织各种活动来展示研究性学习的成果，激发学生的进取心和对知识的渴求。最后，我觉得学校应该在日常的学习中，为我们创造一些提高能力的机会，比如，要善于与人沟通、合作，要有竞争意识，要善于动手实践，要从身边做起，进行环保，树立创新意识等，我认为这些都对我们以后的学习、工作大有益处。

教育的宗旨是为祖国培育人才，尤其是终身学习型的人才。这就对学习能力有很高的要求——会学、爱学、久学。在传统的应试教育中，教总是占主导地位。在课堂上，我们会看到老师讲得细致、全面，学生听得全神贯注，可这只是一个灌输知识的过程，学习成果也缺少及时的反馈。

我们希望能广泛地开展教学互动，让学生自己动脑、自己讲、自己感悟，而老师给予学生必要的引导，让教与学在一定程度上换位。这样不仅可以让学生在活跃的气氛中加深对知识的理解，还有助于学习能力的培养。因此，师生互动尤为重要。

乙：教与学有两个主体——学生和老师。只有这两方面互动交流起来，整个教学过程才会有声有色，有始有终。要互动，"课堂空白"是很重要的，所以，我建议课堂上留下1/4的"空白"，让老师和同学进行知识的互补，让个人的资源成为大家的，也就是实现资源共享，这样才有利于提高学习效益。

另外，老师上课分秒必争地传授知识，学生们也手忙脚乱，这样造成的疲劳使得知识很难被随机吸收。活跃的课堂氛围是提高学习效率的必要条件，这需要老师带动，学生响应，将学习效率提高起来。

创新是一个民族的灵魂。时代在发展，面对新产业的兴起与先进理念的诞生，教与学这对矛盾正酝酿着新一轮变革。因此，我们要创新。

教与学是辩证统一的，但它们灵魂的内涵在于"以人为本"。创新就是要发挥人的思维潜能，在人与人之间的思想碰撞中擦出创新的火花，但是创新不应是盲目的。我们认为，创新的教与学就是在不断发展的形式中，寻求客观存在的丰富内涵，以发展的思维去解决新的问题，并在实践中不断积累，促成新的发展。

丙：我们是学习的主体，应该有一种创新意识，不断探索新思想，并运用到具体实践中。我认为，首先，要与时俱进，在不断变化发展的国内、国际形势中形成大视野，并把所学的知识与现实相结合，达到理论联系实际，在发展中达到创新的境界；其次，学习上要深入思考，突破固有保守思想，在不断积累中求得飞跃，实现质变。

这让我认识到两点：一是互动教学过程不仅是学生知识得以积累，主动性、创造性得以发挥的过程，更是教师能力水平提高的过程；二是教师经验丰富，固然是一笔重要的财富，但有时也是创造性思维的拦路石，学生虽然经验不多，却可能是新思想、新方法的创造者。所以，师与生必须互相学习、互相推动，而互动教学正是我们打破旧的思维定式、提高创新能力的一条重要途径。

"实践周"对我来说像经历了培训一样，一天天地面对学生，是约束，还是要做一个榜样？有时二者都有，像是迫不得已，尤其在彼此读书学习时，屋子里静得连写字声都听得见，哪一个都不敢露出无奈。但这也让我和学生明白了，这自由原来也属于一种关系。自己的自由依赖于他人的自由，只有主体意识（即自由的观念）与个体结合在一起时，才能达到真正的自由。

我与学生打破沉静的方法是与他们讨论问题。除了书籍、知识、教学改革之外，还涉及全体学生的生活问题，有时也与思想教育联系着。对特别需要的问题还让他们代为调查，这样就很容易发现问题，做出决策。对于接受不了的东西，我可以通过学生找到解释的方法，因为他们告诉我，使我知道他们需要什么样的解释。

很容易从学生那里听到对教师的评价，亲切、公正、宽容是我最普遍的感受。优秀教师会被他们描述得神采飞扬。当然，教师在哪方面做得不够，他们也会谈到，但高素质的学生总要给教师留些面子，委婉的词汇让你叹服、愉悦。

这个时代在他们眼里原来并不陌生，相反，非常熟悉，并且早已被剖析得淋漓尽致，这使我懂得我们的学生早该进行理性教育了，但我不同意理想化教育，就是非要使学生有一个所谓"正确的世界观"。教育的目标不应是结论，而是思辨能力，因为学生不是去适应一个不变的社会，而是要学会在一个变革的社会里如何生存。

教育是一个对双方都有意义的事情。如果说教育需要动用人类感情和理性的话，那么，人也就参与其中了。而在这个时刻，教育只存在两个方面、两个主体、两个行为话语的关系，没有教育者和受教育者之别，只有自己是否意识到自己有必要接受教育之分。这时，只有自觉地意识到教育对两个方面都有意义的时候，这个有意义的事情才为理性而存在，有意义的教育才能把它的目的性更好地表达出来。

我不得不引用这篇值周留言，因为它让我有一种内疚、幸福与留恋并存的感受。

月朗星稀，揉着蒙眬的睡眼。来。
华灯初上，载着沉甸的收获。归。

周而复始，短暂的"实践周"就在这没有太阳的日子里过去了。

我的任务比较特殊，工作地点是整个学校的核心——校长办公室。在从前的印象中，"校长"就是权威的代言人，只要一声令下，全校上下都必须开始运作，是何等的潇洒！可是在这短短一周的相处里，在耳闻目睹了校长的繁忙和辛苦后，我才真正体会到权威和潇洒背后的不易。

偌大校园的管理，教学资源的调配，新课程的研究与实践，以及来自社会各界的关注和压力，充斥了校长的每分每秒。我们当学生的，总是抱怨学习太累，叫苦连天，校长也会累，可他从未有过一句怨言，因为他身后伫立的是有着光荣历史的百年学府，跟随着的是 3 000 名求知若渴的莘莘学子。

在印象中，校长应该是一言九鼎的，可是我错了，对于每一项措施的安排，校长都会和其他领导进行细致入微的探讨，争取做到最好，达到完美。关于课堂讲学，校长和各位老师研究，更多的是认真听取学生的意见，这让我深深地震撼，还有哪位校长能做到放下架子，平易近人地与一名普通的学生长谈呢？在与校长交流的过程中，我体会到了在校长的心里，学生的发展是最重要的，他力求为每一名学生创造一个舞台，让他们各尽其才。

我们的明天是未来，而校长的明天是我们。

在一天的办公中，校长的休息时间很少，除了处理学校的问题以外，其余的时间，校长都用来博览群书。走进校长室，给我印象最深的就是校长的书柜。透过那一本本厚重的书籍，你可以感受到主人胸怀的博大和宽广，文化底蕴的厚重。偶尔的间歇时间，校长也与我谈话，这也是我期盼与惧怕的，期盼是因为我可以从校长深邃和睿智的语言中，随他一同谈古论今，遨游于不同领域，领略校长的渊博；而惧怕的是自己才疏学浅，万一自己一问三不知，那丢的可不仅仅是自己的面子，更重要的是集体的荣誉。这也在启示我，知识是无限的，我们应该在有限的生命里不断地学习。

这几天里，我受益匪浅，不仅仅是知识的收获，校长的真诚、和蔼、博学、敬业也对我整个人生观产生了深远的影响。"校长"是个位置，而"学生"也同样是个位置，是平等的，我们的一切努力都是为了我们的百年母校。我们都还有很长的路要走，可能有人会认为我们这一周的路途是微不足道的，甚至是可以跨越的，这是一种错误观念，因为这也是路的一部分，只有踏踏实实地走好每一步，我们才能到达终点，毕竟"千里之行，始于足下"。我们学生应该意识到自己肩负的重担与责任，以校长的兢兢业业为榜样，努力学习，尽职尽责，力争为母校的辉煌再添绚烂一笔。

校长在疲劳的时候，喜欢抽烟，在缭绕的烟雾之中驱赶疲劳，也许这小小的烟就好比火把，能点燃思维的火花和创新的热情，但校长您毕竟是凡人，您太累了，也应该休息。您不是很尊重学生的意见吗？那么为了这百年学府的寄托，为了这数千师生的期望，学生请求您："少抽点儿烟，好吗？"

"实践周"仅是人生的一段，但一生中能让人记得的都是一段又一段的历史，这一段将成为我印象最深刻的路程，这段最鲜活的记忆将无法从心中抹去，就像每天升起的太阳向我昭示着灿烂的生命。

四、同学生一起感受生命的美

在过去的"实践周"活动中，我每周有一次人文课。上人文课的想法起源于我本人要接近、熟悉学生的愿望，而后，由于受到新课程的支持理论——"以人为本"课程理念的影响，我有了另一种认识：人本理念不只是课程理念，它也应该成为思想道德教育的理念，因为人本理念的核心是关注人的发展，而人的发展的更高级认识是生命的生长。生命生长不仅包含科学知识的增长，也涵盖着道德品质、思维品质、文化品质的提升。因此，生命生长是向生命完善性的迈进，即人的精神的前进，这意味着人的自我完善。人的不断完善，才使人接近完人。

人文精神，说到底，其本质仍是对生命价值及其意义的自我意识，即对人性和人类基本问题的态度、判断标准等诸多问题的觉悟。人文教育就是对人的理性精神的培养，一个崇尚科学的民族不仅要关注科学教育，更应关注人的理性精神的培养，最先和最终都是对人的民族精神的培养。有了这种精神才能更深刻地理解科学知识对一个民族的重要意义。

人文课程之必要，在于人的精神和整个人类精神也是一个发生和发展的历史。德国文艺理论家希勒格尔认为，对人精神的发生、发展的研究实际上应该是哲学的

"实践周"讲座

最高任务；英国教育家利文斯通也认为，一个人如果对自己精神上的先辈一无所知，就不能被视为受过教育的人。在我国社会和人类现实世界不断发生重大变革的历史时期，在青少年受到多元文化影响、价值判断发生困惑的时期，人文精神的教育就更为重要。

正是出于上述思考，人文课才逐渐被提高到有价值的认识上来，并逐步走进课程。有关人文教育的内容虽然还需要探索，如果能将人文知识、情感、价值、态度与学生的实际需要相结合，还是能使学生获得满足的。

人文教育不能离开实际问题，就是说既不能脱离对学生的教育实际，又不能离开受到学生关注的当前问题。这些问题无论简单还是复杂，无论历史还是现实，只要具备知识性、教育性并有助于培养学生认识能力和增强价值判断能力，都可以成为教育内容。一切案例都在生活之中、现实之中、兴趣之中，任何拘泥于教科书的人文教育都不是最有效益的教育。

有些人文课源于现实，有些人文教育还带有古典的性质，虽离现实远了些，但它对学生认识能力的提高具有最基本的作用。下面是我的《艺术美与环境美》的讲稿。

艺术美与环境美

我们生命的丰盈或匮乏与什么相关联呢？生命在于生存，生存是现实的东西，我们不仅存在这里，而且我们被赠予生存，现实是我们生存的本源。

生命就是过程，没有过程就是生命的匮乏，它就指向死亡，无意义、无价值。生命之美在于生命的自由性、理想性。自由性，即审美意识的展开，是对无意义、无聊、烦恼的反抗、呐喊，美是自由的表现，人们渴望自由才创造美，所以，真正的自由只能表现在精神活动之中。精神自由就是主体自由，生命丰盈即主体精神的满足和完满。

什么是美？美有自然美和艺术美，要理解两者之区别，首先需要了解什么是美学。1750 年，鲍加通首次提出"美学"这一名称，他将"美学"定义为"感性认识的科学"；黑格尔把他的美学看作艺术哲学，把"美"定义为"理念的感性显现"，这里的"理念"就是内容、意蕴的意思，"感性显现"就是直接显现于感官的具体形象，内容与形式的统一就是美的艺术。

艺术美包含诸如绘画、建筑、雕塑、音乐、戏剧、文学和舞蹈等艺术形式。这样，艺术就有了一种独特的、特殊的文化模式，因而有了艺术对象和文化语境。由于审美鉴赏的需要，就必须对审美的习惯性进行解释，这就要求有关于美的概念。

艺术美是由心灵产生和再产生的美，它把自然美包含在审美之中，认为自然美只属于心灵美的反映，只有心灵才涵盖一切，所以，一切美只有在涉及较高境界，而且由较高境界产生出来时，才真正是美的。艺术高于自然，因此，它关乎创造，创造是心灵的事情，这样，美的表现力就是想象力，而想象力是人最杰出的本领。创造依靠"生活的富裕"，而不是制造，创造需置身于材料，以及精确的知识、熟悉的内心生活、意图和状况；还需要表现技巧，如思考、分辨力、感觉力和灵感。

现象世界是美的外壳（表现形式），例如，造型艺术中建筑暗示内在精神的意义；雕刻把精神作为内容和原则，是思想的凝固形式；音乐是单纯的情感表现，是对声调的协调划分，是对音量差异的把握；绘画是人意识的自身反映，线条、色彩、透视等是其手段。只有把内在的东西表现出来才是理想艺术，内在的东西是灵魂，是生命的本质，美的缺陷在于生命存在于个别形式中。

美的表现形式在于外在美。对称美，整齐、秩序、一致性；整体美，整体、统一；规律美，例如，黄金分割率、自然规律；和谐美，例如，形、声、色各种因素协调一致。和谐是最自由的，因而是最美的。任何内容和形式相统一的东西都可以产生美，美就是和谐。在任何和谐的关系中都可以发现美，美存在于我们的生活之中。美也存在于数的关系中，在古代，人把"一"看作思想，把"二"看作科学，把"三"看作平面，把"四"看作感官。数又与天文学相联系着，从一到九都与九大行星相连，"十"被看作太阳系的"恒星"，把整个天宇当作一个和谐的数。由于他们把数规定为整个自然界的原则，所以他们把天和整个自然界的一切范畴和部分都放在数的关系之下。

作为艺术美的音乐也与数联系着。据说音乐是由毕达格拉斯发现的，他认为音调是建立在最简单的数的关系上，基本音调是数的和谐。据说，他走过一个铁匠的工场，打铁时特别和谐的声音引起他的注意，于是他比较了发出一个个和谐音调的锤子的重量，从而用数字确定了音调的关系，最后应用这个关系，在弦上做了实验。在音乐关系中，数构成了决定性的成分，音调的差别表现为不同的数的关系，数的关系是唯一规定音乐的方式。

随着艺术成为国际产业，艺术扩展到最广阔的环境——自然环境、都市环境和文化环境。艺术疆域扩展，出现了环境美学。

审美语境发生变化，每个人都参与到环境之中，审美不再是艺术家的审美，而是所有参与者的事情。环境是什么？是我们身边物质所组成的吗？如果回答是肯定的，那么，景观是环境吗？房间、卧室是环境吗？衣服、食物、空气是环境吗？环境理念是复杂而难以界定的。

整合艺术和审美行为已进入日常生活。21世纪，美学已悄悄走进市场，成为商品价值的主导价值，它调节着商品生产和商品交换的各个流通环节和人们的审美品德，深刻地影响着需求的方向和消费者的心态，成为商品竞争中的一个重要角色。商品的文化价值、审美价值逐渐超过了商品的使用价值，商品的包装、宣传都在进行着美的研究，无论单个商品、组合商品还是系列商品都向自然美、艺术美、和谐美的方向追求着。

我们的审美不仅是听觉、视觉、触觉等人的感受系统的一部分，也包含在环境之中，与时空保持着柔和的关系。环境知觉不仅包括听觉、视觉，而且让我们的运动和行为与空间质量、体积、深度相联系。

环境不只是物理的，也是文化的；不只是地域的文化，也是世界的文化。人类生活的网络化使人类文化成为开放的文化、共同的文化，所以，审美包含了文化审美，审美意识被拓展到它前所未有的范围。

环境艺术成为人类生活艺术，影响了世界的边界，审美不再是艺术品，而是人类世界的知觉。艺术上升到了制高点，影响到了人类日常生活的品质，例如，人类为保护地球而发出对大气的呼唤。不断提升的审美价值的确成为提高生活品质的组成部分，不仅提升着人类的高贵情感，而且降低着身心疾病，解决了许多"社会病"。

把身体带到环境中，把生活品质带到环境中，美成了当下我们的话题，例如，我们新校区的景观与我们有最亲近的接触，我们生活在画卷一样饱含文化氛围的校园中，思想和灵魂受到自然的洗涤。校园景观从起源上说，是同历史、文化、社会等联系在一起的，我们的审美态度、意识、选择价值被融合在内。

我们如何思考、鉴赏艺术呢？不是仅仅观赏外部景观，而是同我们的知觉、理念和态度联系在一起。我们感受到风、水、山、林、花草的气味，对光线、声音、色彩、形状等有了微妙而深度的意识，这就是环境的审美体验，这种体验比理论更加明晰，由此提高了审美维度和价值。

审美的实质不仅是生活品质的提高，而且逐步变为伦理的目的，即内在审美价值，审美价值本身就是善的。善所产生的社会和个人价值就是道德义务、政治意愿和人类福利，这就是审美的目的。美学的使命就是以"美感态度"为出发点，在每个社会成员中树立一种美的境界，协调好人与人、人与自然、人与社会的关系。关注审美意识是基于生命个体心灵自由之需要，早期的文艺复兴运动主张以人为中心，以人学代替神学，重视美的艺术，赞美人性之美，这反映了审美意识对现实的超越和美向人性的回归。

中国古代的道家思想也包含美学思想。老子感叹世人只知道有形之美，即世俗之美，而不知道无形之美，即精神之美。他大大地赞美"无"，"大音希声，大道无形"，把"无"看作万物之本的"道"，主张和谐之美。这种审美的态度，意义在于使审美主体保持心灵的自由，以和谐的心态创造和谐之美。他们的审美意识表现为"道法自然"，随道而行，这也是一种生存的智慧。

师生合影（右为留美学者陈琳博士）

记得我刚当校长时，读的记忆最深的一本书是朋友送给我的礼物——苏霍姆林斯基的《给教师的一封信》。我认为这是一种思想交流，是一种很好的语言方式。多年来我一直偏爱这种语言方式，它促使我成长、成熟、发展，也成了我不断学习的动力。

交流方式是多样的，它包括个别与群体的方式，但是作为一种思想交流，以语言文字方式去进行，可以保持一种思考，有利于形成一种学校文化和人文历史。在学校里，校长的思想不只是表现在学校管理的各个层面，更应站在历史和时代的教育前沿，把所看的东西通过认真研究，以文字的方式传达给大家，供全体教师和学生研究，并引起大家的思考，这是一种更为广泛的思想沟通。

在长期的实践中，我逐步感到这种做法的价值和意义。首先在思想引领层面上使校长的思想成为一种信息，引起大家思考，或在一些具体问题上让人们关注一种认识高度。20年来，在推进新课程的过程中，我们的培训过程是从实践到理论，然后再回到实践中去。听别人的课，让教师们进行课程比较，然后上升到理念。当教师获得正确的概念再去实践时，就不再是一种他人的东西，而是他自己的东西。

在这样的情况下，文字、语言的交流方式就更富有意义，教师解读校长的文章时往往更认真。

关注学生的需要是校长做出什么样的决策的一个重要依据。校长不可能总是与广大学生进行经常性的、广泛的交流，但他们很想知道校长在想什么，就是说有这样的需求。这种需求反映了思想沟通的必要性，如果我们把自己的思想以让学生看到的方式了解到，这对于学生更好地参与学校决策是有意义的。例如，让学生知道新课程在人本理念、特点、方法、目标等要求方面都有哪些变化，这些变化与高考和终身学习有什么关系，这对于推进新课程会起到什么不同的效果。校长的语言、文化、思想在一所学校的建设、继承和发展上有着十分重要的影响。由于中国教育在整体发展要求上对校长的限制缺乏具体的规定，每一个学校的校长在文化、思想方面差别又很大，这就使一所学校面临许多可能，包含着继承、发展，也包含着"毁灭"，因此，校长应该用自己的语言方式保持自己思想的一致性。校长应关注交流机遇，对每一个机会，都应当做出反应。比如，利用新年、开学、创刊等时机把自己的想法、看法或者引导性的目的告诉大家，校长会获得很多回报，有时这种回报是十几年后的一种感慨。

有一年，我收到一封来自某大学的学生来信，我所见到的那么多成段的熟悉语言，竟然是我的学生对每次班会的记录。对我来说，这本已是永远想不起来的东西，可我的学生却把它保存了这么多年，并成了他今天的体悟，这怎能不让人百感交集呢！情感的律动跨越了历史的时空之后，竟交汇了那么多炽热的情感。这里重要的不是学生接受影响的程度，而是它的持久性。交流不仅表现一种情感，而且是思想的延伸。当我们把自己的思想留给学生，并且看到持续得那么久时，这又一次提示我们应重视教育中的思想交流。

学校文化是多方面的，并且是在不断被创造的过程中生成的，但文化的创造应有一种主流和特点，学校文化不仅是时代的反映，还应有自己的特点。校长个人的文化观、校长个人在学校文化中所处的地位和产生的影响，与学校文化的特点是有重要关系的。换句话说，校长对文化的倾向性可能会成为学校文化发展的趋势，当这种文化上升为一种理论思考时，这种文化的主流就更为明显。蔡元培的"兼容并包"思想曾使北京大学建立起中西合璧的课程文化体系，这样的现象在文化多元的今天就更为突出。这同时也告诉我们，校长应不断加强个人的文化修养，特别是在倡导一种东西时，应找到一种文化观念的支持，这是很重要的学校文化责任和教育的社会责任。从这个意义上看，校长文化是学校文化的灵魂。尤其要指出的是，当这种文化以文字语言的形式表述出来时，文化的特定作用就被定位了，而它的交流意义就更为持久了。

这种人文关怀的思想、这种交流的意识促使我寻找一种恰当的形式，在实践中实施，于是，"实践周"就走进了我们的校园，人文精神也走进了师生的心中。

第五章　德育课程，让人珍藏，引人思索

一、合理性——道德教育的天性

　　一个行动者出于生存的意义而选择自己的行为时，是源于个人的内在动机和外在理由，即他慎思自己的行为是否有其合理性。他的道德意识规范了他的行为，因而他不会随心所欲；可是他个人又有自由意志，因此，他的行动既要利己，又要利他。行动者对后果的要求也是合理的，合理性的德育正是一种基于生活经验的合乎道德天性的教育。现实生活中，表面上道德教育离学生很近，每天都通过老师口头把抽象的道德规范"轰炸"在学生身上，实际上却离学生很远，离学生的心很远。这些问题主要出在教育者身上，是我们错误地把本应属于与学生共同研究的理性问题，当成了一种规定好的目标，让人们去追求。这种颠倒不仅使教育离人更远，而且是人为地去造"理想化"的教育。

　　道德教育的人性和理性、个性和社会性、阶段性和层次性是相辅相成的统一体，导致道德教育迷失的原因虽然多种多样，但就其理论和实践而言，主要是没有正确看待思想道德的层次性，导致了道德教育次序的混乱、负荷过重而走向虚浮。我认为道德教育实际上存在三个层面。

（一）国家道德与国家责任

　　"国家道德"不是一个概念，而是一个很高的意识层面，它是由国家或国家的最高治理机构认同的思想和道德准则。它不是单独存在的东西，它本身就是法律、命令的规定，是一个国家的道德。道德作为一种国家的规定，它的意义不仅仅是要维护社会的正常秩序，即道德秩序；还在于它要维护国家需要的政治秩序，即统治秩序，国家的道德转化成国家政治的形式，成为国家的意志或律令。国家的道德表现为一种核心的、最高层面的，甚至需要法律规定的道德，它不仅影响个人的行为准

在红军长征纪念碑前留影

则，而且影响整个国家，即整体社会的准则。道德准则一旦到达这个层面并被规定，道德的意识形态、性质就普遍存在了，它就是有意识、有目的的道德准则了。孔子整理的"诗、书、礼、乐"中规定的"仁、义、理、智、信"的道德原则，曾被历代封建统治者奉为圭臬。为使其成为国家的道德而"罢黜百家"，进而推为科举必读之书，孔子本人也成为"万代师表"，孔子的"道德教训"被皇权改造成为文化"宗教教义"。

（二）中华美德与民族精神

一切善的东西都可以称为美德，不过美德也有理性和非理性之分。非理性方面的只是潜能，有感觉、志向、激情、感情等；理性方面有智慧、识别力、知识等。理性构不成美德，"只有在理性和非理性的双方统一体中美德才存在。当热情和理性发生矛盾，并服从理性命令而行动时，我们就称此行为为美德"①。黑格尔强调的冲

---

① 黑格尔：《哲学史讲演录》第二卷，359 页，北京，商务印书馆，1959。

动意向是美德的推动者，理性则是支配者、抑制者。

我之所以摘引黑格尔的话，是想说明中华民族美德的主流、精华，即民族的精神，例如，中华文化"自强不息"的拼搏精神、"厚德载物"的包容、"仁者爱人"的博爱、"己所不欲，勿施于人"的理解，尤其代表着美德的核心理念——"真、善、美"等，都是真正意义上的美德。近代的爱国、民主、科学精神，以及现代的实事求是的作风、与时俱进的创新精神、以人为本的人权理念、科学发展观的中华辩证思想，都是中华民族的传统美德，也是中华民族精神的集中体现。这些代表先进的思想和文化，代表民族高尚的品德和行为，也是真正意义上的美德。美德具有榜样的力量和价值的取向性，具有促进社会发展的强大功能，具有塑造人、鼓舞人的教育意义，是中华民族的主流文化，是一笔宝贵的人文财富。

正因为如此，我们应关注其教育价值。对于一种民族精神来说，它只能作为一种最高精神的境界，令人向往与追求；作为一种高尚的价值观，它给人人生的目标和标准；作为一种优良的传统，它让人自豪，它只是从事教育的人追求的一种很高的境界，而不能作为青年的行为准则。中华美德不同于国家的道德，它是中华民族在长期的生长和发展中形成，并保留下来的优秀的传统和精神，是国家和民族的精神支柱。它具有教育的方向性。

（三）行为准则与教育使命

传统道德也是一种美德，它是个人的修养，是人在履行义务和责任时表现出来的一种态度。它是做人的基本准则，反映国民的基本素质和对社会秩序的自律程度。道德是原始的概念，它自然而然地生长并融入文明社会的风俗习惯和行为规范之中，因此，传统的道德有精华也有糟粕。比如，孔子讲的"仁者爱人"就有两重意义，既有阶级性、等级性，又有普遍的价值。前者不可取，后者作为一种普通的以爱他人为仁的准则应该得到提倡。

许多公共生活准则在古今是一致的，比如，诚信、公正等，因而道德在一个很长时期内保持相对的稳定。如同一个民族的生活方式、生活习惯不是现在形成的，而是历史的延续，这些习惯一旦上升为一种文化品格，转化为一种公共生活的准则，道德意识将存在下来。但社会大变革改变了人自身，也分裂出自己的对立面，造成自身与自身对抗。传统道德的继承与重建、保存与离弃、先进与落后、文明与腐朽可以归纳为最高尚的东西与最恶劣的东西并存。

道德教育并非一种强制性的教化行为，而是帮助学生自觉建立主体人格意识、升华自我的教程。我们的道德教育很少做层次需要的研究，把人生的所有道德教训，无论是基本生活准则，还是较高层面的灵魂思想或精神上的东西，一股脑地推给中学生去做，把中学生的头脑塞得满满的。这种"填空"行为怎么能有教育效果呢？这种教育的后果不能使人得到自由发展，更不能提升人的精神，因此不是真正意义上的道德教育。

二、本真教育，一份求诚的信念

成功的教育不取决于道德教育的目标，而取决于教育的实际行动。但是，离开教育目标就无法建立道德教育是否成功的尺度。道德教育是否成功，在于道德的觉醒，即教育者是否有自由的主体人格意识、公民意识、民族美德意识和国家道德意识，是否具有普遍的道德理念。达不到这个认知，道德的理性教育将是可望而不可即的。教育学生意识到自我主体，并具有自我判断、选择、独立、自由等主体的人格意识，是学校教育的价值所在。学生必须意识到，如果每个人都无目的地自由，世界便是由每个人的无目的地碰撞而构成，因而造成混乱局面。所以，学生必须具备公共价值和道德，明白个人价值只有得到社会群体价值体系的支持才能实现，个人与社会不是分离的，而是统一的，个人与社会的统一是社会秩序得以健康生长的根本条件。

在这里，我提出一个"有道德教育"的概念。这个值得思考的概念依赖于下列事实：面对复杂多变的世界和开放社会中人的主体意识日渐凸显，传统道德观念不断被抛弃和否定的现实，在多元文化、多元价值社会面前，人无法选择，教育也莫衷一是。教育不能没有底线，它的底线意味着没了退路，面对选择，教育者应呼唤"真诚"，因为真诚是一种有道德的教育。

我们眼中的现实世界和青少年眼中的现实世界其实一样，面对现实，再没有可回避的问题，所不同的是另一个世界——精神世界。在青少年的精神世界里，他们的精神尚纯真，还未被世俗的东西污染，与我们的精神世界相比，少了些"老道"，这是一个美好的事实，也正是真诚存在的空间条件。在社会生活还未成为青少年的烦恼时，青少年的精神世界是清纯、平静、满怀憧憬的，他们眼中的生活是单纯且理想化的，他们在校时的唯一困扰是学习和心理障碍，一旦得到关爱，他们的审美热情会立刻恢复，精神世界依旧纯真。

这并不是说他们生活在一个不真实的世界，他们眼中的现实世界也不同程度地充斥着丑恶、暴力、疯狂、不公、欺诈、失信等，所以，青少年眼中的现实世界也是个复杂的世界，这是教育无法回避的真实。青少年的两个世界都是真实的存在，社会存在本身是呼唤真诚教育的唯一理由。真诚是最有道德的教育，我们之所以说它有道德，是因为它使教育回到了人的自我的本性，回到了个人意识。所谓个体，是指世界上一个个自我的存在，他不是生活在社会的掩体中，他不是被规范的我、精神的我，而是实在的我；同时，他意识到他不是生活在一个孤立的地方，而是整体的一部分，他与别人联系着，他必须承担他人的义务。

个体意识不仅要意识到自我是自由的，而且要意识到自我的自由包含着别人的自由，即个人皆有主体的自由。人只有意识到个体的自我是以别人存在为前提时，才能意识到自我的自由权利是以履行对别人的义务为条件。只有这样，人才能发自内心地去为别人做些什么，因为义务是为了自己存在的目的而必须履行的义务。只有在这个意义上的教育，才是有道德的教育。

教育界有一句格言："教人求真。"这句话包含了追求科学精神的意义，研究这个问题很有价值。我们的教育不仅要让学生掌握科学知识，更重要的是掌握这门科学的思想、态度、精神。任何教育都完不成科学知识教育，因为知识是无穷尽的，学校所给予学生的只是知识的初步，是继续学习的可能，算不上真正意义上的科学知识，因此，它只是科学态度、科学思想、科学精神的培养。认识到这一点远比掌握科学知识本身更重要，所以，科学意义上的求真是对追求真理的精神教育。

"求真"还有一层"求做真人"的意义。那么，教育就面临一个以什么样的态度选择现实教育素材的问题，是回避现实，还是不回避现实？如果回避现实的"阴暗面"，那么，会给学生在认识上带来矛盾，甚至导致"虚伪教育"。"虚伪教育"的重要特征是掩饰本来面目，不敢直面人生，使自己成为一个伪善的、说谎的、造假的、迎合别人的人，他知道人为了生存需要圆滑、掩盖、包装、趋炎附势，因而他无法

在红岩村留影

回到本心，成为一个异己的自我。

"求做真人"教育从本质上说是一种"不回避教育"。所谓"不回避教育"，就是不但不回避现实世界的问题，而且要把教育和现实问题做比较，让教育面对世界、面对矛盾、面对挑战，从而让教育回归生活、回归本真，实现教育的责任。这是一个媒体的世界，也是一个多元的世界，它所提供的一次次对教育的冲击使教育无法回避，并已退到连假话都说不成的地步。教育除了面对，别无选择，而面对的意义在于不回避现实，面对现实与真诚教育是统一的。但是，面对现实的目的，不只是面对现实世界本身，而是通过对现实世界的分析转入一个理性的世界，就是说我们不能停在现象中，也不能回到简单的或庸俗化的生活里，而是要升华到对世界本质的认识。如同诚实，它并非麻木和愚昧，而是面对自我价值做出的判断和选择，真诚，从本质上说是对自我的态度。教育要回到生活现实，首先要回到真诚，这是教育对待自我的态度。

真诚教育有如下特征：第一，真诚教育承认在青少年未踏入世俗世界之前，他们还很少被社会所熏染，他们的世界安静、梦幻，他们除了追求真理没有别的东西，因为"后生可畏"使他们相信自己，相信有一个属于自己的未来，所以，青少年时期是接受教育的最佳时间，而他们需要既反映个性又反映共性的真正全面的教育。个性反映他们的不同兴趣和需求，共性反映他们对真理性知识的共同需要，真诚的教育应该是既尊重共性又尊重差异的教育。第二，承认教育不是从规范、规则出发，而是从现实出发；不是把人放到规范中去，而是把人从规范中解放出来，以独立的人格意识、以道德的觉醒告别世俗的束缚，达到内心的自觉自律。第三，面对现实，并不是停留在现实中，而是透过现象进入本质，培养学生的批判理性和思维理性，通过教育的深度体现教育的责任感。第四，虚假说教背离青少年的人性特征，逃避现实，违背教育真诚的本质，只是适应青少年的幼稚、天真、憧憬的美好心态，是教育虚浮、缥缈、作假、庸俗化的行为，是对青少年的一种伤害。因为这种教育未给予他们什么，没帮助他们做好生活的准备。

真诚教育的价值在于它所体现的教育的责任意识，在于它所体现的人的自我价值，以及它所反映的现实性与教育本质性的统一。它是最有道德的教育。

三、本色教育是有道德的教育

单纯的情感教育是脆弱的，当遭遇到现实生活的挑战或多元价值、多元文化冲突时，脆弱的教育防线就会被僭越。青少年的易变性、可塑性和形成性意味着成长过程就是对多层次的需求，成长就是关注需求。初级需求就是通过关注知识，形成对行为、思想的价值判断能力；较高需求就是通过满足精神需求达到人性的丰富与完整；国家需求就是通过关注对公共生活准则的需求，培养公民意识；终极需求就是通过关注人类共生关系，实现人的高度和共同发展。道德教育不是时尚教育，而是通过理性反观心灵的教育，因而是实现精神升华的教育，这样的教育就是本色的教育。本色教育旨在表达教育真实性的本色，是有道德的教育，直达人的心灵。对本色教育应从四个层面理解。

（一）人本本色

教育要服务于人的需要。人有真诚、善良、求真和解放自己的需要，教育要服务于这种价值取向，并通过克服教育自身对人的约束、强制而肯定人、促进人的发展，这个观点可以得到"以人为本"的理论支持。人本主义学派认为，教育者有责任保护人自由地自然生长，以柏拉图和亚里士多德为代表的西方哲学思想家都提出了人的和谐、自由发展的教育观点。

古代与现代都主张教育是以人为本的、和谐的教育，是民主、平等的教育，是完整的人格教育。因为尊重、信任是人格的心理需求，教育只有不是压抑的，才是有道德的、合乎人性的教育，这种教育才是服务于人的需要的教育，这是教育的人本本色。

与董存瑞妹妹董存梅合影

（二）真诚本色

道德教育是真实的教育，因而是有道德的教育。真实即真诚，真诚会使"善意的假设""错误的批评"被学生接受和理解，师生才能彼此信任、相互尊重，建立友善关系，促进学生向上发展，这是教育的真诚本色。我们面对面地与学生共同研究，重在引导：帮助学生取得正确信息、澄清问题、做出判断、表述理解、陈述自己；帮助学生看清人的社会性、人的价值；帮助学生建立伦理化社会、法制化社会、合作化社会的观念；帮助学生认识人类必将共同使用资源、环境，分享共同成果、共同生存的发展趋势；帮助学生成为有人类义务、责任感和终极关怀精神的人。最优秀的教育是实事求是的教育，尤其是对青少年的教育，由于他们心灵纯真，因而容易相信；由于生长，因而易变；由于追求真理，因而需要科学；由于要做事，因而要做人。

（三）理性本色

道德教育是一种培养批判力和选择自己行为能力的教育，是一种对他人和社会的未来负责的教育。教师的责任感表现在对学生的教育态度上，他的态度是通过情感表现出来的。情感是与教育的有效性相联系的，朴素的情感不能代替应有的理性教育，理性教育应是情感与理性的统一，并在理性支配下的更为本质的思考，这是最优秀的思想活动。

理性教育的本色针对以下现象：首先，社会各种矛盾日益冲突，必然强化传统价值观念与现代价值观念的对立，给学生造成价值观念上的混乱；其次，单向传递价值标准、过分守护传统教育理念造成学校教育和现实之间的失衡，加剧学生的思想冲突；最后，夸大理想教育和极力回避社会问题的矛盾，使学生丧失了批判兴趣和选择行为标准的能力。

因此，教育者如果以单纯的情感教育去对待学生在世界观上的迷失，只会使他们更单纯。只有帮助他们建立价值观念，才可以使他们找到行动的准则。学校应注重把学生在生活中遇到的问题、矛盾、冲突、对立的观点找出来，在教师的引领下，同他们进行自由的对话、讨论，让他们关注问题，并批判地思考，选择自己的价值观念。通过了解生活和接触社会，达到教育与社会的接近，使学生在不断认识问题中建立自己的价值观念，逐步形成自我意识，同时具备选择能力。学生的价值标准应不断经受实践的检验，在实践中体悟它的真理性，即人类的普遍道德原则。这样，个人的价值观念又一次融入公共生活准则中，他们逐步意识到社会价值的存在。

（四）社会本色

目前，思想道德教育遇到两大挑战：一个是学校教育与社会生活的冲突；另一个是学校教育与社会教育的割裂。前者反映学生在学校接受的教育和学生所面对的社会现实是对立的、矛盾的；后者反映学校教育陷入自身矛盾的困境。学校教育既面对学生，也面对社会。但是，学校教育在面对社会时有不敢面对社会不良的一面，学生面对社会时所见所闻与学校教育有不一样的一面。这会造成两个结果：一个是学校教育是否还有真实性；另一个是真理性教育中有多少道理可被接受。由于学校教育无法承受来自社会的全面压力，因而造成了对自身的伤害，一方面"创造"了学生对教育真理性的怀疑和否定，另一方面"创造"了学生人生价值观念上的混乱。

欧洲许多国家的教育很贴近社会实际，注重与社会的和谐联系：中学教育与大学教育是"对号入座"；社会用人机制是在"经济规则""教育规则"中严格进行，不同人才各有用武之地；教育在培养人才方面是建立在广泛的、超前研究的基础之上；教育发展既不是无计划，又不是离开社会需求的统一计划，却符合了诸多"法则"。因此，学校的道德教育一定要和社会的合理规则建立稳定而和谐的联系，通过社会的合理规则促进道德教育的有效性。另外，我们必须为学生提供批判的理性空间，这个空间是一个说真话的、互动的、民主的、自由的公众语境，它不受挤压，只为引导，它本身是在体现公民的参与。这对于传授公民道德的知识和技能，对于公民获得的价值体验，都是十分有益的教育方式。在比较中寻求教育的作用，从真实中追求正义和真理。教师要站在现实高度、精神世界的高度，敢于披露现实，分清主流，积极引导，对学生进行人生的准备教育，帮助他们从单纯走向成熟。

总之，道德如果不是主体的一种自觉行为，不是自由的内心情感，还没有达到普遍的觉醒，没有成为坚定不移的准则，还只是被动的、强制的、偶然的、随心所欲的，道德的主体人格意识就还没有确立。道德的觉悟关键在于人格意识，人要获得尊重，就取决于对别人的尊重。它依赖社会尊重的普遍性，只有当尊重成为全社会的自觉意识时，尊重才能成为一种规定、法则，才能成为一种普遍行为，个人尊重才能实现。

学校应重视为学生未来生活做准备的教育，这是高中学生进入社会之前进行公民教育的最好时期，也是学生适应经济全球化和开放社会需要所进行的教育中最必要的教育。如果仅就这种教育的必要性而言，公民教育应包括世界公民教育。通过"实践周"活动实现德育课程的双重价值，即行为实践和课程教育，成为河北承德第一中学道德教育的一个创举。

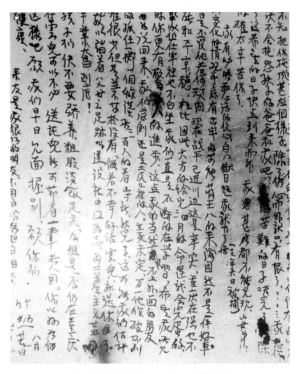

校本德育教材——《江姐遗书》

"实践周"是依据原国家教委要求学生每年参加一周的社会实践活动的精神，结合河北承德第一中学创办"清净学堂""生命校园"的生态环境的目标，所进行的每班每年一周的德育课程和实践的活动。

"实践周"活动分校内劳动、校本课程两部分。校内劳动分为 10 个岗位，劳动后回到各个岗位值周，参与日常行为管理，上课时学生在岗位上坚持自学。校本课程有 10 个系列，包括爱国篇、艺术篇、人文篇、礼仪篇、信息技术篇、学法篇、法律篇、创新篇、心理篇、总结篇。

　　"实践周"中，学生每天早 6：00 开始早训，晚自习开始后结束，星期六总结并完成档案整理，下一周星期一主持升旗仪式，完成一周的活动。

　　"实践周"很累，但学生却有另一种解释："海德格尔说诗意是人的栖居必备的基本能力。我想，我感受到了一种诗意的人生，把每个黎明看作生命的开始，把每个黄昏看作生命的小结；我想，这六天的生命带给我的将是一生的珍藏和思索。"在学生的话里，我感觉到道德的清泉已经静静淌进学生的心田，我闻到了道德的芳香。

第六章　"我付出的愈多，我保留的也就愈多"

一、追求做一名教育校长

赵林著的《黑格尔宗教哲学》再版前言中，记载着黑格尔六十大寿时一个动人的故事。1830年，黑格尔六十大寿时，学生们为他制作了一种纪念章。纪念章的正面是黑格尔的侧面像；背面是一幅象征画，画的正中是守护神，右边是一位手持十字架的女子，左边是一位埋头读书的老学究，他的头顶上还有一只象征着智慧的猫头鹰。这幅画典型地表现了信仰与理性、宗教与哲学的统一，而这种在对立面中寻求统一的做法正是黑格尔哲学的全部奥秘所在。

黑格尔做过校长，他的哲学又是在对立中寻找统一，在"正""反""合"中谋求"合"。他和他的学说让我从相似与相异的一个比喻结构中看到了对中国校长的特点的解释。中国校长也必须具有对立的两面特征，他必须兼有一位教育校长和一名教师的特征，这样一个特征也像一枚徽章的构图。不幸的是，对中国校长而言，校长是职务而非专业（职业）。他做着超出真正意义上的教育的事情，这种格外的负担不能不让人烦恼或拒斥。所以，我们应对校长有一个希求的界定，他应当是两面的：最好一面是校长的；另一面是教师的。他既是一个教育校长，又是一名"教师的教师"。这样，"校长"的概念应该是：它既是一个职业，又是一个专业。

我认为教育领导所扮演的具体角色与行政领导是不同的，教育领导应该是变革代理人的角色、学科带头人角色、协调者的角色。

变革代理人角色：教育领导需要执行国家教育政策，需要诊断学校组织变革和发展的方向，提出学校组织可持续发展的教育理念，并在全体员工的合作与支援下贯彻实施，这需要教育领导者具有对于教育变革的远见和决策能力。

学科带头人的角色：教育领导应该是教学领导者，是"教师的教师"。他不仅应是学科带头人的教学专家，更应是具备领导教学的专业能力，懂得学校管理专业知

访问哥伦比亚大学

识和技能的管理专家。

　　协调者角色：教育领导也需要做协调的工作。他们要有较强的处理人际关系的技能，协调学校与教师，学生与家长、教师与教师、教师与社会的关系等。

　　校长应是学校教育的灵魂。教育是神圣而崇高的，教育的伟大使命是让人们从无知走向睿智，从幼稚走向成熟。校长的风格气质，一言一行，都在影响着学校，影响着师生员工，所以，校长不仅是自己的、家人的，更是学校的、全校师生员工的。校长高尚的情操、丰厚的文化底蕴、执着的工作态度、娴熟的工作方法、对教师的宽容、和同事的合作，无不影响着学校。真正的教育校长有足够的肚量去容忍那些不能容忍之事，有足够的智慧去改变那些应该改变的事；真正的教育校长能够把学校的愿景，即学校的办学目标、发展方向、学校文化、学校管理等变成每个教职员工的愿望；真正的教育校长在学校把校长的工作由监控下属变成与下属一道为共同的愿景而努力，而不是凭管理层的压力去工作。

教育校长应该是一个学习者、思想者、研究者和实践者，在他的身上有书香，有思想，有课题，有行动；校长要通过自己的典范唤起教师探索和研究的兴趣，成为有威信、博学多识的"教师的教师"。他必须不断坚持持久的学习，并且他的学习足以带动其他人或让其他人产生敬佩，最好让读书成为风气。我过去读的书较专，由于面窄，算不上专攻，后来出于需求，读书转向，围绕认识论选择了与它关联着的语言哲学、存在论、现象学、人类学、逻辑学、美学。与专业人士相比，我谈不上研读，至多只是略读，但是有了对知识的系统性、知识的"普遍根据"和本源性的认知。这为构造教学理念、方法、校本课程、教学活动提供了正确的理论支持。

校长上课并不多见，在我认识的校长中，我最钦佩的是唐江鹏校长。他做那么大一所学校的校长已经难以释重，身体条件使他工作极不便利，即便如此，他还兼两个班的课程（我去他那里学习时所见）。这是连我们普通人都无法承受的，他却超乎人们的想象，让他所任学科、班级乃至全校取得了骄人的成就，受到江苏省各界的高度评价。

校长上课是拉近师生情感，体验教学经验，了解教学问题，远离和弃绝官僚主义、独断主义和行政命令的途径。在承德一中十年，我坚持为学生的"实践周"上课，为高三学生开设"高考试题分析方法"讲座。

做教育校长和老师并不是拒绝社会活动，相反，社会活动能力是学校得到社会支持的可能性条件，这恰恰是与教育校长的任务相关联的。我只是强调社会活动与学校工作的比例如何处置。

一个教育校长本质上是"教师的教师"，他要引领教师，首先就要得到教师的认可。校长是一位教师，就应亲自去做教师的事情，这样才能从离自己最近的地方听到最亲切的声音。有些东西得自己去做，养成作风，坚持下来才有普遍意义。养成习惯就是培养校风。

我愿做一个一中人

（这是 2002 年 3 月 28 日我在国旗下的讲话，是对学校的一份深沉的爱。）

尊敬的老师、亲爱的同学们：

这是我第一次与一中的师生同升国旗，我感受到了作为一名一中人的光荣。

在我离开存瑞中学，离开养育了我的那片赤土、圣土，告别扶持、厚待我的同人和学生跨进这所百年老校时，我感受到了它的历史况味，随后是光荣，随后是惶恐。

悠悠百年，使一中饱蘸文化墨迹，充溢着人文情怀，厚重的、积淀而成的教育思想，形成了执着的教育理念和朴实勤学的学风，养成了"与天地合其德"的盛德品质，留下了人伦教化的传统。不仅如此，这里几代集聚着第一流教师、第一流学子，自然之道一以贯之，妙于博大与包容。在这里工作，教育者自生自豪之感慨；在这里学习，自当长"大鹏飞兮振八裔"之志向，有如"一苇之所如"的雅风；在这里做人，当不掩童心，不避己俗，自信穷达。"诗成笑傲凌沧海"，素养应长于沉思，富于遐想，善于思辨。文化品位，应效仿先秦思想，魏晋风骨，要用科学的理性和人文精神规范人性，以再现人的根本价值。柏拉图说，最先和最后的胜利是征服自己。只有科学地认识自我，前瞻性地设计自我，严格地管理自我，才能站在历史的潮头创造出崭新的人生。

今天站在国旗下，我不只感到作为一个一中人的光荣，更有一份压力，一份责任，也有一股力量，一种信心，这就是与师生共荣辱，共奋斗，共歌声，以百倍信心与努力去创造美好明天，迎接一中的华诞——光荣的百年。

我坚信，迎着朝曦前进，注定会见到曙光！

第二十个教师节致辞

（这是我在教师节上的发言，是对教师的一份真挚的感情。）

尊敬的诸位：

我除了表示工作中的歉意之外，只想给大家一个美好的祝福。现在我就代表每一位领导成员向全体教职工致以亲切的节日问候！

今天是第二十个教师节，这个节日是所有节日中唯一属于我们自己的节日。这个日子不同于任何一个休闲日，它特有的意蕴涵盖了我们付出的一切辛劳和爱心，包罗了一切收获和喜悦。

这一天给予人的比满足和幸福感更崇高的东西是人们有了大海一样宽广和平静的胸怀，一切荣耀、利益、差异、支持、理解都消融在里面了。

在这些无瑕而高尚的道德情感之上，最耀眼的还是新思想的光辉。人们从自觉行动中抛弃了过去的虚骄、漂浮、浅薄的意识，并把自己从旧体系中拯救出来，接受了新时代的理想的号召，以较高兴趣和态度去观察、把握真正的新课程，并用本真的严肃性和诚实性去奋斗。这种可爱动人的情景触动了我们生命中最容易激动的心灵，使我们平静地感受到音调的和谐；这证明人们对真理的认识深刻了，人性大大地丰富了，精神高度地前进了；这是我们实现明朗思想意图的第一个条件，也是我们雕塑自己思想"作品"的前提。

切不可小视这种思想的进步，切不可低估这种精神自身的伟大力量，它是一个民族的产儿，是一个时代的精神。只有这种信仰才配得上最高尚的东西，只有这种信念才能迎来一个美丽时代的黎明。

这一天囊括了历史和未来，但这一天很短暂，短的从明天又要开始。珍惜这一天，憧憬未来！

新教师培训

校长，我懂了！

高一（4）班　李春雷

（这是一个学生写给我的信，让我对教育的力量有了更深刻的理解。）

1997 年存瑞中学的开学典礼上，校长说："我们的民族总是红墙深院，刻意去追求'协调'的图形，而美国人则把家建在一望无际的农场里，没有几何，没有图形，体现自然。我们学校遵守我们民族的规矩，不，现在，我要打破它，打破我自己……"

缓慢、低沉的声音又一次传入我耳中，这样的声音我从初一已经听了 4 年，总的感受是校长的话含蓄、深沉，又充满了激情。他多次讲到的是关于学校的建设和学生的学习、生活环境问题。

这次又讲了些什么呢？我沉思许久。懂了，懂了！主要是要把学校建设得更美，学生的学习环境更好。更重要的是向我们渗透一种思想，使我们明白东西方文化的交融多么重要，在不久的将来，我们能实现他的梦想。是啊！我们的校长多年孜孜不倦，不就是为了这样的目的吗？

在我的印象中，校长的能力比他的话更有说服力。我刚来到学校的时候，学生宿舍是几排低矮的平房，很多该住宿的同学不能住进去。

高一的开学典礼上，校长说："我是一个很不称职的校长，学生在这样的条件下住宿……就是化缘也要再建起一个宿舍楼！"或许男子汉的诺言总会被实现，或许"化缘"真的很"容易"，在以后的几年间，学校发生了根本性的变化，新建、翻修宿舍、餐厅，建造阶梯教室、科技楼，兴修商业街，开设与时代同步的微机课、层次课……

这一切看起来多么不可思议！现代化的教学思想、现代化的教学设施，这些都出现在这样一个贫穷、闭塞的塞外山区！

"一位改革者，一位受尊敬的师长"，这是我对校长的概括。校长与一起奋斗在教育战线上的人们，执着地追求他们的事业，奉献着青春！

他们的原动力是什么呢？我寻思很久，终于懂了校长的话就是最好的答案："我爱我的学校，爱我的事业！"

致杨公

（这是我给一个友好学校校长的信，是我对文化和友情的深切向往。）

这是我访问过的百所名校中最美的一所——江西白鹭洲中学。

访问白鹭洲是我久有的愿望了。十月的北方，秋气清冷，山川寂寥，而此时的江南依旧郁郁葱葱、融融玉辉。到达白鹭洲虽然已是月明星稀，却仍可看到那忽明忽暗的灯火，若隐若现的感觉倒添了几分神秘和疑幻。

走进白鹭洲，你会想起桃花源的。然而，白鹭洲之静谧、之广大、之浩瀚、之久远、之厚重，使二者难以并列。

白鹭洲显卧龙之形，顺流而卧赣江中央，从南至北有三里路长，著名的白鹭书院掩映其间，真是校中之院，校中含阁。纵横古今，源源相融，视之存风骨，嗅之飘墨香；古有惊心动魄之壮美，今生一廊正气之清新。登楼则情满于楼，观江则神遂于江，修竹凌云乃有虚心，茂林隐逸方存独立。书院静静可闻心灵撞击之啼声，校园青青可见彻悟生命之气韵。人与自然相亲和、与天地相冥契，可体味古人之信息，可涤荡人生之情怀，悠悠往矣！正所谓："江浦回看鸥鸟没，碧峰斜见鹭鸶飞。"

白鹭洲善养浩然之气，倡导人文精神，传承文化之精粹，主张"以人为本"之信念。读碑不厌文曲，观碑令人沉思，步长廊乃发思古之幽情，品味校训"崇尚气节，建功立业"可窥治学之精神。歌出"人生自古谁无死，留取丹心照汗青"这句人生绝唱的正是母校学子文天祥。白鹭洲浩气果然长存！

白鹭洲文化之浓重，潜在而深厚，无不给人以墨迹之映像："鹭飞振振兮，不与波上下；地活泼泼也，无分水东西。"这副对联的手笔出自清末的白鹭洲学子中最后一第状元，文中涵盖了数百年间白鹭洲书院的治学理念，其思辨哲理在于独树一帜，兼容并包。这不正是今天的白鹭洲吗！万绿丛中一点红。

白鹭洲的品格独具特色，探索它不如去比喻它。就像那一座座建筑群体，没有哪个会超出树木的高度，将你掩映在一片片茂林之中，体味人生与人境的相融、理想与信念的和谐、人与人情感的辉映。白鹭洲，让我仰止！

人说，风流才子尽出江南，而白鹭洲老师之淳朴、踏实、厚重，让我惊讶，不由自主地产生一种敬慕。沉甸甸的感受使我想起了康德的"道德自律论"，在这里，它着实被白鹭洲的老师们验证着。语文课上，自主的学生们总是处于被激活的状态，这大概是源于老师的理论思维，即"以思维为主线，以想象和批判为途径"的教学策略。认识之深湛，实践之有序，称得上"鹭飞振振"。

七百余载，名流千计，学子不可胜数，可谓人才辈出，各领风骚。文化的深秘与积淀已使这片"红土地"上的绿洲演化成一块瑰丽的绿宝石。然而，耀眼的并非它的晶莹与透彻，而是它散发着满园芳香，焕发着勃勃生机的一洲桃李，活泼泼似游于缓缓流淌的赣水之中，自由而奔放。在这里，我看到了未被扭曲的心灵之雏形，找到了自由、充分、和谐发展之范本，也发现了一个不解却又迷住我的旋律。白鹭洲，名副其"词"！

白鹭洲之深情犹如层层"堆花"，有清淳，亦有浓烈；有渊源，亦有层穹。别了，美丽的白鹭洲！别了，我尊敬的杨公！堆花层层转作泪，白鹭振振非拂尘。

美是丰富的，美是不遗忘的。每每想起白鹭洲，都仿佛看到那两只白鹭朝起霞归的美景，常常让我无限遐思⋯⋯

（注：杨公即当时的白鹭洲中学校长杨辑光先生。）

一个学生的来信

（这是一个学生给我的信，我感受到了一份欣慰和沉重。）

校长：

您好！暑假与您匆匆地离别，到现在已将近半个月了，您现在好吗？

想想开学前，我和妹妹迫不得已又去向您"要"钱，真的很尴尬，也很无奈，站在走廊的尽头，想到假期所发生的一切，我突然有种想哭的感觉。

马上就要开学了，我和妹妹的学费却没有着落。出去借了一天钱的父亲很晚才拖着沉重的脚步回来，一共才借了800多块钱，即使家中刚卖掉两头猪和所有的余粮，离我和妹妹10 000多的学杂费还差得太远，而且就在这区区800元中还有200元是那家所谓的亲戚为了应付父亲，让父亲搬了4袋稻子加工去卖而换来的。我知道父亲为了我们上学，即使借钱四处碰壁，但他也会怀着渺茫的希望去求别人，而且绝对给利息。即使这样，也是惘然。残酷的现实面前，我深深地懂得：在这个金钱至上的年代，人们的目光太短浅了，在穷人那里已经没有亲戚朋友的概念。也许是太贫寒了，也许是现实的悲哀无法刺痛那冰冷麻木的心，但父亲却说："不能怪别人，怪只能怪自己没本事，挣不到钱……"

就这样，父亲在无比愧疚和沉重的生活重压下，带着对我们无限的牵挂，被钱逼得喝了卤水。在众乡邻的帮助下，用临时钉成的担架把父亲送到了医院。其实在途中，父亲就已神志不清，别人几乎都不认识了，但却能认出我和妹妹，因为我深深地知道我们不仅是父亲沉重的包袱，也是他永远无法割舍的爱与牵挂。我永远也不会忘记，当时是怎样的一种心痛与绝望，我真是不敢相信生命有时会脆弱得如此不堪一击。在医生的大力抢救和我们的不停呼唤声中，父亲终于醒了过来。我想也许是我们虔诚的祈祷与无数的泪水感动了死神，使他不忍心让饥肠辘辘的我们再失去父亲，但无论如何，我感谢命运的眷顾与恩赐。这件事对我的打击很大，很大程度上改变了我对人生的一些看法。

经历过太多的生活艰难，遭受了数不清的白眼与冷漠，我已不惮任何困苦，然而，这颗在人情淡薄的世态中历练得坚强的心却每次都在您感同身受的同情里，在您慈爱的关怀下脆弱得不堪一击。

面对着您放在我手中的钱，我的声音哽咽，我的泪水滂沱，我该如何感谢这份恩，这份情呢？

默默地离开，不曾言谢。不是我不懂事理，而是如此深的恩情，岂是"谢谢"两字可以涵盖得了的？亦如当日伤痛时的脚步沉重，当我带着无限的感情与不安离开时，我的心亦是沉沉的，师恩似海，我还能说什么呢？

2002 年 9 月 13 日晚

二、教育——如何思考未来

对未来思考是对必然性的思考，这决定我们要回到那开端的地方。回到开端就是面向未来，思考未来就要追问开端。每一个未来的问题都是开端的问题，正是我们面向未来的缘故，我们才返回开端，开端即未来。

"围绕杰出人物的周围，你将不会有前瞻的观点。"我国杰出的科学家钱学森提出的问题是"为什么我们的学校培养不出杰出的人才"，被称为"钱学森之问"。这个问题让学术界的人充满热情，让所有思考的人都能给出一个态度、立场和观点，却没有令人满意的回答。

美国教育家杜威在他自己的最后一课也问了一个开端性的问题："教育是什么？"1938 年，杜威在美国荣誉协会举办的一系列演讲大会结束时做了总结发言，他在讲话结尾时提出了要"弄清楚教育是什么"的问题。之后，执着于这个问题的美国教育学家杰克森在长达 60 年的时间里一直在思考杜威的话，思考的结果就是回答了这个问题。他把杜威的"教育是什么"的问题分解为以下四个问题：（1）什么称得上教育？（2）在没有任何修饰的情况下，教育的本质是什么？（3）教育的纯粹、简单是指什么？（4）满足什么条件，教育才能变成现实，而不仅仅是个名称或口号？

这四个问题的前三个是重复的，随便你挑，"从哪个问题开始都一样"；第四个问题的意思是"做"一些事，而不是"思考"一些事。这四个问题实质上是两个问题：教育应该是什么？教育实际是什么？

这两个问题是教育必须"思""做"的问题。"教育应该是什么"是让教育者思考"什么是真正的、真实的教育？什么是根本上、本质上、绝对意义上的教育？也就是说把所有记忆都褪去，把所有说过的、做过的都抛开，什么是教育的最后含义？"[1] 这就是让你在最抽象的意义上给出一个简短的答案。"教育实际是什么"的问题是一个实践性问题，即使教育变成现实的充分条件。

"教育应该是什么""教育实际是什么"的前后序列是不能颠倒的，因为我们在形成抽象概念前不能先提出一个具体的一般概念。正如杜威所说："在你开始认真考虑事实真相前，先要认真考虑一下它的概念。"这实际上是指示我们考虑真理的"普遍根据"和真理的确定性。他把知识分解为抽象和具体、本质和存在、偶然真理和内在真理。他总结教育使命时强调"对真理的追求"要比"对知识的追求"好得多，这意味着除了偶然真理和必然真理之外还有其他真理。"我开始认为，真理有点像（吉露果子冻），它有不同的颜色和味道。另外，我开始认识到，作为人类事业的教育被深深地牵扯到了对所有这些真理的追求过程——甚至，实际上，当老师面对着一屋子充满生气的学生时，他的任务可以被描述为贩运真理。这种说法不错。""我尝试着

---

[1]　菲利普·W. 杰克森：《什么是教育》，吴春雷、马林梅译，14 页，合肥，安徽人民出版社，2012。

将它们称为事实性的、系统性的、工具性的、道德性的和主观性的真理。"① 毫无疑问，他把"教育是什么"的问题当作一个"为何、如何、是何的问题"来对待了。

我们要探索"钱学森之问"，可以参考杰克森对杜威问题的探索精神和方法。教育使各民族产生了他们对知识的根本看法。希伯来人和希腊人对知识的看法迥然不同。史耐史精辟地综述了这一点："希伯来系统的目标和宗旨是 da ath elohim（认识上帝）。希腊系统的目标和宗旨是 gnothi seauton（认识你自己）。两者真有天渊之别，绝对谈不上妥协。两种态度和方法完全南辕北辙。"② 犹太人被称为"读《圣经》的民族"。他们的传统文明的核心就是学习不倦的精神。古老的拉比格言说："拥有知识，就拥有一切。"早期拉比强烈地感觉到教育的重要，甚至说"就算是为了重建圣殿，也不可停教育"。犹太人的研习向来是犹太生命的根和源泉。

在希腊人心中，通向美德的大路是知识，通向美善人生的途径是头脑的能力。希伯来人认为，智慧不是追求头脑知识而是实际的。智慧是实际应用，意味着有技巧、有技术或者有人，才能去做某样东西。希伯来人认为有"知识"就是经验它，不只是思考它。在教育上，犹太教育与众不同，其精髓是"圣洁"，要把自己从其他民族区别开来。希腊认为知识是传递学术和技术知识，例如，音乐、艺术、阅读、体育。教师的目标也不同，希腊教师是教育学生一些规则和程序，目标是培养某些能力；希伯来教师的宗旨是为了培养圣洁的生命。希腊人学习是为了理解，希伯来人学习是为了敬畏。

在希伯来文化中，牧师是"牧羊人"。牧师兼教师，所以，"教导"和"喂羊"不分。"教导"来自闪族词根，意思是"分辨、分开"，希腊人译为"理解和辨明"，是说教师有能力分析和解释问题。在犹太人那里，教师是让学生有所理解，得到知识。犹太学者赫舍尔在评论现代教育时说："现在评估学生是看他们答问题的能力，而不是理解难题的能力。""其实，要考核学生的素质，应当看他能不能问正确的问题。"③

---

① 菲利普·W.杰克森：《什么是教育》，吴春雷、马林梅译，23页，合肥，安徽人民出版社，2012。

② 转引自马文·韦尔森：《亚伯拉罕：基督教的犹太根源》，林梓凤译，364页，上海，中西书局，2013。

③ 马文·韦尔森：《亚伯拉罕：基督教的犹太根源》，林梓凤译，374页，上海，中西书局，2013。

　　希伯来人与希腊人持有完全不同的教育观。英文"学校"一词和"学者"的词源是希腊文"有闲暇""有空余时间""无所事事"。据此，"学校"一词的希腊文本意是"用来学习的闲暇时间"。这个词在希伯来文那里是"闲懒"。希腊人认为，从事劳动的人是卑微的下等人，不配受教育。希伯来完全没有这样的概念，相反，他们认为人人有份接受教育，而且非常注重全人。

　　但是，在希腊那里，学校是闲暇的"自由时间"。在那里，他们向人们介绍和满足与欲望无关的东西，对事物进行各种理解和想象的活动。希腊教育不准许实用性的、功利性的消遣，因此，它是自由的思考、自由的沉思、自由的谈论和交流思想，甚至对各种观点有着迷的自由。在大学，"学术界人士"不是关注学习做什么，而是关注各种解释。准确地说，"闲暇"是把注意力自由地放在认识和解释上，你不必去做任何事或者为怎么去做而分心。自由地学习，意味着没有告诉你在哪里能找到努力的宝藏，它可能来自演讲或者一本书，不知从哪里冒出来，但你必须读许多不同种类的书。

　　对于各种思维的训练，不是为了训练用特定方式来思考，而是必须用他们的（数学的、哲学的、经济的、历史的专家）思考方式来思考。相关的例证是牛津大学一名女生陷入麻烦时，院长问她来牛津是为了什么，她回答："我来这里是为了那种生活，你们完全能明白，不是吗?""雪莉，你为什么进入这所大学?""噢，为了那种生活，那生活就是目的，夫人。"尽管她的答辩得到了一个很糟的分数，是班级的最末一位，但这个女孩是正确的，生活就是目的；这是完全属于闲暇的生活；你绝对不会有再次得到这种生活的机会。"为了那种生活"，这既是对一种配得上的幸福生活较高的选择，也是大学的使命，但这并不容易被接受，因为这同"学习是为了获得知识"相悖。

　　密尔认为人类思想和言论被压制的情形有三种情况：可能是正确意见；可能是荒谬意见；可能部分是真理。正是基于"真理"的发展需要，密尔谈论自由时有一条基本原则——人类最丰富而多样的发展。因此，他主张个人自主性、创造性和有活力的观点，他提出追求个性发展的权利在于个人、政治、法律、社会应对多元个性保持宽容的要求，并认为个性具有"内在价值"，值得为其自身的缘故而给予关注。个性是人之为人不可或缺的要素，如果某人缺乏个性，他作为人的能力就枯萎、凋零了。密尔还认为个性是个人自身发展的条件，也是社会和整个人类发展不可或缺的动力。个性发展是人性发展的权利。个性充分发展，也加强了个人与民族社会的进步；而标新立异如此之少，是时代的主要危险。

密尔认为："自由发展空间是人类幸福的基本因素之一，而且恰恰是个人和社会进步的主要因素。假如人们已经感到个性自由发展是福祉的首要因素之一；而且这不只是与所谓文明、教化、教育、文化等一切东西相并列的一个因素，其自身又是所有这些东西的一个必要的部分和条件，那么自由就不会有被低估的危险。自由与社会之间界限的调整也就不会显得特别困难。"[①] 他认为改进精神并不总是等同于自由精神，但改进之唯一源泉就是自由。一个民族也许在某段较长时间里是进步的，但随后就停止了。它什么时候停止的呢？在不再有个性的时候。

密尔认为中华民族富有才能和智慧，很早就有一套好的习俗，把杰出的人称为贤人、贤者，把他们拥有的智慧印在社会每一个人心中，并确保有最多智慧的人占据荣誉和权力地位。这无疑呈现了人类进步的秘密，它应牢牢站在世界前列，然而，恰恰相反，它们变得静止不动，竟维持了数百年之久。

他认为人人雷同的结果必然是落后，欧洲未落入这个命运是因为人人都走不同的道路。"作为人类发展的必要条件（因为有必要使人彼此相异），有两样东西——自由与情境的多样化。"他认为教育正在用听的、看的对象和手段都相同的东西使人同化，像用模子把人都铸成一模一样，并且用牢固的规则把全体能人都吸纳入统治集团。他认为这对该团体的进步也是致命的，并且它削弱了促使社会发展的其他经济实体的力量。他认为在习惯处理自己事务的人民当中，自由的人民表现出不同的景观。法国人在军事事务上能做到这一点，在平民起事中立刻能有人担当领导，制订出不错的行动计划；在行政事务中，美国的任何一个团体都能在没有政府时立刻组成政府。

密尔的个性自由和多样化的观点与希腊的闲暇教育，尤其与希伯来人"与众不同"的教育具有同一指向，但是，对从希腊教育中发展出来的"趋同性"，并且使人"同化"违反自由的倾向，他表达了批评。他呼吁政府促进个人团体的活动，而不要以自己力量取而代之；政府要为他们提供信息、建议，而不是戴上枷锁工作，甚至

---

① 密尔：《论自由》，顾肃译，60页，上海，译林出版社，2010。

越俎代庖。这样看来，他的"论自由"的首要原则是人类最丰富而多样的发展就不奇怪了。

密尔离我们远去，或者说他的理论已经很原始。但是，他关于"个性自主性"的论述所关注的现象在经历了一个半世纪之后都没有变，那些现象之间的本质关系依旧存在。

还有一些西方学者从农耕文明的视角提出中国科学发展缓慢的看法，认为一个长期在地大物博的疆域内从事农耕的民族会产生封闭的"安全意识"，但他们的"想象"却能任意发挥，直到疆域边界。爱因斯坦说："西方科学的发展是以两个伟大的成就为基础的，那就是西方哲学家发明的形式逻辑体系（在欧几里得几何中），以及通过系统的实验发现有可能找出因果关系（在文艺复兴时期）。在我看来，中国的贤哲以前没有走上这一步，那是用不着惊奇的。令人奇怪的倒是这些发现（在中国）全部做出来了。"[①]

爱因斯坦并没有否定中国实验科学曾经领先于世界，而是说近代科学的发展没有这两个前提是不行的，因为科学技术的进步依赖于贤哲们的逻辑思维方式和真理的价值取向。对此，恩格斯也表达了这样的思想："一个民族要想站在科学的高峰，就一刻也不能没有理论思维。"

只有把"钱学森之问"一步步向前推进，才能把我们的思考带到开端。这个开端就是本源，只有指向本源才是指向未来。如果缺乏正确的追问，就不可能找到正确的前提，得出可靠的结论。"钱学森之问"到底是个什么样的问题？我不确定他的问题是不是以下意思：一个是他问的这句话里面所说的是个什么问题；另一个是他问的整个句子本身提出的问题。前者在说：为什么我们的学校培养不出杰出的人才？后者在问：为什么"为什么我们的学校培养不出杰出的人才"？这好比他分别在问不同的两个人：如果他问的对象是校长，校长就要从学校之外的原因来回答这个问题；如果他问的对象是学校之外的某个人，某人就要从学校本身的原因来回答问题。回答看似颠倒了，实则他们都理解了"回答问的是什么"的问题。我这样理解，像是造成了两个问题，但也可以看成一个问题，即对"为什么我们的学校培养不出杰出

---

① 爱因斯坦：《爱因斯坦文集》第一卷，574页，北京，商务印书馆，1976。

的人才"这个问题的原因的原因进行追问。还有一个理由来证明我的解释，不是钱学森不知道我们的学校培养不出杰出的人才这个事实和原因，他要问的是：什么是"为什么我们的学校培养不出杰出人才"这个问题的原因，这是一个对真理问题的追问，就好像人们知道地基是房子站立之上的理由，但是地基必须能够证明它能够站立的理由。

我这样假设，如果用钱学森的问题来问我，让我回答第一个问题，我站在我做校长的角度来回答。面对这个问题，我会感到心急如焚，因为我对我要回答的每一个问题都难以回答清楚。对第一个问题的回答，我就说一个小故事吧。布列塔尼勒南中学的校长向我介绍了他做校长的任职程序。他说，符合任职条件的人向教育部提出申请，进入选拔范围后，到教育部指定的学校去考察，然后写出治校方案，方案送至教育部专家评审委员会，入选的人接受答辩，接到任命书（一般为 7 年），到指定学校任职。我认为，这种选拔制度是开放的，为每一个有准备、想做校长的人提供了机会，这一机制刺激了校长专业化水平的发展和社会支持力的提升。当我问到教师的管理问题时，他回答校长无权辞退教师，如果教师教学有问题或犯了需要辞退的错误，上级部门会根据校长的报告派出人员进行调查，核实后做出处理决定。我以为，这样的做法体现了对教师的一种尊重文化。我听他们的课，感觉到课堂展示出的一个突出点是，要求学生把不同的方法展示出来，展示过程中，教师特别要求学生说出自己是如何思考的，这迫使学生将思考条件、结果和所用的方式都摆出来。同时，让学生参与评价，并从中挑选出恰当的思考方式。我断定这些做法就是对知识的分辨、讨论和共享的策略，教学不是结果而是过程，是通过对"你是如何思考的"活动策略展开的。这个故事是否包含着"用什么方式培养必定会培养出什么样的人才"的问题之思呢？

如果用钱学森的问题来问我，让我回答第二个问题，我站在学校之外的某人的角度来回答，我将回到对这个问题的根本原因的回答。教育内容作为国家"法定文化"，确定了各国的教育之间有着根本的区别，但就它以人为本的终极福祉和让世界变得更好的最终延伸来说，又具有普遍意义。

"人类在创造社会制度本身的同时，也创造了他们自己。"教育是存在于高级文化巨大的有机体中的觉醒存在。文化是作为内容丰富的复杂体，例如，习俗、神话、工具、制度、法律、技术、艺术和信仰，当然还有语言。文化使合并在里面的民族和阶级都具有了单一形式的语言以及单一的历史。文字的历史全都属于高级文化表现的历史。语言被视为一个地基，专门承受复杂庞大的文化结构却同属于语言结构的同一个类型的结构的文化。我们可以通过语言从不同侧面看待文化，教育就是从传播人类文化遗产方面来看待文化的伟大的社会活动。

人类文化历史有两个起源，第一个是原始文化，第二个就是爱琴海、尼罗河、幼发拉底河、印度河和黄河的文化开端，它们同属于一个文化轴心。从人类学上搜寻，会看到它们有相同的文化起源、结构、节奏和文明发展的历史：从"自然共同体"的家庭到村庄再扩大到城市，从神话到宗教再延伸至社会组织形式，都在相同的结构中结合着。但是，不同民族和社会发展的不同历史阶段有着显著的区别，相同与区分都是结构性的。食物的生食与熟食，《易经》的"元亨利贞"和社会人事、希腊的几何学和统治秩序、自然的宇宙结构和社会宇宙组织结构等，都存在相同的来源和倾向，也存在不同的组合和解释。当几何思想和政治思想结合得紧密而持久时，可能由平衡性、相互性和对称性构成真理面前"人人平等"的思想秩序，而"元亨利贞"就构成社会规范、"太和"、均衡和模范"即王道"的稳定秩序的道德基础。文化的共性和相似性是方向性的，差异和区分是根本性的。例如，我们可以根据颅骨确定一个种族，我们可以在 X 光机器中观察、完成这种工作，但光线过去后，种族就消逝了。因为确定头部种族表现的决定因素是模样、肉和容貌的作用，而一个种族与相近的种族的区分恰恰是鲜活的人的体相。

各民族的教育因素融入每一个民族的复杂的文化溪流之中，源远流长，而且在民族文化的细流中还融合了交织在一起的借来文化。所以，文化本身就是包容和宽容。教育是一个民族的文化现象，不存在落后不落后的问题。

教育原本就是一个民族在发展着的历史，教育的周期就是民族各个发展阶段的周期。因此，把教育周期与青年成长周期看作同一个结构，是对周期性解释的误解。教育周期性是一种思维方式在几代人身上的延伸，只要思维方式没有改变，周期就不会到来，阶段性就不会出现。这同一个家庭延续的生活习惯在一个家族一直存在着似乎是一样的。我们今天看到的教育效果生发于"昨天"，今天的教育质量等到下一个时代的人才能显示。"钱学森之问"是我们整个民族长期思考的一个问题，"开端之思"总是启示着我们这些从事教育的人们。

三、教育是使自己幸福的事

我从教育岗位退下来的那年，我81届的学生会民、颜杰等人组织全班同学为我举办了一次具有宣告意义的聚会。时光过去了三十多年，他们中好多人的孩子都已经大学毕业。这些学生有的是经常帮助我的，有的我已经想不出他们的名字了。令人感慨的是，别时的话语都能记起，相见时竟无语凝咽。过去，我们用方桌学习，站在那儿话别毕业；今天，我们围坐在圆桌周围谈论"话别"。难道从"方"桌到"圆"桌就是这三十年的距离吗？这若即若离的时光怎么不让人百感交集呢？那一刻的幸福是由甘蜜和泪水调和而成的！

墨香

那一刻，我从他们身上找到了幸福的根源，是教育使人享受到了生命。如果一个人的疾病是上帝惩罚的结果，那么他被宽恕活下来，肯定是有理由的。这个理由是不是就是幸福地"做教育"的价值？是的，没有比遵从知识的规定更好的生命。

　　追求幸福是人生的最高目标，教育要服务于这个目的。如果说希伯来语名词"教师"的词根来源于"抛、掷、射"，引申为"教师是射箭的人有目标、有宗旨"，从而使它的意义成立，那么教育就是人生福祉的根。

　　幸福是内心的快乐。趋乐避苦是生命自然而然的事，因此，生命以快乐为目标。快乐是痛苦与不安的阙如，当肉体和精神的痛苦排除后，快乐就到了。快乐是可获得的，当根本需要在排除饥渴等匮乏而满足后，快乐就不再进阶，只求变化多样。人类一切追求的最高目标是至福。个别世俗快乐所带来的满足并无法达到至福，因为世俗快乐是对外在利益的使用，而不是至福的享用。使用是借以达到更高目标，亦即在至善中的福音。在此，人们可以享用，而不再求另有他用。如果在外在事物及自身当中享用，就错过了真正的目标。

　　幸福是某种终极的、自足的东西，它是行为的结局和归宿。对人类而言，善乃灵魂依循其特有之才德（即理性）所实现的活动，人类的善意味着灵魂以理性为本的活动，在其中，人类可以发现完全不为外在条件所左右的幸福，这便是一切追求的终点。善必须包含幸福。德行是幸福的因，幸福掺到因果的脉络里，幸福与德行结合，完成最高的善。道德并不教导我们如何能够活得幸福，它告诉我们的是，如何使自己配得上幸福的生活。

　　只有教育才能让人享受生命。想享受生命的人总是设定这样一个条件，这条件不是处在个体之外，就是处在个体之内。设定在个体之外的是将财富、荣誉、显赫当成生命的任务及其内容的人生观。设定在个体之内的，人格一般情况下被设定为才能，生活中的满足、享受都要到这一才能的展开中去寻找。但一个人并不立足于那直接的才能，生命中满足条件的是才能本身。人要想享受生命，就要出类拔萃。

　　享受生命是享受某种人格。教师不是写着文本的教科书，而是作为文本的人。相传五祖弘忍禅师夜送六祖慧能渡江南行，亲自把橹说："合是吾渡汝！"六祖答道："迷时师度，悟时自度，度名虽一，用处不同。能蒙师传法，今已得悟，只合自性自度。"五祖听了便说："如是如是！以后佛法由汝大行！"

　　"佛法难闻"，恩师难求。人一生能遇见一位恩师是一件幸事，恩师就是那种把想要看到希望的人带到让他看到希望的地方，然而，每一个求学者最初的目的都是世俗的和实际的，教师无疑要促使他们从实现这一目标开始，但好的教师是让学生了解到他们的努力只是为了达到至福的奠基，要达到最终的追求则需要目标建立在对崇高的事业沉思的基础上。教师既是土地上的犁耕者，又是大海里航船的舵手；既是有限的蜡烛之光，又是无限的本质之光。

教育是对存在关系的反思行为。只有在某种存在关系中，我们才能获得对"我付出的愈多，我得到的也就愈多"的教育体验。教师的一句话是学生的一辈子，任何一件小事都足以成为他们心上铭刻的碑文。教师和学生的故事不分大小，小，可改变你的行为；大，可改变你的人生。不怕对错，对，允许你怀疑；错，足够你包容。

让学生感恩是一种不安的幸福，它常常让我把感恩者当作恩人，并且颠覆着对感恩关系的理解：不是因为你为他做了什么，而是因为他记住了你什么；不是因为你值得他感激，而是因为他认为你值得感激；不是因为你有优秀品质，而是因为他有高于你的品质。那种极度的不安来自于学生的一种崇高品质。

只有源于精神上的愉悦才称得上幸福。愉悦总是由美或丰富心灵的东西唤起并达到的一种满足感。我多么渴望有更多的老师如我的老师一般带给我们永恒的愉悦！我的老师张玉祥是名副其实的歌者，但他的专业是数学，"文化大革命"期间的遭遇反而有幸使他拜师学医，有了第二职业。他退休时去商店买了一面有风景画的镜子，并亲笔写上两行字："你是我最好的学生，也是我最好的校长。"接受这面镜子时，我像被授勋一样严肃，恭立在尊师前，竟找不到一句恰当的话，但他却让我获得了什么才是那配得上的幸福感。

我对张老师能做的，只是帮助他解决行医需要的证件和房屋，还加了个不准卖假药的条件，结果还真是誉满山城。张老师知道我对数学的兴趣不高，而我有时抄别人的作业交差。有一次，他在我的作业本上写下了这样的话："假如你将来不是个人才，你就不需要数学；假如你将来成为人才，你会因为失去了数学而悲。"1977年到1978年，我因工作需要而考研未获学校批准；1979年，我因数学要求较高而失去机会。后来，张老师调到存瑞中学，我是他的校长。就在这期间，他用数年心血写成的《七情录》出版了，我接到了老师的赠书。

只有诗人能让我们诗意地栖居，诗人并不是把世界作为满足欲望的材料，而是对某种让人深思熟虑的东西进行思考。诗人并非改变世界面貌，而是允许世界以它自身的形式存在诗人周围。我希望读者与我一起品味我的老师和学生的诗，从诗中分享教育带给我们的那份幸福。

悼蜡烛

你从自己的血液中提炼光明，
驱走我身边层层阴影，
就因那区区之火点燃，
不息之焰报答终生。

你那一泉热血，
蕴藏着脉脉深情，
将我领出午夜的途中，
你奉献的是生命。

一个被领出无知黑暗的人怎么可能遗忘那火焰的颜色与泉的深味？那午夜之途，谁没有过？思想的羞愤、灵魂的燃烧、温婉的祈福和痴迷的心醉，曾在生命的本源处发生着、重复着，它进入我们的心灵，让我们享受。

海德格尔曾说"诗不可释"。"释"诗犹如落雪覆盖晚钟，终不免使晚钟走样。关键是反复吟诵，悟其诗意。诗是存在敞开的状态，澄明之所，即诗意地去思考存在之真理。作诗是清白无邪的事业，自由无碍，绝非功利。它的整个世界在每个极小的具体对象中，甚至连客观的东西都不要，它要把它变成主观是真的东西，真正的诗歌是内心的诗歌。

借助语言求索诗的本质是诗人的苦恼。所以，雪莱结束他《心之灵》的呼喊："哦，我喘息，我沉落，我完了！"诗人对语言不仅苦恼，而且"紧张"，认为语言是"最危险的财富"。因为语言既"显"露，又"隐"蔽，它可能显示真，也可能伪装成假。语言创造了存在被"威胁"的可能性。

诗人一生的任务是与语言做斗争，因为他是世界上奇迹和鲜花的祭司（在现世与永恒、确定与不确定之间的集合点上担任），是可爱的精神世界的居民，陌生土地上的大使。诗人总是创建那持存的东西，持存是存在之物，发生着，涌现着，因而是易逝的，诗人要在易逝的、创造出的语言中保持"神圣"。

诗歌不告诉我们信息，不使用任何说服的力量，词的使用意义超过含义，"词的表达内容增加了千倍，是对人类已获得的那些最好的东西之一的骇人听闻的误用"。

所有诗歌形式，除了增强我们美好的沉思这个显著目的，还有许多其他目标，但是在抒情诗中，诗人的本能在甜美的音乐的驱动下，已经放弃所有欲望。它通过新的形态，使人们摆脱自身，获得自由，并在狂喜中把人们带向事物的精神实体。

诗歌寻找精神，诗歌的眼睛穿透实体外壳和幔帐，看到所有东西生命之所在。但精神只能被精神所领悟，精神与精神的结合就是灵感。灵感鼓舞它去表达，但无法用通常的词表达，无法找到表达思想的手法，所以，它必须成为制造者的角色，精神实体就在诗人眼前——没有其他东西。他站在一朵盛开的玫瑰前，我们看到的这朵玫瑰是它（玫瑰）的精神的一种表达，是物质形式里面精神的一个影子、一种表现。如果他想重新表达精神实体，他只需要再次创造这朵玫瑰。所以，海德格尔说"诗不可释"。而对于诗人遭遇误解和曲解的境况，克尔凯郭尔说他自己："我宁可做一个阿马尔桥上的牧猪人而能为猪所理解，也不去做诗人而为人所误解。"

谈论诗是为了分享诗意和诗人。我的学生崔雁候与我亦师亦友，相教相敬。我对他的评价是：人性、诗性、理性；真人、真情、真事。我不知他写诗已有多久，十年间我收到了他的两本诗集，第一本的名字是《随它而去》，第二本是新朗诵诗《谁让我的矜持不再》。他的诗是通过歌颂美和关注美的缺乏，展示真、善、美的普遍本质和诗化意义。他通过呼吁人的生存关系和人的心灵状况，呼唤人"诗意地栖居"。诗人心中的"家""故乡"，都是达乎本源的、切近爱的永恒世界。那些愁煞歌者的美的音符中，饱含忧心忡忡和心急如焚。但是，那里是本源的东西，是诱发人的语言的"遮蔽"的处所。

从下面这段诗中，你能听到歌者的声音中那本原的爱，你能感受到歌者声音中的澄明，像钟声在空中穿过，掀起真诚、友爱的波澜。诗人用他"潮湿的情感"书写着故乡的情愫，因它而遐想，为它而讴歌、吟唱……让爱之根在故乡土地上蔓延开来——地老天荒！

那晚 谁让我的矜持不再①

我的家乡
在一个并不算偏远的北方
那里有河流山川森林草场
有蓝天的清澈和白云的悠扬
尽管它的历史并不很长
但是三百年的积淀与沧桑
足以让一个名字在世界唱响

有时
我就想
是什么让它如此盛名远扬
童叟会说
是离宫是避暑山庄
……

也许是她的神韵天藏
也许是习惯了她的芬芳与模样
几十年的时光
我在喧嚣与浮躁里游荡
激情与灵感几近消亡
而身心则如在大海中没有目的的远航
愈发显得疲惫而神伤
……

---

① 节选自崔雁侯：《谁让我的矜持不再》，147 页，北京，作家出版社，2012。

那晚
离宫的夜色是那么的静谧安详
雾霭像轻纱笼罩在她的身上
湖面偶有鱼儿跃起
像是在说
轻些啊轻些
劳累的她已经进入梦乡

于是我静静地坐在她的身旁
听秋虫为她发出的轻盈酣畅
矜持的心顿时一扫而光
愧疚与潮湿的情感
渐渐地化作徐徐遐想
……

今晚
我要与我的新娘共入梦乡
在那片清纯如水的地方
我将用全部的赤城为她浆洗梳妆
并会在月光轻轻泻地的震荡里
静静地听读
静静地听读
地——老——天——荒

　　绝望的境况尤其美，如同一对恋人或诗人的存在，将那挚爱的心和真正的崇高投入绝望之海，找到那绝对的自我，就是真实的出发点。

　　幸福取决于人以什么方式来观察生命，因此，人如果还没有尝到绝望的苦涩，就搞不明白生活的意义。去绝望吧！这话不是讥嘲的魔鬼对沉船海难呼喊时的一种安慰，而是一种"作为"，整个灵魂的力量和严肃都属于这种"作为"，这就是信念。

只有从真实的绝望出发，通过自由地选择自己这一绝对的选择，才能找到"去悲哀""去绝望"解脱出来的生命观察的方式。

　　人不要在那绝望的瞬间错误地对待生活，否则是危险的。因为那是对具体单个事物的悲哀。如果绝望出在你自身之外的事物中，那么，你对绝望就不真，不真的绝望可能使你仇恨这个世界，而不是爱这个世界。如果绝望是一种"辜"，是一种对良心的压迫，那就难以使自己重新获得喜悦。你的灵魂和思想越是推迟绝望，境况就越是艰难。

　　绝望本身是一种选择，一个人无法选择他怀疑的行为，但无法不对绝望进行选择而绝望。如果一个人真正"想要绝望"，那么这个人就真正处在绝望之外。如果一个人真正选择了绝望，那么这个人就真正选择了绝望所选择的东西——在自身的永恒有效性中的自身。只有在绝望中，人格才是平静的，不是因为必然地绝望，而是因为只在自由中，一个人才能赢得"那绝对的"。而"我"自己就是那绝对的，因为"我"选择了它，才进入存在。"那绝对的"是"我的自我"，这是最抽象也是最具体的东西，亦即自由。

　　这一"自我"是通过选择进入存在，然而又曾存在，它本来就是"它自己"，不同的是它从绝对意义上选择了它。"我选择了我自己"，一方面，我自己从乌有之中被创造出来；另一方面，通过"我选择我自己"而诞生出来。

　　"选择自己"是一种勇气、孤绝、沉陷和焦虑。然而，在自由之激情觉醒时，就像是为自己的至福而斗争，为拥有而斗争就是至福。斗争不是放弃那痛楚、那沉重的，而是悔，悔将自己返回到那斗争之中。一个人没有爱又会是什么呢？我不是必然地爱，而是自由地爱，直至那绝对的善。

　　当我们在这绝望的梦中解脱出来，就能够觉醒而进入严肃，这严肃是一种伦理人生观。如果人在有限意义上"想要绝望"，那么就伤害了灵魂，就不会在内在本质上使绝望走向突破，这是在绝望中关闭自己。如果我"去想要的绝望"，那么绝望的意义就在无限的意义上显露出来，"去绝望"对个人来说是真正的拯救。

　　一个人赢得了他自己，那又有什么用？选择自己的人不是仅仅"我拥有自己"，那是爱上了自己，并非做出选择；也不是在自身之外或者将自己看成处在必然性之下的选择，而是严格意义上的在自己的自由之中选择了自己。

选择自己，让我们面对这样的话题：悲哀是无法逃脱你的注意的，人安慰悲哀者，不过是用感兴趣的东西对他烦劳的补偿；到快乐中去，也是对悲哀的厌倦，悲哀是无法取消的。人们"想要喜悦"是自然的，而"去悲哀"则是不自然的，这样的认识就是把人生观建立在牢固的基础上。

但是，如果在他自身之外有悲哀，正如在悲哀之外有喜悦，那他的人生观就被联系到无法控制的力量上，二者不是人的力量所能够控制的，但每一个自身之外有着一个条件的人生观都是绝望，要想"去悲哀"和要想"寻找喜悦"都同样让人绝望。

"人不应当悲哀"是可怜的常理，"去悲哀"是美的、深重的，如果用伦理的更高形式表达，就是自己的"悔"。我是那感觉了我自己罪过的谦卑者，我对我自己承受的东西只有一个表述——"辜"；对于我的痛苦，只有一个表述——"悔"。悲哀能把我带进绝望，我不驱赶走悲哀，不寻求忘却它，但是我悔。这不是咎由自取，悔控制住我，不让任何力量来蛊惑我，悔比辜有更多的东西，悔将个体人设定了与外部世界最内在的联系和最亲密的关联。

神秘论者也悔，但他将自己悔出自身之外，而不是悔进自身之中。形而上学的悔不是伦理的。审美的悔是软弱。真正的悔是在我悔着选择自己的时候，我将自己选择出这个世界的同一瞬间，我也将自己选择回这个世界，这一瞬间既是选择处在终结的地方，又是处在开始的地方。

选择的连续性是个体人的实现，他按自己的自由进行选择，这是他的可能性，或者他的任务。换句话说，审美地生活着的人到处看到可能性，伦理地生活着的人则到处看到任务。审美地生活着的人等待外来的一切，他越是审美化地生活就越是要求多的条件，哪怕其中最小的一个无法实现，他也会死。伦理地生活着的人总有一条出路，以至于遭到毁灭时，他也总是抓住一点，而这就是他自己。

"诗人的存在"是一种不幸的存在。它之所以不幸，在于它处在朦胧的黑暗之中；它之所以出现，是因为一种绝望没有完成。灵魂持续地在绝望中颤抖，而精神无法赢得真正的崇高。诗人的理想总是不现实的，因为真实的理想总是现实的理想，当精神进入永恒世界，它就停留在半途中，并且喜悦于反映出来的景象。诗人看见了理想，但是为了从它们获得喜悦而必须逃离这个世界。他无法在生命迷惘困惑中将那种神圣、珍贵、优美和奇妙的形象穿戴在身上，他无法不受他周围呈现出来的歪曲形象影响而心平气和地走自己的路，他的生命因常常停留在有限性中而成为世俗世界同情的对象。

　　然而，他还不是最不幸的人。在英格兰某地，一块墓碑上刻有这样的碑文："最不幸的人。"但墓穴是空的，根本没有人埋在那里。"哦，友善的墓穴，安宁居住在你的阴影中，你的沉默的居民不知悲哀。"他无法找到安息，他离开了寓所，只是让自己的地址留在那里。为什么墓穴是空的？这标志着那不幸的人是无法死去的人，无法被放进墓穴的人。

　　墓穴是空的，意味着缺席，那不幸的人对自身而言总是不在场的。那些自己是在场的人，才是幸福的；不幸的人是缺席的，他不仅在现在时间里缺席，而且在将来时间里缺席。他所希望的东西处在他身后，他所回忆的东西在他前方。他的生命双向错反，他马上就会察觉到不幸，他还不明白这不幸到底在什么地方。然而，他感受到生命不曾见过的宁静，并且没有任何内容，什么东西都在他之外。他在此刻（瞬间）对于他自己不是现在着的，他在将来的时间不是现在着的，因为那将来的东西已经过去了；他在过去的时间里不是现在着的，因为那过去的东西还没有到来。这就是说，希望者在"那将来"中获得现实性，回忆者在"那过去"中获得现实性，更糟糕的是两者错位：回忆的东西尚未到来，而希望的东西已经过去。这种结合只能是这样的结合：那阻碍他"在希望中成为现在的"东西是回忆，而那阻碍他"在回忆中成为现在的"东西是希望。

　　对于不幸的人，那即将来临的是什么？是悲哀，并且警告着更大的痛苦！悲哀是在毁灭和承受之间反思出来的中间物，"辜"就是这样的东西，"辜"是罪的责任，因行"罪"而得"辜"。悲哀总是包容了更多实体性的东西，而痛苦总是暗示着一种对苦难的反思。如果有谁认为最不幸的人是最幸福的人，那他就是把悲哀的果实放在痛苦的钵中。

　　2011年"五一"国际劳动节长假结束后的第一个清晨，我不由自主地来到了校园里的百花园，那石板铺成的小路上已经钻出了小草。路边，马兰花新翠的剑叶拢着它蓝蓝的花萼的清容，梧桐、白桦、樱花、丁香、野山楂、红豆杉和不知道该叫什么名字的树散发着新绿的味道，郁郁葱葱的孤松与泰山石比雄而立，独有那端直挺拔的银杏，扇叶莹洁如翠，枝疏骨健。我吻着从热土里弥漫出来的情感，在沉郁的潜思中倾听着它的爱怜。

王臣老师从花园边走过来，他走近我，才喊出一句"校长"就哽住了，他紧紧地抱着我。当我的眼睛与他潮湿的目光撞在一起时，我像是被钳在那里，脚下如生了根想拔都拔不动，我没有流泪，却喝下许多泪水，这离别像是被撕开！

"那未完成的"才让人内疚，尤其是那些没有编制的青年教师和优秀教师的身份和生活状况，才让我真的因"辜"而"悔"。谢德说："人生是对一首无穷的黑暗长诗的注解。"注释者做了加注："人生只是累赘、灰暗、未完成的杰作的一系列注脚。"是的，人生这一文本和物质现象相比，是某种第一性的基本的东西，因为这个现实只是一种表象。我们并不陌生，那现实的东西的毁灭，会把历史献祭给文本。

2011年5月初，根据河北省干部管理规定，我不再在一线，退下来似乎停住了脚步，安稳而寂静的夜同往日一样的沉。第二天太阳依旧升起，我埋怨妻子怎么还没有做早饭，担心迟到，起来就走。我要开门，她问了一句："你要去哪儿？"一句疑问终结了回答，我回过头说的"我都忘了……"成了多余的话。

即使祷告也回不到"你们"那里！我想，那时我的学生启学是为了帮助我实现我已改变了的生活的"过渡"，帮助我创造新的生活机遇，才把我推荐给云南省教育厅的。我接到"百名校长"的指导聘书，借助这个机会从云南去了九华山。我敬畏地仰视那苍穹之下、峰峦之上一座座发人深思的庙宇，感受着"勤行精进，切勿放逸"的那种沉默的力量，善良的天性又一次抚平创伤。我猜想着以"诚信"作为作文主题的诸多可能性，尤其关注着诚信"概念的两端"说了什么。没想到原来以为在最后一个讲座才能去做的事情，在距离高考仅七天的时间，就用电话传送出去了。语文科考试刚一结束，我在电话里听到齐声喊出的话："校长，我们爱你！我们想你！"这是我最后一次听到从校园里传来的清纯之声。那声音穿过林海，越过高山，传进庙宇，占满了整个九华山，我在爱的缭绕中，心如冰山融化，清流如瀑，从那儿，我回到了世界本身。

2010年11月，我做了双下肢动脉硬化植入手术；2011年5月，我退到二线；2013年5月，我患上癌症。我的灵魂和肉体同时并且不断被抛弃、被边缘，扭曲的灵魂在命运前屈服了，它怯懦地渴求着阻止痛苦向死亡的逼近。那处境亦如诗人所歌："宛若坚固的树枝/傲然耸立/纹丝不动/可晚来一场风暴/使它彻底弯曲。"

如果当初的是最好的，今天也一样高贵。那些在同一个"大熔炉"里被"陶铸"

了的人，心如玫瑰般红艳，我从它的绚丽中看到了生命的嫣红，在爱中饱尝到了爱。感谢我的前辈、学生、同人和老朋友，"那蒙恩的"将为拯救、佑启、慰勉和宽容他的人祈福和咏歌！

向所有人学习才是智慧。那些哲学的沉思者毁灭了我，也重塑了我，它让我知道只有生命才是文本，生活只是对生命的注释。所以，没有什么比不存在更让理性惊骇的了。"我在时，死亡没有到来；死亡到来时，我已不在。"这就是我面对疾病话题时与对话人用的口头禅，但是，它是个真理。海德格尔的看法是：人是向着一种死的可能性存在，即"向死亡存在"的，这种向着极端可能性存在，就是始终向着"将来存在"。"此在"先行进入死亡的可能性获得自身存在，即走向自身。唯有在这存在关系中，"此在"才成其所是，才是"当前"。"曾在""当前""将来"的同一性就是时间性。时间性根本不是"存在者"，时间性不存在，时间性就是"到时"。遗憾的是死的不确定性，没有预期，倘若对此醒悟太迟，我们将无能为力，这将是莫大的悲剧。

生活现状的改变迫使改变的生活出现，这不过是对改变生活标准和生活方式的一个要求。只要我们知道改变了的生活所需要满足的条件，我们就能发现它的可能性，这种可能性就是生活的福音。

获得幸福要反求于自己。因为最内在的里面住着真理，寻找真理的人要走在通往内在的道路上，因为真理是发现的必然性，且可靠的正确的认识。"真理是创造的事实。"对我们自己创造的东西，我们会有最深刻的认识。反求于自己，就是朝向真理，这是一个人不会走偏路的条件。如果离开了它，我们就可能成为谋杀自己的人。如果你因为走了这条路而被时代冷遇或误解，那么，克罗齐的话可能是对的："凡是不为时代所接受的人，是因为下一个时代才需要他。完全为时代所理解的人，将随时代而消失。"

人生是什么？人具有最完美的存在，即同大自然的全体，即使星空也比不上人的纯洁。人性即神性，人用神性揣度着自己，神性的观念是人类超越性的表现。然而，人只是获得有限的和不完善的知识。因此，人生即阅读，在阅读中区分神圣与凡俗，模仿着神的、自然的法则。当那神性的精神，即"蓝被抹去"，就将显现要出现的事物——如同大理石一样的灰，终将归回不朽！

人生是什么？……①

人生是什么 一幅神性的像。
如同在天底下地上的全部游荡，他们
见此。可仿佛在阅读，像
在一部书中，人模仿着无限
和富裕。那么单纯的天空
富裕吗？银白的云彩确
像花朵。可是自那里下了
露和湿。但是当
蓝被抹去时，那单纯的，那个
同大理石一样的灰，就显得如同矿砂，
富裕的告示。

　　未来如此的确定！初秋"到场"，让夏"退场"，预示着某种东西的来临，对未来之思开始。死本身并未"到时"，一种向着可能性的存在，它的不确定性总是朝着必然性开放。

　　向着"到时"致意，生命中最壮丽庄严的宣告！金色即欢笑和壮丽。为了那孕育果实的枝干，守候着忠诚，耗干了精力。

　　金色，多么诚实的色彩——朝向未来的癫狂和声张。那颤抖中的垂落——如此壮美的过程……有谁不在感知中惊恐？

　　即便此刻，"焦渴"逼使着"到时"的不可避免性，然而，它那寻找着的已经疲惫的梦想，依然玫瑰般的执着而壮丽！

---

　　① 荷尔德林：《荷尔德林后期诗歌集》，刘皓明译，294页，上海，华东师范大学出版社，2013。

死时的壮丽[1]

欢笑的初秋，
跳跃花园门上！
于我，你金色的到访，
却是年轻——癫狂的声张。

再一次地致意
死时的壮丽，
再一次的漫游
在傍晚与夜间。

你簌簌垂落的叶子
在死亡中颤抖
垂落中仍在感知
愈加威临的惊恐。

你焦渴的梦
在这缺少阳光的日子
还寻找着树篱上
那疲惫的玫瑰？

---

[1] 海德格尔：《思的经验（1910—1976）》，陈春文译，5页，北京，人民出版社，2008。

社会反响

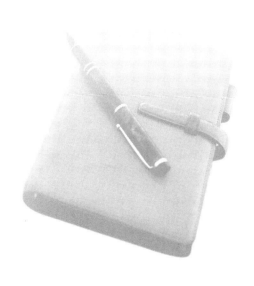

第一章　教育的沃土，开拓的脚步

——记贾桂清校长的觉醒教育思想

郑振峰

有人说"人生如虹"，用它来形容承德第一中学的贾桂清校长是再合适不过了。如今，承德第一中学的贾桂清校长已经为人所熟悉：方正的脸庞，诚恳的笑容，开口总是充满热忱的话语；朴素的衣装，儒雅的风度，处处透露出的是一种理性、干练、自信。他用温婉的话语述说自己的工作历程，语调平静而充满感情。

在中学教育上，贾校长走过的是一条不平凡的路。他扎实稳重，辛勤诚恳，勇于开拓，认真创新。他对教学提出高质量的要求，一次次超越自我，战胜困难，把学校的管理不断推向新的台阶。他以高度的教育责任感和自觉性把全部心血倾注给教育教学，以"无功即过，平庸即错"要求自己，练好内功，树立榜样。因为他深知，校长自身的知识素质、管理方法、自身行动与教学成果紧密关联，务必时时当好表率。他走过的又是一条硕果累累的路，他把深厚的爱送到了每一个需要关心的学子那里，也温暖了每一位教师的心。孟子曰："爱人者，人恒爱之；敬人者，人恒敬之。"从承德第一中学走出的学生，很多考入了重点大学，更有很多回到母校来教学，这是贾校长的人格魅力带来的。近年来，记载他的先进教育理念的系列文章先后发表在《人民教育》等期刊上，诸如《思想把心灵填满》《传承文化中的密码》《素质教学——从"教书"到"教人"的视角》等论文，观念新颖，以理服人，对我国中学教育更是产生了深远的影响。因为"教育既有培养创造精神的力量，也有压抑创造精神的力量"。搞好这一行，十分不易而又必须做好。贾桂清这样说："作为一校之长，要保证学校工作的科学、有效、稳步前进，就必须有自己的先进的教育思想、明晰的工作思路，要当好教育工作的'首席执行者'。"总结贾校长的治学理念，可以概括为：以教师、学生"双主体"观念为开端，以课堂对话"交互式"方法为路径，以教育教学"觉醒化"理念为核心的教育思想。

一、"双主体"教育思想

"双主体"教育思想是觉醒教育的出发点，是教育教学工作的良好开端。信息时代的到来，意味着个体和互动群体沟通的必然，交互活动能够有效促进资源共享、知识形成和意义拓展。针对教学过程的复杂性，贾桂清深刻指出：教学活动应该注重"双主体"，教师、学生都是教学的主体，这是实施有效教学的重要前提。民主、平等的教学氛围是由教师和学生共同营造出的，任何一方都需得到应有的重视。"在所有的东西中，人最需要的东西是人。"教师需要信赖，学生需要关爱。我们从贾校长的论文里、从他平实的话语里能够感受到他对教学的热爱，对教学细微环节的关注，对"以人为本"的教学观的深思。教育过程中，教师是学生发展的引导者，是重要的促进者，是对教学有着支配、组织和指导作用的主体。学校教师不仅承担着人才培养的重要任务，还对国家的科学发展和精神文明有着重要影响。建设和拥有一支品德高尚、业务精良的教师队伍，是搞好学校管理的基础和关键。因此，教师不但要人格高尚、学识广博，更要价值观进步，能够走近学生、亲近学生，作为表率，和学生做朋友。贾校长内心很明确：教师是学校的主要依赖力量，学校要为教师们建立支持性环境，使教师充分自主，从而调动广大教师的教学积极性。

同样，在这一过程中，教育和服务的对象是学生，教育的另一个主体也是学生，他们的学习自主性、有效性是影响教育效果的重要因素。所以，贾校长提出科学的评价标准，看学生通过学习是否更加热爱学习，是否成为一个对知识的主动探究者。如果学习的兴趣在学生的身上得到保留，教育便是成功的。这一点和著名的教育家赫尔巴特异曲同工，是衡量教育是否成功的可行的检验方法。早期教学研究热衷于改进教法，对"学"的方面关注不足，教学领导成为"教"的领导，一定程度上偏离了教学中心。贾校长提出的"有效的教学领导工作中，校长应确立教师和学生的'双主体'地位"这一说法是有新意的。学生学习的成功既是"教"的结果，也是学生自身"学"的结果。作为有效的教学领导者，贾校长既关注"教"的过程，更重视"学"的一方，教学同步，互促共进。学校领导意识到学生的自主学习和自我管理是教学有效的重要基础，因此需要重视学生的自主学习和自我管理。中学教师对学生的影响不仅是知识上的，还有思想和人格上的，师生之间是一种道德关系，对这一关系成功的维系靠的是教师的义务感和学生的自觉性。贾校长清楚地意识到师生双方在这一过程中的作用，把它上升到理性，提出"双主体"思想。这一观念的提出，对师生各自的道德观、信念观的树立是有实际的影响意义的。

二、"交互式"教育思想

"交互式"教育思想是"觉醒"教育的基本方式，是教育教学活动的具体实践。这一点是和"双主体"教育思想紧密相关的，是其课堂实践的最终体现。在课堂教学的模式中，贾桂清校长提出实行"交互活动"的学习方式，强调这一方式的重要性，要求它作为贯彻新课程的重要环节来实行。新课程不是空洞的理念，而应根植于现实的课堂中，教师应当关注教学的预设与生成、课堂的激发与铺垫、知识的传输与检验多个环节，建立起有生命活力的课堂。这样的课堂富于对话，呼唤觉醒，是和新课程同步的课堂。在这样的课堂上，师生双方都处在积极主动的状态之中，教师有良好的工作情绪，学生有强烈的求知欲望，学生主动注意问题，观察和思考问题，教师的讲课也才能融会贯通，对教学也会更加热情。这样，在良好的对话氛围下实现教学相长，教师有的放矢，给学生独立思考的余地，教学进程井然有序，课堂效率也得到了显著提高。著名的教育学家戴维·伯姆曾经说过："对话仿佛是流淌于人们之间的意义溪流，它使所有对话者都能参与和分享这一意义之溪，并因此能够在群体中萌发新的理解和共识。"

要实现交互和对话，首先要做到课程设置人性化。多年来，教育发展过分重视课程的统一与固定，造成教育的僵化，不利于学生健全心智的培养。近年来，课程改革的实施成为教学改革的共同心愿。这一观念的核心是以有效帮助学生"实现自我"为目标，适度改变教学形态，灵活设置课程，并且讲究科学的"寓教于乐"法，因为"乐课"能引起学生强烈的学习动机，"乐学"才能获得良好的教学目的。贾桂清校长自觉地把觉醒理念与新课程相融合，以此引领实践，使课堂变成有生命的课堂，使人认识到教育和生命、思想、思维紧密相连。在寻求新的课堂模式的过程中，他最关注创新思维的培养，这是最能体现觉醒意识的方面。教师真诚鼓励，学生乐于发问；教师善于指导，学生就乐于质疑。通过教师和学生之间的问答和对话，不断强化学生的创新能力。作为一名省级重点中学承德第一中学的校长，贾佳清和同行们一样承受着巨大的升学压力，然而他做到了超越"应试"的现实，科学地提出"交互式"的教学法则，自觉关注未来，接受"乐课"思想。我们说，这一做法在当下功利化的教育环境中是难能可贵的。

三、"觉醒化"教育思想

"觉醒化"教育思想是贾桂清教育思想的核心，是教育教学的终极目标。在这一思想的要义里，"创造性"是第一主旨。"教学活动的性质是一种有序的创造性的文化活动，是一种生命活动，但这种生命活动又不是适应性的生存活动，而是创造性的文化活动。这种活动是为了满足人的需要，即人自身发展的需要，它包含着人的欲望、情感、意志、理想，既是人发展的内驱动力，又是人发展的有意识的目的。"这一论述反映了他高远的视野，是他对教育定位的精要总结。在其思想里，"自由"是第二主旨。"觉醒""自由""理解"构成了他对教育本质的独到解释，其中的"理解"是经由"觉醒"而获得"自由"的重要途径。唐代韩愈有言："师者，所以传道、授业、解惑也。""传道"是第一位的，所谓"道"，是引人觉醒的方法，它可以唤醒人的科学意识，明白正确的思想，塑造完整的灵魂。在贾校长的心目中，"生命校园应该是精神的家园，是灵魂的栖息之所"。他把教育提升到生命的高度，令人深思。第三主旨是"个性"，这一点也和"自由"相关。衡量教育成功的一个重要标准，简单地说，就是能否使没有课堂疑问的同学发现问题，提出有思路的问题。能够做到这一点，教学才是有效的。贾校长建立的有关觉醒的教育理念，如今已经深深影响了一线教育学界，在新课程全面铺开的今天，尤其值得教学者学习。正如著名教育家阿莫纳什维利所说："我们不是棋盘上的小卒，哪怕最重要的也不是，而是有个性的人，棋子与有个性的人，这完全是两码事。"在觉醒教育思想的引导下，贾校长的问题意识在教师中得到响应，在教学中得到贯彻。课堂内外，学生们常常会发奇想，出创意，收获到书本以外的新知识，这一点无疑是教育的成功。因为学生接受教育的目的不仅是为了接受前人的书本知识，而且是为了发现新知识，解决新问题，学生提问的表象后是深层觉醒。学生能在没有问题的地方发现问题，在没有机会的地方发现机会，在没有道路的地方开拓道路，这也正是和我们教学育人初衷相一致的结果。因此，觉醒思想是对高品质的创新思维的关注，它与教育的终极相链接，是每一个奋斗在教育战线的人必须重视和深入研究的思想。

贾桂清校长一面抓教学管理，一面深入学习教育理论，加强哲学修养，提高思辨能力。哲学阅读使他思想深邃，境界开阔，在他自己的精神家园里，他常常充满激情、无限投入地与大师谈话。读马克思的《资本论》，写下厚厚的笔记；读雅克·德里达的《友爱的政治学》，写下密密的批语。他读霍金、麦克斯韦，读笛卡尔、爱因斯坦，也读卢梭、尼采等人的传记，这些阅读给了他深邃的思想和高远的视野，让他感受到哲学的智慧与醇美。也因此，他能够以"关注的情怀"审视教育，并在审视中多了一份觉醒。在贾校长的倡导下，承德一中进行了富有创新意味的课堂形式的改革，建立起了新的课程模式——"实践周"课程和"1＋3课模"。"实践周"可以让学生感受劳动、交流之美，使学生自主创新，效果很好。"1＋3课模"分为必修和选修，选修部分把活动课程化，涵盖了分层次教学与讲座、德育课程和课外活动等，内容设置富有深意。必修是对知识观的保留，是对建构主义知识观的价值认定；选修灵活补充和扩展必修，纠正了必修的过度刚性。我想，在当今阶段的中学教学中实行此项改革，需要的不仅是坚强的理念，更要有非凡的勇气。

如今的承德一中已经牢固树立"为学而教"的教育理念，教师、学生的学习动力源源不断，教学管理十分和谐，学校发展愿景明确。其愿景是全校师生致力于实现他们因关切的理想而产生的创造型的学习氛围，是为学校发展、为他们共同期待的景象而付出努力。理想的实现是学校的教学富有成效的体现，理想的设定则是校长教学领导的第一位工作。贾校长善于激活教师教学潜力，能够鼓励教师们的教研创造性，带领他们合理利用学校资源，和他们一起快乐地工作和学习。他牢记，要时刻置自己于时代发展的环境中，心怀教育，坚持创新，明确方向，把握未来。因为贾校长的智慧领导，教师们积极响应，教学舞台各具风采，教学成就稳固提升。

　　经师易得，人师难求。贾桂清校长在自己的岗位上无私奉献，自信而坚定。没有鲜花，没有掌声，任凭岁月悄然流逝，他奋发的脚步永远不停。一分耕耘，一分收获，让我们在贾校长觉醒理念的启示下，耕耘沃土，开拓提升。

　　　　　　　　（郑振峰，河北师范大学文学院院长、博士后、教授、博士研究生导师）

第二章　我眼中的贾桂清

一、学生眼中的老师

我中学时代的先生

孔颜平

从小学到博士后，从承德山区到美国哈佛，我的人生道路上，每一步都离不开老师们的辛勤培育，他们给了我扎实的基础知识，教会了我严谨的学术态度和科学的逻辑思维，而对我影响最深的，是我的高中老师贾桂清先生。

贾老师首先是一名政治课老师。他博览群书，在专业上精益求精，讲课时引经据典，力求讲课内容生动开阔，使学生们在更加快捷地掌握书本知识的同时开阔眼界，了解到与此知识相关的大千世界。平时并非滔滔不绝的贾老师，一走上讲台，就像一个演讲家一样，使本来枯燥乏味的内容变得活泼起来，使学生们闻之叹息的政治课变得令人期待。

贾老师同时又是一名难得的心灵启迪师。古人云："师者，所以传道、授业、解惑也。"他在授业、解惑的同时不忘传道。在我仍然贪玩调皮的高中初期，贾老师慈母严父般的教导，成了令我终身受益的"励志篇"。他对学生采取批评教育和鼓励教育相结合的方式，他的及时批评让我们这些远离父母而又处于青春叛逆期的住校生不会偏离人生的正确轨迹；而尤其难得的是，在距今二三十年的20世纪七八十年代，他已经意识到了今天大家所提倡的鼓励教育的重要性。我们每个人的一点点进步，他都会给予及时肯定。他用大量的时间和学生谈心，激发学生的进取精神，让学生们能够自发地刻苦学习，他对学生的信任是大家奋发向上的一股不可忽视的力量，即使在今天的医学科研和临床实践中，他的话仍然常常鼓励我。他常说：每一个成功者，都是经历过千辛万苦的；而每一个普通人，经过千锤百炼以后，都有可能成为一名成功者。

我毕业后一直与贾老师保持联系，也许在医学专业知识方面他不能再给我具体的指导，但每次通话后，他平淡、朴实的话语都能给我一种启发、一种鼓舞，让我不能轻易言弃。

得一良师，受益终身！

（孔颜平，毕业于哈佛大学医学院，博士后，现在美国波士顿工作）

老　贾

谭笑颜

老贾是我高中时代的校长，喜欢叫他老贾是因为相对于校长，他更像我们的朋友，一个忘年交。

老贾是一个很有才华的人，走进他的办公室，看到的是他自己写的字画，笔墨都放在旁边，不知道什么时候兴致来了会提起笔来挥毫泼墨。他的嘴里也经常蹦出诗词，开会的时候不经意就冒出一句，有时他冒出的那句诗就成了学生们嘴里的流行语，就像现在的电影大片里的经典台词一样。

最初，老贾给我的印象是很爱哭。学生时代的我并不理解，那个时候嘴里喊的都是要坚强，要迎着暴风雨，也要傲立风雨中。一个男人，在那时的我看来更应该是男儿有泪不轻弹的，可是他怎么那么爱哭呢？走进社会，真正在"江湖"里摸爬滚打过后，经历过真正的挫折后，才真正体会了什么叫辛酸，才真正理解了老贾的眼泪。在那样一个贫困的地方，那样一个思想落后的地方，要想把一个学校办好，办成一流多么不易，学校的设备、师资无不透着老贾的心血，有些东西，真的是求爷爷告奶奶弄来的，这样的辛苦多么希望别人理解。何其幸运，我从那里走出来了。

老贾是个善良的人，不知道资助过多少贫困学生上大学，至少在我们那个班，如果不是他的资助，至少就有两个学生上不起大学。现在，我们都已经走上工作岗位数年，大家心里都没有忘记那个老贾。

老贾的心愿是能够给家乡那片土地留下点什么，我相信总有一天会看到一个有现代意识的校园诞生在家乡。

（谭笑颜，毕业于华东师范大学，现在上海工作）

如果没有遇见您，我将会在哪里

刘钰

无论是朝阳初升还是夕阳西下，走在惠园的草坪上，都会让我想起在一中奋斗的那段时光，也会想起在操场上和您的不期而遇。贾校长，如果没有遇见您，我现在将会在哪里？

高一那年，第一次值周，我被安排到贾校长办公室。贾校长在工作之余，会经常向我询问学习的情况，比如，觉得哪里学习有困难啊，老师的教育方法是否有效，学校里新的措施是不是有利于我们学生学习。贾校长的平和、谦逊让我放下所有的顾虑，把一个普通学生所想的通通讲给他听。现在回想起来，那时候有好多的想法和意见都是不成熟的，但是贾校长从来没有因为我的意见与他不和甚至相反而生气，而是一条一条地解释给我听。在我的印象中，校长是一个学校的核心人物，应该是高高在上的，虽然不是盛气凌人，但也是我们这种普普通通的学生根本就不可能接触到的，更何况与他毫无代沟地促膝长谈？全校每个班在值周的时候，都会有一个学生代表班级去校长办公室协助贾校长处理一些事务。从小到大，从身边所有人的耳闻目睹中，我都没有看见过这种制度。通过这种形式，贾校长和我们学生的距离拉近了，"一切为了学生"不是一句空谈，而我们学生也体会到在学校里自己也可以"当家做主"。

记得那是值周的最后一天，我想到要离开贾校长了，心里很难过，不知道什么时候才能有机会再听到他给我讲哲学故事，讲人生智慧，讲为人处世，讲拼搏，讲奋斗，讲不离不弃。贾校长看出我的低落，便和我聊天，询问我对未来的打算，并告诉我怎样去订立自己的目标最合理，怎样去努力最有效。当时贾校长对我一周的工作表示赞许，并且夸我是个懂事的孩子。我笑着说："可能是和我的家庭教育有关吧！因为是单亲家庭，一直和妈妈一起生活，所以各方面比较独立，处理事情能稍微周到一些。"贾校长听到我的情况很是惊讶，然后又问了一下妈妈的工作情况，继而责问我为什么当初入学的时候没有把情况反映给学校。一番交谈之后，贾校长告诉我说，学校会解决我的学费问题，我只要好好读书就可以。离开校长室时，贾校长慈爱地看着我说："刘钰，以后有困难就来找我。"简单的一句话，却让我当时鼻子酸了很久。对于正常的家庭来说，一年的学费是微不足道的，但是对于身处异地的我和妈妈来说，这种帮助是莫大的恩惠，减轻了妈妈很多的负担，也减轻了我的很多压力。贾校长，这些您知道吗？

　　谢过贾校长，我离开了校长办公室。我不停地问自己，这是一个校长吗？值周的一个星期，我在他那里没有听见一句命令，询问其他人的意见的时候也从来不先把他的想法说出来，担心会影响大家不同意见的阐述，从来没有见过他以校长自居，也从来没有突出自己，但是他得到了所有人的尊敬和拥戴。就像一朵兰花，从不争奇斗艳，其芳自现。

　　高三，我是一只折翅的雏鹰。那年，理转文，面对突然完全不同的学习内容和学习模式，我感觉压力很大。高考前4个月，我收到通知，没有通过A大学的小语种考试，沮丧至极，但是心存希望，毕竟离高考还有很长一段时间，我还有机会搏一搏。2月28日，我接到从吉林老家打来的电话，爷爷去世了。我从小在爷爷身边长大，爷爷在我心中的位置是任何人和事物都无法取代的。那一段时间，我感觉自己的天空完全塌了，没有阳光，没有微风，没有活水。我努力地去学习，拼命地奋斗，就是想让爷爷看到他的孙女是多么争气，想看到爷爷欣慰的微笑，但是爷爷不在了，我的奋斗又有什么意义？那时每天我就像行尸走肉一般，没有学习的动力，对任何事都了无兴趣，看着天空常常会不自觉地流下眼泪。那时候，我又想到了贾校长。在校长办公室里，贾校长什么都没有说，只是慈爱地看着我，听我诉说内心的悲伤、不惑以及绝望。待我平静下来，他语重心长地给我讲述生老病死的人生常态以及我们在其面前的无可奈何，告诉我怎样去坚强地面对，怎样让时间来沉淀我对爷爷深沉的爱，还有此时面对失败我应该有的勇气……那段日子，每当我感觉自己要坚持不住的时候，就会跑到贾校长那里，或者痛哭一场，或者诉说内心的压抑，或者干脆什么都不说。贾校长从来没有将我拒之门外，就像我的亲人，耐心地、充满理解和关爱地来开导我、鼓励我、温暖我。每次在临走的时候，贾校长都会送我到门口，轻轻拍拍我的肩膀，告诉我，一切都会过去的，然后一如既往的那句话："刘钰，有困难就来找我。"

　　贾校长，您可曾知道，您给了我多少勇气和力量，要是没有您，我怎么独自走过我人生当中第一个低谷？我又怎么找到我迷失的方向？

第一年高考的失利是我意料当中的，您没有批评我，而是平和地告诉我："再来一年，肯定行！"话语不多，但是眼神中充满坚定和信赖。复读的一年里，我没有再去找过贾校长，因为每一次当我觉得自己不能再继续的时候，我都会想到贾校长那天的眼神，我都会找到无穷的力量。

当我收到对外经济贸易大学——您亲自给我选的学校的录取通知书时，我痛快地哭了。贾校长，我终于没有辜负您对我的期望，我终于回报给您一个小小的成绩，不再让您为我担心。

一路走来，每一步都在贾校长的指引之下。您不曾替我遮风挡雨，但是您给我走过暴风雨的勇气，让我更加坚毅。对我们而言，您像一个老师，教给我们许多课本上寻不出的知识；您又像一位长者、一位父亲，把我们当成您的孩子，细心地关心我们的生活，告诉我们如何穿越人生的荆棘。

本来是要写您的，怎么似乎写的全是我自己，但是回头看看，这一路上，如果没有您——贾校长，我的思想现在在哪里？我的人现在在哪里？我的价值现在又在哪里？我怎么能成才呢？

妈妈打来电话，说今年一中又有好几个孩子通过了几所大学提前招生的考试。他们是幸运的，因为他们选择了一中，更幸运的是，此时我们的校长还是您——贾校长。

我想对您说声谢谢，但是我想，您肯定听不见。不是我的声音太小，而是我的声音将被淹没在数千名学子的感谢声中，但是我依然要感谢您，因为它会使这感谢更响亮。

（刘钰，对外经济贸易大学 2007 级学生）

二、朋友眼中的桂清

步九江

《人民教育》2007 年第 7 期的封面上，贾桂清的形象受到读者的青睐，翻看内容，一篇题为《传承文化中的密码》的精彩论文更引起了轰动效应。文章旁征博引，文采飞扬，人们不难从那些"密码"中破译出他的思想内涵、文化修养和办学理念，

　　从而对他有了全新的认识。贾桂清现任河北省承德一中校长，在承德名声很大，成绩很大，争议也很大；故事很多，朋友很多，褒贬也很多。有人说他严肃有加，有人说他温柔多情，有人说他将军气度，有人说他窄小心肠，有人说他傲视金钱，有人说他分文都抠，有人斥他避嫌亲友，有人赞他坚持原则，有人不愿和他接近，有人很想与他促膝谈心……事实也正如此，有时他拒请罢宴，有时他主动凑桌，有时他开怀畅饮，有时他滴酒不沾。愤怒时往往拍案而起，激动时常常泪流满面，勤奋时彻夜读写，劳累时伏案而睡。他高调办事，低调做人，对上对下，同礼相待，最不怕得罪占便宜的人，当然自己更不占。贾桂清多棱多角，怪而不怪，人们公认他对师生好，对学校好，对社会好，仅此一点，便足可以称道了。

　　我与贾桂清是同龄同乡，也有相同的爱憎。他的妻子郎桂荣又是我的同学。他们结婚时，我们戏逗是"引狼入室""与狼共舞"，然而，这对夫妇几十年来不但互无伤害，而且爱情与日俱增，两个儿子都已考入重点大学，长子已毕业工作，次子仍在就读。美满和谐的家庭，着实让人羡慕！

　　贾桂清 20 世纪 70 年代初毕业于河北大学，在隆化县存瑞中学任教，后提升为副校长、校长。存瑞中学是 1948 年隆化解放后，为纪念全国著名战斗英雄董存瑞由国家命名的，杨成武、程子华、陆定一等老一辈革命家分别为该校题词和题名，英雄的妹妹董存梅和英雄的侄女董继英都曾先后在这所学校就读，英雄的战友郅顺义和英雄的父亲董全忠老人生前都曾到这所学校做过报告。贾桂清为了秉承英雄的遗志，教书育人，创造名牌学校，在这里一干就是 26 年。26 年来，他为照顾好那些家庭困难的学生，不止一次自己掏腰包，而且发动师生捐款，调动全社会的力量，先后累计投资 80 多万元，使一些贫困学生完成了学业，成为社会的有用之才。

　　由于贾桂清执教成绩斐然，他被河北省教育厅授予"优秀校长"荣誉称号。1993年被评为"全国教育系统劳动模范"。他呕心沥血，功不可没，使存瑞中学荣获了一顶顶桂冠，成为河北省"示范性高中""省文明单位""省文明学校""省花园式学校""国家现代教育实验学校""空军工程大学生源基地"。走进这所学校，满眼是鲜花，处处能健身，时时闻书声，他为师生们创造了良好的学习和生活环境，社会上一些不良风气很少侵入这所学校，因为贾桂清不唯书、不唯上、不媚权、不信邪，在校内外是人尽皆知的。当地曾流传着这样一个笑话，一次县里新当选的副县长到贾桂清办公室拜访，贾校长当时正在起草一个文件，县领导的秘书介绍说，这是咱们新当选的副县长，谁料贾桂清头没抬、笔没停，旁若无人仍在写，秘书又提高了声调说："贾校长，县领导来看望你了！"贾桂清这才冷冷地回应："县领导也得读书，没知识谁也干不好！"说完才哈哈大笑，离座握手，沏茶点烟，顿时了结了尴尬的气氛。

如今存瑞中学的继任领导承前启后，把这所沾了英雄英灵光芒的名校越办越好。

贾桂清是 2002 年年初调任承德一中当校长的，这所学校由郭沫若题写校名，已有百年校史。他到岗后，正常业务外，面临两件大事：一是百年校庆；二是要成为省"示范性高中"（当时软、硬件都不达标）。贾桂清展开两个肩膀，挑起两副重担，但头不低，腰不弯，和班子成员团结奋战，硬是以坚实的脚印踩出一路金色的铆钉。首先使百年学府的隆重庆典操办成当年轰动承德的盛事，那些毕业于此校的将军、学者、高官、专家和各行各业的群英，重返这处卫星发射基地般的母校，无不感慨万千，热泪盈眶。他们有谈不完的感想，叙不完的旧事，讲不完的故事，写不完的祝福，学校的现状和远景深深鼓舞着这些战斗在各条战线上的校友，他们纷纷表示，愿为母校争光，把祖国建设得更加强大，更加美好。

校庆刚过，时任河北省教育厅厅长，后为省委常委的刘永瑞即来校视察。他对这所学校要拿到"省示范性高中"的名牌充满了期待，这更施加了压力，使贾桂清深深感到从"试办"到"示范"两字之差的千钧之重。他日夜奔波，马不停蹄，四方争取，东拼西凑，先后筹集到 4 300 万元资金，用以改造学校的硬件设施，并得到市委、市政府的支持，在教育园区征地 205 亩，投资 2 亿多元，建起规模可观的新校园。

师生们不会忘记，为建学校文体馆，贾桂清耐心地动员，拆掉了老教师居住了几十年的破烂不堪的旧平房，然后东磕西拜，争取社会的支持，盖起了崭新的住宅楼，使 65 户老教师喜迁新居，而他自己却没要一平方米。仅此一举就使师生们佩服得五体投地，感动得要发愤图强。

师生们更不会忘记，贾桂清在百忙中不忘记抓业务。通过教改，学校成立了专管教学的"课程一处"和专管科研的"课程二处"，并且设立了"实践周"课程。他每周一个班级地登台讲课，从不缺席，从而掌握学校动态，了解师生心态，遇事正确表态，从不做"脱产"的甩手当家人。

教育、教学、教改都离不开教师的积极性。为了充实雄厚的师资力量，给学校增添后劲，贾桂清从南至北跑了全国十几所师范大学，先后招聘 50 多名年轻毕业生到承德一中任教，以达到南北文化融合，各类知识碰撞，把学校推向更大的竞争舞台的目的。对于这些毕业生，他关心爱护、体贴入微，招得来，留得住，并且促其扎根开花，蓬勃发展。这一良好态势就在于贾校长的魅力，在于这所名校的魅力，在于承德的魅力，因为承德有闻名遐迩的避暑山庄及周围寺庙，是清朝第二政治文化中心，是北京的后花园，为中外旅游者所向往。为了给这些外地精英更美好的印象，贾桂清请来市长给他们讲述承德"一环八射"的交通构图，讲述山水园林的城市布局，讲述跳跃式发展的经济指标，讲述承德诱人灵魂的广阔前景。同时，学校还为他们实实在在地解决实际问题。例如，吕琨、马洪宇老师来校后，成绩突出，并恋爱结婚，校领导一商量，就为他们提供了一套120平方米的住房。

贾桂清身居承德，眼望全球，在他的办学理念中重要的一条就是与国际接轨。为此，2007年9月12日，经有关部门批准，学校设立了国际部。现在他们已与日本柏市立柏高等学校、韩国高阳市外国语高中、新西兰奥克兰长湾中学建立了友好校关系，与法国布列塔尼勒南高中达成了合作意向并实现了互访，与澳大利亚皇仕德国际学院合作开设"中澳英语强化班"，争取实现与英联邦国家大学"直通车"。

贾桂清几十年的教龄，桃李满天下，但他从不品甜尝酸，借机获利。他每到一个国家考察，总有弟子来拜访，难免要赠送些贵重礼物，他总是耐心解释、婉言拒收。在学校里，每逢节假日，也有学生带来名烟名酒，以示敬意。他实在推脱不掉，就放在办公室里，留做待客，或与教师们分享。贾桂清常说："我所取得的成绩，全靠上级的重视和指导，全靠同人们的配合与诚助，全靠社会的认可和支持。"贾桂清就是这样一个人，有时很高傲，有时真谦虚。

（步九江，承德电视台台长助理，承德市作协副主席）

三、同事眼中的校长

良师益友

刘希广

贾桂清校长是我妻子的老师，我很自然地也对他执弟子礼；他仅长我十岁，在生活中以友待我，我在心中也很荣幸地视他为朋友。作为师长，他在工作中多予我传道解惑，堪称良师；作为朋友，他"直、谅、多闻"，亦堪称益友。

从 1984 年始，我一直在贾校长的领导下工作，先是做教学工作，后来做行政工作。随着与校长接触的密切，感受的机会也大大增加，平时耳濡目染，受益良多。20 多年来，在对他才能、魄力深感钦佩之外，我感受最深和受益最大的是他的坚毅、仁义和博识。

贾校长是干事业的人。他对教育的热爱深入到了骨子里，他对事业的执着追求也深入到了骨子里。我耳闻目睹不少成功人士，根基好，再加之能力和努力，事业顺风顺水，左右逢源，"好风凭借力，送我上青云"，令人艳羡。但贾校长不同，他是从最基层走出来的农家子弟，起步之时步履维艰。他又是一个有雄心的创业者，是一个把学校事业看得比个人事业更重的创业者。艰难，才最能检验出一个男人的脊梁是否坚韧。他从 33 岁任校长起，经过 16 年不懈的奋斗，终使隆化存瑞中学发生了翻天覆地的变化，在河北教育界声名鹊起，为远近所景仰。没有一颗对教育事业的忠诚之心，没有追求事业的恒心和意志是难以想象的。其间的艰难险阻和酸甜苦辣更是常人难以承受的。记得 1998 年，有一次，我随校长一起去跑钱，他在北京的一位朋友介绍了一个北京房地产商人，学校为在新生开学前更换一些教学设备，想从房地产商人那里拆借几十万元的购置资金，并答应几个月后即可用学费偿还这笔借款。虽由朋友担保把钱借了回来，但过程中的苦涩滋味一言难尽。那时，存瑞中学经过十几年的建设已经很有名气，为筹资金尚且如此艰难，建设之初的情形可想而知。仅这次经历就使我想象到，那漂亮的教学楼、办公楼、科技楼、图书馆的背后有多少为人所不知的故事，也让我真切感受到什么是创业。

贾校长是个仁义之人，他的心因善良而真实。他曾为资金难筹流泪，为领导的理解流泪，为学生因没有食堂而在风雨中就餐流泪，他也曾洒泪于陪同患绝症的老师吃饭的饭桌上，洒泪于被他资助上大学的学生来信的信纸上。他的泪不是"男儿有泪不轻弹"的泪，是仁爱，是一种善良天性的真情流露。他又是一个具有坚强意志的人，困难更能激起他的豪情，"穷且益坚，不坠青云之志"在他身上的体现就是20 多年他从没有停下奋斗的脚步。这种仁爱之心和意志品格让我感动，同时也影响着我的生活方式和处世态度。

贾校长勤学、博闻、多思、善用。有一次，我在下午上班的路上接到他的电话，要我随便买点吃的，给他带到办公室去。我知道他又因为看书或写东西而误了午饭。因为公事繁多，属于自己的时间很少，他只能在中午和晚上静下来读书、写文章。中午大多在食堂吃，有时还要外出应酬，家里早就习惯他不回去了，他也经常因读书过于专注而错过饭点。

贾校长是思想者，长期不辍地研读教育理论书籍，特别是几十年对哲学的特殊偏爱和精深的研究，使他看问题和解决问题能够站在时代的前沿，用思辨、选择、发展的观点处理事务，常有前瞻性的预见。他较早地独立于时代为学校确立"以人为本"的教育理念；带领学校在承德市率先进行新课程改革；通过倡导"实践周""生命校园""清静学堂"等教育方式，始终体现着他对"人文校园""和谐校园"的理解和终极关怀；他在《人民教育》等知名刊物发表的文章，也多阐发自己追求的理想及对其的理解。

贾校长自己文章写得好，对学校文字材料的要求也近乎苛刻。他说，写文章要善于用概念表述观点，要学会使用逻辑思维，要有自己的思想。我起草的汇报、报告等材料经常得到他善意的质疑，然后再与我商榷。每次经他指点后，文章显得大气、有深度，让人从心里佩服。这种严格更让我对他由衷地感谢，因为我学到了宝贵的知识和经验，这些知识和经验是一个人多年积累的精华，不是任何人都愿意无保留地传授的。高标准的要求也促使我在精练文字功夫之外注重学习哲学知识，关注现代教育理论，从中获益匪浅。

人的一生会接触到无数的人，但在芸芸众生中能给人以思想启迪，让人视为良师益友的人却是数得出来的，他们已被珍藏在心中神圣的一角，在人生的旅途中，每当想起他们，心中都充满虔敬和感激。遇到良师益友是人生的幸运和福祉！

（刘希广，河北承德第一中学，中学高级教师）

校长的教育哲学和人文情怀

张宝童

贾校长的执着与善思、博学与真诚总是令人心生敬佩，在这个现实常常令人头晕目眩的时代，几十年来，他根植于一种不断超越的信念，默默守望着学校这方天地，辛勤耕耘，追寻着自己甜美的教育之梦。站在新世纪的天空下，我们的教育正在进行一次艰难而意义非凡的飞翔。在这段航程中，没有清晰而醒目的航标，片片云朵还会时时遮蔽本来就模糊的航线，校长当然需要肩负起引领方向的重任。心灵是罗盘，思想是航标，贾校长把哲学的思想融于教育的花园之中，把人文的情怀浇灌在教育的沃土之上，于是他对教育有了一种本质的解读。

哲学从某个角度讲就是一种智慧，表现出对事物本质的认知。素质教育、新课程改革本身就是一种教育哲学的化身。例如，新课改中"分科与综合""预设与生成""接受与探究"等关键词就是启示我们去寻求平衡、寻求统一、寻求和谐，并在此基础上寻求突破和发展。贾校长正是从哲学的高度来引领新课程，于是他提出了创建"尖塔型学校"的总体教学目标。在具体教学中，他提出了"双主体"的课堂教学模式，确立了课堂教学中学生的主体地位和教师的主导地位，进一步强化知识是主动建构过程的意识。在几年的经验总结的基础上，对课程的设置，他又提出了"1＋3"的新课程体系，即在必修"1"的基础上，对知识点从"3"个层面进行延伸和拓展，首先根据难易度进行分层教学，然后通过讲座拓展，最后是课外小组进行深入探究。从"双主体"的课堂教学模式到"1＋3"的新课程体系，从理论到实践、从微观到宏观完成了对新课程的解读和实践，为承德一中这所百年名校增添了厚重的内涵和无限的活力，为未来的跨越发展奠定了坚实的基础。

听贾校长的讲话、读他的文章、听他为学生讲课、体会他设计的课程，都会感受到他对教育独到的理解，这种理解概括起来就是这样几个概念：对生命觉醒的呼唤；对精神的自由畅想；对缺乏存在的清醒；对知识理解的追求；对有道德教育的执着。也许这些概念没有提及现在流行的"分数""升学率""名牌大学"，但是这些概念不但包含这些，而且远远超越这些，直指教育的本质。其实，真正的教育应该是生命的教育，教育的终极目标不应该是知识，不应该是分数，不应该是名牌大学。爱因斯坦在批判现代教育唯知识化、唯功利化而扼杀学生天性时，这样感慨：所谓教育，是忘却了在校学的全部内容之后剩下的本领。

贾校长把教育的终极目标定位在呼唤生命的觉醒上，这从哲学的层面提出了教育的方向问题，从教学实践中提出了如何建构充满生命活力的课堂的问题。当我们的课堂被知识填充得没有一点空间的时候，当我们的课堂被教师的讲解铺天盖地轰炸得头晕目眩的时候，我们有没有意识到孩子的心在哪里？孩子的灵魂在哪里？孩子的生命在哪里？不是每个考高分的孩子才有未来，不是每个上名牌大学的孩子才算成功。我们的课堂不仅仅是知识传递的流水线，更是呼唤生命觉醒的春风，吹拂出一个个生命的春天。他认为："我们的教育也许不能让每一个学生都迈入大学的校门，但是我们的教育可以让每一个学生拥有追求幸福的机会。一个能塑造学生高深学问的学校是可贵的，而能塑造学生美好灵魂的学校是可敬的。"我们常常在备课之前，想到校长的这种关于觉醒的理念，我们备课的方向、我们设计的教学流程就变得和从前完全不同，会为思想留下成长的空间，会为灵魂留下提升的高度。记得在一次评价三个青年教师的讲课时，校长对三位新教师能够准确而顺畅地完成教学计划表示了肯定，同时指出了在传授知识的同时呼唤精神觉醒的问题。他说，这节化学课谈到了"合成氨的问题"，为什么不能从现实的环境危机来激发学生的环境意识？这节物理课谈到的是牛顿的万有引力定律，为什么不能适当插入对牛顿人格特质的描述，激发学生科学创新的精神？这节语文课谈的是屈原的《离骚》，为什么不能引导学生对物质与精神、理想和现实进行思索？校长说："多少年以后，学生也许会忘记这些年所学的所有知识，但他会记住一个瞬间，也许是一个问题，也许是一句话，也许是一个眼神，也许是一个动作，饱含深情，充满哲理，洞悉人生。"

每当我们为培养出多少名牌大学的学生而自豪的时候，贾校长对自由的观点就会走进我们的头脑中。跳出这些名牌大学炫目的光环，我们会思索这样的问题：我们培养出了多少自由飞翔的灵魂？我们培养出了多少富于创新精神的人才？哪一个世界级的艺术大师曾从我们的思想中汲取力量？哪位诺贝尔奖得主曾受到我们的启迪？我们填充的是一个容器，还是点燃了一个火把？自由的心灵才会有创新的幼芽萌发，教育不仅仅是束缚和规范，教育更是解放和张扬。于是民主、探究的观念，激活、生成的过程成为课堂最美丽的时刻，在这样的课堂上，学生成为学习的主人，而不是等待灌输的奴隶；于是引领学生主动建构还是教师的生硬灌输，成为两种教育观念的分水岭。在校长的倡导下，我们的课堂成了一个思想自由飞翔的蓝天，虽然天空中没有留下飞翔的痕迹，但飞翔的姿势、飞翔的感觉很美。印象最深的是校长为全校"百节优质讲课展示"活动而做的那节示范课《事物是一分为二的》，校长精心设计了一个个富于思辨性的问题，引发学生对生活中存在与消失、肯定与否定、吸引与排斥、量变与质变、善与恶、高贵与庸俗、肉体与灵魂、悲剧与喜剧的深入思索，真正让哲学走进了生活，走进了学生的心中。

对知识的传授是教学的主要内容，当深刻领会了贾校长关于缺乏和理解的观点，我们对知识有了新的认识，我们传授的知识也许不是真正的知识。真正的知识是一种不断追求知识的欲望，真正的知识是掌握知识的规律。听贾校长评课总有如坐春风的感觉，他总能超越一节课的有限空间，从理解的角度，从规律的高度，对一节课进行评析。他评价一位教师《将进酒》这节课，他从"天上来的黄河之水""高堂明镜前的白发"到李白的性格，再到唐朝的时代，总结出李白诗中的"酒"是人生的象征，是命运的慨叹，是生命觉醒的宣言。于是我们不但解读了李白的《将进酒》，更知道了文本的词句层面、作者性格层面、时代特点层面的三层解读规律。

　　读贾校长发表在《人民教育》等杂志上的文章，最让人感动的是他对交流、对真情、对真理的一往情深。如果用一句话来定义的话，就是一种人文情怀的自然流露；如果从他对哲学偏爱的角度来说，哲学的本质应该是立足于活生生的生活与活生生的心灵，应该对更为广阔、更加丰富的生活开放，对更为广阔、更为深邃的心灵开放。哲学本身就意味着一种爱，这种爱是一种心灵的自由状态，是一种情感的深沉状态。我们常常看到，在办公室里他和教师们热烈探究学科教学的新理念；在"实践周"中，他和学生交流学习的经验、读书的收获；在一堆堆教育、哲学和文学的书籍中，他或阅读，或静思，或写作；在"实践周"的课堂上，他和学生一起谈美学，谈哲学，谈人生。我们在读学生为他写的"实践周"感言的时候，心中总有一股股暖流涌动，眼中常有泪光闪烁。其中一句话这样写道："我们的明天是未来，校长的明天是我们。"校长的生活、校长的言谈都和交流相连，和学习相连，于是我们在交流中理解，在理解中学习，在学习中提高，在提高中共创校园的和谐之美。

　　贾校长的思想源于他敏锐的眼光和深邃的思索，也源于他对书籍的钟爱。书的世界囊括了古今中外的智慧，他的办公室就是一个书的世界，办公桌上总是有一本打开的书。在书的润泽下，他的精神世界拥有了人文的情怀，他的思想有了洞悉教育本质的深刻，他的视野拥有了世界的广度。记得有一次，中国教育学会中学语文教学专业委员会在扬州举行语文教学的高峰论坛，邀请我去做一节观摩课，我选择了《我与地坛》这节课。在校长的办公室里，他从书橱的一排一年前的杂志中拿出了一本《文学评论》，说这上面有一篇评论《我与地坛》的作者史铁生的文章，写得很好。我回到办公室，看到他在文章上面密密地写了许多评语，几乎每一篇文章都是这样。那时，我突然领悟到：当读书不是为了消遣，更不是为了装饰门面，而是成为一种需要、一种习惯的时候，精神的世界就变得丰富而精彩。

对于一个校长而言，每天的事务是很繁忙的，而贾校长每周都要为"实践周"的班级上两节美学课，而且还经常深入备课组，和老师一起进行教学研究。同时，他深入班级听老师讲课，课下给老师评课。每年的高考结束，贾校长都要对各科的高考试题进行仔细研究，和老师，特别是文科老师一起通过对高考试题的研究，寻找未来高考的方向，研究教学中对这种方向的正确把握。那种认真的精神令人感动，那种对方向性的把握让人叹服。在这样的过程中，校长真正走进了课堂，走进了教学的一线，也走进了真正的教育之中。真正的教育者不是坐在屋子里一个人苦思冥想，也不是突发奇想地标新立异；真正的教育者是在和学生的交流中，在和学生心灵的碰撞中，不断思索、感悟、改变和提升的过程。贾校长给自己的定位不是一个单纯的行政管理者，而是一个教育校长，一个教育校长应该是一个"学习者""思想者""研究者""践行者"。他的身上有书香，有思想，有课题，有行动。

一个学校的美丽不仅在于林立的高楼和优美的环境，更在于拥有先进的教学理念和浓郁的人文气息，让所有置身其中的人对生命有一种充满希望的解读。的确，人生是一本难懂的书，但是加上一些简单的注解，我们就可以把它诠释得很美好。学校也是一本很难写的书，如果校长能在书的扉页上写上几行令人神往的目录，师生就可以一起把学校写成一本醇香隽永的书。

（张宝童，全国模范教师）